Julia Friedrichs

Crazy Rich

JULIA FRIEDRICHS

CRAZY RICH

DIE GEHEIME WELT DER SUPERREICHEN

BERLIN VERLAG

Von Julia Friedrichs liegen im Berlin Verlag/bei Piper vor:
Gestatten: Elite. Auf den Spuren der Mächtigen von morgen
Wir Erben. Warum Deutschland ungerechter wird
Gebrauchsanweisung für Werder Bremen
Working Class. Warum wir Arbeit brauchen, von der wir leben können

Unser Versprechen für mehr Nachhaltigkeit
• Klimaneutrales Produkt
• FSC®-zertifiziertes Papier
• Hergestellt in Deutschland

FSC www.fsc.org
MIX
Papier | Fördert gute Waldnutzung
FSC® C014496

ISBN 978-3-8270-1512-9

Satz: Uhl + Massopust, Aalen
Gesetzt aus der Janson Text
Druck und Bindung: GGP Media GmbH, Pößneck
Printed in Germany

Zur Wahrung von Persönlichkeitsrechten wurden einige Namen, charakteristische Merkmale von Personen sowie Örtlichkeiten und andere Details verändert.

Inhalt

1. Auftakt

Seit ich mich mit Superreichen beschäftige, bin ich Abonnentin der *Boote Exclusiv*, einer der Zeitschriften, die sich dem teuersten Produkt widmen, das momentan zu kaufen ist: Superjachten. Und eigentlich braucht es nicht viel mehr als das Sonderheft zu den 200 größten Motorjachten, um zu verstehen, dass der Reichtum einiger Menschen Dimensionen erreicht hat, die schwer fassbar sind. Da wird in einer großen Bildstrecke die *AHPO* vorgestellt, die neue 115-Meter-Jacht der deutschen Werft Lürssen: ein wuchtiges weißes Schiff, sechs Etagen hoch, vorn, auf Holzplanken, das große H, Landeplatz für den Zubringerhubschrauber.

Ich lese: »Der 205 Quadratmeter große Wellnessbereich auf dem Unterdeck eignet sich perfekt als Startpunkt für eine Tour über die sechs Decks von *AHPO*.« Man streift vorbei am Hamam, am Gym, »einem der größten Fitnessräume, die je auf einer Jacht realisiert wurden«, entdeckt »auf der Backbordseite« ein Kino mit zwölf Sitzplätzen oder vielleicht einen der Pools mit Gegenstromanlage, dann, eine Finesse der Jacht, durchquert man den »gläsernen Gang durch den Maschinenraum«, gelangt nach oben, in den Konferenzraum, gekrönt von einem Kristalllüster, der über einer antiken und in Bronze gravierten Jamaika-Karte hängt. Ein Schritt weiter der Salon mit selbstspielendem Steinway-Flügel, »Akzentmarmore« an den Wänden, genau wie in der 245 Quadratmeter großen Mastersuite mit Kingsize-Bett, und schließlich das Herzstück: der Panoramasalon mit 180-Grad-Blick auf die See.

Für 2,6 Millionen Euro die Woche lässt sich das Boot mieten – wobei die 36-köpfige Crew extra bezahlt werden muss. Genau wie die Tankfüllung. Einmal Volltanken meint bei der *AHPO* rund 409 000 Liter und kostet eine gute halbe Million Euro.

Die *AHPO* ist nicht die Einzige, die mich fasziniert. Über Wochen, nein, seien wir ehrlich: über Monate tauche ich ab in die Welt der maximalen Dekadenz, die Welt der Luxusjachten. Ich informiere mich über Kaufpreise: 50, 100, 300, 500 Millionen Euro. Und ich lese im *New Yorker*: »Im Moment ist die Gigajacht das teuerste Ding, das unsere Spezies besitzen kann.« 2019 habe ein Hedgefonds-Milliardär die bis dato teuerste Immobilie des Landes gekauft: eine Wohnung über vier Etagen direkt am Central Park für 240 Millionen Dollar. Andy Warhols Porträt von Marilyn Monroe ging für 195 Millionen Dollar an einen unbekannten Reichen. In der Welt der Luxusjachten ordentliche, aber keinesfalls rekordverdächtige Budgets.

Ich lerne, wie bei einem Trumpf-Quartett, Längen: Das Basismodell, die Superjacht, misst mindestens 24 Meter. Eine Kategorie darüber, die Megajacht: über 60. Früher eine absolute Rarität, mittlerweile fast niedlich. Wer wirklich etwas auf sich hält, knackt die 100-Meter-Marke: Die Gigajacht ist so lang wie ein schwimmendes Fußballfeld.

Ich schaue mir Videos von Charterfirmen an, die für das Familienleben auf der Jacht werben. So schöne Bilder! Die Kinder fahren Jetski und toben auf einem aufblasbaren Wasserpark herum. Der Personal Trainer fordert den Vater beim Kickboxen. Der Mutter werden im Spa der Rücken massiert und die Nägel gefeilt. Am Abend geht die Jacht vor Anker. Private Cooking am Beach, der Lobster liegt auf dem Grill, der Champagner steht im Kühlkübel bereit. Eltern und Kinder applaudieren dem Personal für all die Mühe. Als die Sonne sinkt, läuft ein Film im Bordkino. Es gibt Kräcker mit Kaviar und im Bett einen menschgroßen Riesenteddy für den Junior. »*Follow me home*«, singt eine Männerstimme immer wieder.

Ich sammle in einem Ordner Anekdoten über einzelne Boote. Die über die *Roma*, bei deren Ausstattung die Gattin des Eigners einen ganz besonderen Wunsch geäußert hatte: Die Oberflächen der Möbel sollten mit Rochenhaut bezogen werden. Die Hersteller schwitzten, aber schafften es am Ende, die Möbel in Fischleder einzufassen. Als dann aber Gattin und Eigner zur Abnahme kamen, gefiel ihm ihr besonderer Deko-Clou so gar nicht. Der Rochen musste ab-, neues Leder aufgezogen werden.

Über die *Savannah*, die ein ganz besonderes Feature hat. Das Fenster ihrer »Nemo-Lounge« liegt zum Teil unter Wasser. Liegt das Schiff vor Anker, so lese ich, gehört es zu den Aufgaben der Crew, in ein Meerjungfrauen-Kostüm zu schlüpfen und zum Amüsement der Gäste vor dem Fenster vorbeizuschwimmen.

Dazu schreibe ich mir Beispiele auf für die Maßlosigkeit der Jachtbesitzer, die ich finde. Da sind die 1000 weißen Rosen, die eine Oligarchen-Gattin eingeflogen haben wollte, die ihr dann aber doch nicht gefielen. Da ist der Jachtbesitzer, der das Reinigungsteam mit seinen zwei Hobbys in den Wahnsinn trieb: weiße Teppiche – und frei laufende Kaninchen. Die zahllosen Wünsche nach Sonderausstattungen: ein gläserner Grill für eine halbe Million; ein Tennisplatz in Wettkampfgröße; eine Dusche, aus der nach Bedarf entweder Wasser oder Champagner fließt; ein Schneeraum an Bord, der steigenden Temperaturen wegen; ein System, das Raketen orten kann, *just in case*.

Ich löse ein Presseticket für die größte Jachtshow der Welt Ende September 2023 in Monaco, wo ich endlich ein paar der Boote, über die ich so viel gelesen habe, von innen sehen werde (genau wie einige Highlights des Jahres, wie das U-Boot der Firma U-Boat Worx für Privatexpeditionen).

Ich notiere schier unglaubliche Statistiken. Eine Luxusjacht zu betreiben ist wahnwitzig teuer. Vor allem, weil man das gute Stück ständig gegen die zerstörerische Kraft des Salzwassers verteidigen muss. Der Unterhalt beträgt ein Zehntel des Anschaffungspreises pro Jahr, verschlingt also problemlos 10, 20, 30 Millionen Dollar. Es ist, wie Geld in den Ausguss zu kippen.

Der Journalist Rupert Neate hat berechnet, dass man mit all dem Geld, das man braucht, um 6000 Superjachten nur ein Jahr instand zu halten, auch auf einen Schlag die Schulden aller Entwicklungsländer tilgen könnte. Macht man aber nicht. Stattdessen spüren die Werften, dass der Club der Superreichen weltweit wächst. Sie können sich allen Millionenkosten zum Trotz vor Nachfrage nicht retten. Sie seien ausgebucht bis 2026, sagt mir ein deutscher Luxusjachtbauer. Selbst Stammkunden müssten sich mit einem ungewohnten Platz auf der Warteliste begnügen.

Über 1000 neue Jachten wurden im vergangenen Jahr geordert. 25 Prozent mehr als im Jahr zuvor. Seit 1990 ist die Zahl der Gigajachten von zehn auf 170 angestiegen. Jede einzelne übrigens eine Dreckschleuder *de luxe*. Im Schnitt stößt jede Superjacht im Jahr 7000 Tonnen CO_2 aus. Menschen kommen im Schnitt auf fünf Tonnen pro Jahr. Eine einzige Luxusjacht bläst also so viel Treibhausgas in die Atmosphäre wie etwa 1400 Menschen zusammen.

Je mehr ich lese, desto mehr überhöhe ich die Superjacht

zur Super-Metapher. Zur Metapher für eine Ungleichheit, die jedes Maß verloren hat. Für eine Dekadenz, die an die Höfe des Sonnenkönigs erinnert. Für die Sinnlosigkeit der Ballung von immer mehr Millionen und Milliarden Euro auf den Konten derer, die ohnehin schon mehr als alles Wünschbare haben. Für die absolute Gleichgültigkeit angesichts der drohenden Klimaapokalypse. Ich sehe die *Roma* und die *Savannah* als Teil eines monumentalen Gemäldes, das von einer Epoche der Plutokratie, des Geldadels erzählt.

Ein Gemälde, angesichts dessen scharfe Schlussfolgerungen wie die der US-Autorin Nicole Aschoff allzu plausibel erscheinen, die schreibt: »Die Superjachten lehren uns vier Dinge über die Superreichen.« Erstens: Sie leben in ihrer eigenen Welt. Zweitens: Sie stehen über den Wirtschaftszyklen. Drittens: Sie scheren sich nicht um den Planeten. Und viertens: Sie müssten erheblich mehr Steuern zahlen. »In den Superjachten materialisiert sich alles, was in unserem profitorientierten System schiefläuft«, schreibt sie. »Während Milliarden Menschen um ihr Überleben kämpfen, der Planet in einer ökologischen Katastrophe versinkt, segeln die Reichsten der Welt davon, geschützt von der rauen See des Kapitalismus.«[1]

Stopp. Schnitt. Aus. In diesem Moment gehe ich von Bord der vermeintlich alles erklärenden Metapher. Sie ist zwar verlockend, aber dann doch zu simpel. An Land zu stehen und gleichermaßen fasziniert wie verstört auf große Boote zu blicken, mag das Uferlose der Vermögenssummen einiger Menschen überdeutlich machen, mag einen Scheinwerfer auf ihre Exzesse werfen. Aber es ist gleichzeitig eine unlautere Abkürzung zu einem einfachen, einem klaren Urteil zu einem der wichtigsten, aber auch schwierigsten Probleme, vor denen wir stehen: Wie gehen wir damit um, dass sich extreme Vermögen in den Händen ganz weniger ballen?

In Deutschland besitzen 3300 Superreiche (Menschen mit mehr als 100 Millionen US-Dollar Vermögen) 23 Prozent des Finanzvermögens. Welches Ausmaß an Ungleichheit verträgt das Zusammenleben in einer Gemeinschaft, verträgt die Demokratie, in der zumindest theoretisch doch jede Stimme gleich viel wert sein muss? Und, eine Frage, die sich zum Glück immer mehr in den Vordergrund schiebt: Wie viel dürfen Einzelne für sich beanspruchen in einer Welt, in der die Ressourcen endlich sind – und in der jede Tonne CO_2, die verfahren und verflogen wird, eigentlich woanders wieder eingespart werden muss? Müssen wir dem Reichtum Grenzen setzen? Aber wie, um Himmels willen, soll das funktionieren? Und wer würde diese Grenzen definieren? Wäre ein Motorboot in Ordnung, eine Superjacht eventuell, eine Gigajacht aber ein Grenzübertritt?

Menschen, die wie ich aus der Ferne auf Luxusjachten starren, werden sicher keine Antworten finden. (Außer reflexartige wie: Braucht doch kein Mensch! Wegnehmen, die dicken Boote! Wobei vermutlich viele – wie ich auch – gleichzeitig eine zweite, irritierende Stimme im Ohr haben würden, die säuselt: Côte d'Azur von der Wasserseite? Warum eigentlich nicht? Lobster am Beach? Gerne. Und danach Champagnerdusche? Schönes Finale!)

Ich glaube, dass vor dem Urteil immer das Verstehen kommen muss. Und deshalb habe ich mein *Boote Exclusiv*-Abo schweren Herzens ruhen lassen und mich stattdessen über Listen mit den Namen der reichsten Menschen Deutschlands gebeugt. Ich habe Adressen ausfindig gemacht und ihnen kistenweise persönliche Briefe geschrieben. Denn ich will wissen: Was meinen eigentlich die Menschen, die sich Jachten kaufen (können), zu alldem – Deutschlands Superreiche?

Dies ist ein Buch über so viel Geld, wie es kaum zu begreifen ist. Der Reichtum der Menschen, mit denen ich sprach, beginnt bei Summen, deren Nullen ich in der Recherche zu Beginn immer aufschreiben musste, um nachzusehen, von welchem Betrag mein Gegenüber spricht, wenn er sagt, er sei acht-, neun-, zehn- oder elfstellig unterwegs. Dutzende Millionen Euro. Hunderte Millionen. Tausende Millionen, also Milliarden.

Ich hatte das Gefühl, in ein Schweigekartell einzudringen. Menschen mit so viel Geld sind es nicht gewohnt, sich den Fragen von Nichtbesitzenden zu stellen, leben sie doch in der Regel unter sich – zwischen sich und dem Rest der Welt einen Puffer aus Kommunikationsberatern, Family-Officern und Familienanwälten. Es dauerte Monate. Aber am Ende klappte es. Ich konnte mit denen, die oft nur aus der Distanz beschrieben, bewundert oder verachtet werden, sprechen, konnte mit Reichen reden. Einer, in eine der reichsten Familien des Landes hineingeboren und Mit-Erbe eines Milliardenvermögens, traf sich mit mir über Monate zu intensiven Gesprächen – über alles.

Was denken sie, wenn sie Schlagzeilen lesen wie: »Wir können uns die Reichen nicht mehr leisten«? Wenn von einem neuen Geldadel, einer Herrschaft der Vermögenden die Rede ist? Trifft sie der Vorwurf, davonzusegeln, »geschützt von der rauen See des Kapitalismus«, während Mitmenschen »um ihr Überleben kämpfen« und der »Planet in einer ökologischen Katastrophe versinkt«? Oder fühlen sie sich zu Unrecht verantwortlich gemacht? Wie erleben sie die gewaltigen Abstände zur Mitte des Landes? Zu Krankenpflegern und Chefärztinnen, zu Kassierern und

Lehrerinnen, zu Heizungsinstallateuren und Büroarbeiterinnen, zu den vielen, die sie beraten, bedienen, umhegen? Zu mir? Ist es fair, dass sie so viel mehr haben als wir alle, der Rest, zusammen? Was bedeutet ihnen ihr Geld, macht es sie glücklich? Frei? Mächtig? Oder einsam? Und schließlich die Frage, die besonders schwer zu beantworten ist: Spürt man, wenn aus »viel« »zu viel« wird? Und wieso scheint es fast unmöglich, den Punkt zu finden, an dem man sagt: Danke, ich habe genug! Ich verzichte auf mehr?

2. Wer ist reich?

Keine Antwort auf einfache Fragen 1: Lauwarm oder kochend heiß?

Schreibt man ein Buch über Reichtum, wird es schon gleich am Anfang schwierig, bei der banalsten aller Fragen: Was heißt überhaupt reich? Wen meint man? Wie viel Geld muss man haben, um in Deutschland zur Gruppe der »Reichen« zu gehören?

Auf diese Frage gibt es leider unzählige Antworten. Das Wort »reich« wird unter Bürgerinnen, Politikern, Journalistinnen und Wissenschaftlern für so unterschiedliche Lebenslagen und Euro-Summen benutzt, dass man im Prinzip immer eine Fußnote dazuliefern müsste, um zu erklären, welches »reich« man meint. Es ist so, als würde man mit dem Wort »heiß« den gesamten Bereich zwischen 25 und 100 Grad Celsius Lufttemperatur abdecken müssen. Jeder weiß, dass zwischen diesen Werten Welten liegen, vom angenehmen T-Shirt-Wetter bis zu einer Hitze, in der der menschliche Organismus nur bei trockener Luft und auch dann nur einige Zeit überlebt.

Genauso weit klaffen aber die Lebenslagen auseinander, die allesamt mit dem Wort »reich« gemeint sein sollen. Der Versuch einer Ordnung: Zunächst muss man unterscheiden, ob es um das Geld geht, das man monatlich verdient, oder um jenes, das man insgesamt besitzt, also um Einkommens- oder Vermögensreichtum. Lange konzentrierte sich die Diskussion auf das Erstere. Die Bundesregierung beschreibt in ihrem jüngsten Armuts- und Reichtumsbericht zum Beispiel all diejenigen als »reich«, die, je nach Definition, mehr als das Zweifache oder Dreifache des mittleren Einkommens verdienen.

Zuletzt hatte ein durchschnittlicher Single, 2000 Euro netto im Monat zur Verfügung. »Reich« wären demnach Alleinstehende schon ab 3940 Euro im Monat (das wäre das Doppelte) oder, die strengere Definition, ab 5910 Euro (das Dreifache). Manche sehen die Reichtumsschwelle sogar schon bei all denen überschritten, die zu den oberen 10 Prozent der Einkommen gehören. Das wären für einen Single 3700 Euro netto. Weit weniger als die Summe, die die meisten Menschen nennen, wenn sie gefragt werden, ab welchem Einkommen jemand reich sei. Die Schätzungen bewegen sich um die 10000 Euro.

Um die Verwirrung komplett zu machen: Die »Reichensteuer« bezahlt man erst ab einem zu versteuernden Brutto-Einkommen von über 22000 Euro im Monat. Und all das bezieht sich, wie gesagt, auf das Geld, das man verdient. Aber ist das überhaupt ein tauglicher Maßstab für Reichtum? Demnach wäre jemand, der eine Villa am Starnberger See besitzt und bewohnt, dazu ein Ferienhaus und ein paar gute Autos hat, vielleicht auch ein Boot, aber eben mit, sagen wir, einer halben Stelle auf 1500 Euro netto kommt, nicht reich. Und ein Unternehmer, der in einem Jahr Verluste macht, aber in Summe ein Vermögen von mehreren Millionen aufgebaut hat, auch nicht. »Reichtum anhand der Höhe des Einkommens zu definieren, ist ein anfälliges Vorgehen«, urteilt der Vermögenssoziologe Wolfgang Lauterbach von der Universität Potsdam.[1]

Allein das Bruttogehalt zu betrachten, reiche nicht, sagt Markus Grabka vom Deutschen Institut für Wirtschaftsforschung.[2] Reiche misst man vor allem am Vermögen. Aber auch da unterscheiden sich die Summen extrem, mit denen die Frage »Ab wann ist man reich?« beantwortet werden soll.

Ab rund 750000 Euro Haushaltsvermögen gehört man, nach den Daten der Bundesbank, zu den oberen 10 Prozent. Viele Forscher setzen die Grenze allerdings höher: Reich sei, wer allein aus seinem Vermögen heraus so viel Ertrag erziele, dass er davon auch ohne Erwerbsarbeit gut leben könne. Je nach Zinslage liegt die Schwelle dafür bei zwei, vielleicht drei Millionen.

Das halte auch ich für eine taugliche Definition einer Reichtumsgrenze. Wer allein aus seinem Besitz heraus leben könnte, ist sicher reich. Die Vermögenselite beginne darüber, bei rund zehn Millionen Euro, sagt Markus Grabka und endet bei den Reichsten, die mehrere Tausend Millionen besitzen. Finanzdienstleister taxieren die sogenannten *Ultra-high-net-worth individuals*, was wohl am ehesten mit »superreich« oder »höchstvermögend« zu übersetzen wäre, auf mindestens 30 Millionen US-Dollar anlegbaren Vermögens. Damit hätten wir nun eine Reichtumsskala aufgespannt, die von 3700 Euro netto im Monat bis zu unzähligen Millionen Euro reicht.

Das Problem an dieser mangelnden Begriffsschärfe ist unter anderem das folgende: Debatten über Reichtum gelingen kaum, auch weil jeder mit dem Wort etwas vollkommen anderes meint. »Bei Einschätzungen zum Thema Reichtum gehen Daten und Wahrnehmung besonders weit auseinander«, sagt Judith Niehues, Verteilungsexpertin am Institut der deutschen Wirtschaft. »Kaum jemand empfindet sich selbst als reich, gleichzeitig glauben viele, dass sehr große Teile der Bevölkerung reich sind.« Auch das Ungleichheitsbarometer, das Forschende der Universität

Konstanz mittels Befragungen erstellen, kommt zu dem Ergebnis, dass die allermeisten Menschen sich selbst in der Mitte der Gesellschaft einsortieren, relativ unbeeinträchtigt davon, welcher Schicht sie tatsächlich angehören.

»Diese verzerrte Wahrnehmung ist besonders stark bei reichen und sehr wohlhabenden Menschen zu beobachten«, sagt Marius Busemeyer, der das Forschungsprojekt leitet. »Sie ordnen sich der Mittelschicht zu, obwohl sie zu den obersten Prozent gehören.« Ähnliches fanden österreichische Forscher heraus: Auch bei ihrer Befragung stuften sich nur wenige reiche Menschen in der Gruppe der vermögendsten 10 Prozent ein.

2020 wurde Olaf Scholz, damals noch nicht Kanzler, sondern Kandidat und Finanzminister, in der ARD gefragt, wie reich er sei. Seine Antwort: Er verdiene »ganz gut«, als »reich würde ich mich nicht empfinden«. Gewagt. Kamen Scholz und seine Frau Britta Ernst, das lässt sich nachsehen, damals schon auf ein monatliches Bruttoeinkommen von etwa 30000 Euro. Unwahrscheinlich, dass sich damit so gar nichts ansparen ließ.

Getoppt wurde Olaf Scholz' verzerrte Selbsteinschätzung zwei Jahre zuvor von Friedrich Merz, der damals noch beim Vermögensverwalter Blackrock und in zahlreichen Aufsichtsräten beschäftigt war. Als *Bild*-Leser ihn zu seinem Reichtum befragten, antwortete er mit dem inzwischen geflügelten Wort: »Also, ich würde mich zu der gehobenen Mittelschicht zählen.« Zur Oberschicht in Deutschland gehöre er »mit Sicherheit nicht«. Dabei gab er später selbst an, rund eine Million Euro brutto pro Jahr verdient zu haben. Er fliegt gern privat, im eigenen Jet. Und so spottete Oliver Welke in der *Heute-Show* zu Merz' Mittelschichtszugehörigkeit: »Faustregel: Wer mehr als ein Flugzeug besitzt, ist wahrscheinlich nicht Mittelschicht. So merk' ich's mir immer.«

Eine gute Faustregel, die allein aber noch nicht weiterhilft, wie jüngst Kollegen des Reportageformats STRG_F erfahren haben. Sie veröffentlichten eine Dokumentation mit dem Titel: »Privatjets, Yachten, Kaviar: Wie beeinflussen Superreiche das Klima?« Die Grundthese war solide recherchiert. Es ging darum, dass reichere Menschen durch ihren Lebensstil überdurchschnittlich viele Tonnen CO_2 ausstoßen. Ein Thema, das auch in diesem Buch ein Kapitel füllen wird.

Die »Superreichen« in dieser Dokumentation waren den Journalisten aufgefallen, weil sie auf ihren Social-Media-Kanälen Bilder von sich in Privatjets gepostet hatten. Nun ist, wie Welke sagt, jemand, der ein Flugzeug besitzt, sicher nicht Mittelschicht, aber, Variation der Faustregel, jemand, der sich mit Privatjetbildern promotet, auch nicht zwingend superreich.

Einer der Kronzeugen war der 18-jährige Theo Stratmann, der behauptete, Kaviar als Geschmacksteaser im Restaurant nur anzuknabbern, bevor er ihn wegwerfe. Er haue lieber auf die Kacke, statt sich auf die Straße zu kleben, sagte er. Oder: Das CO_2, das er zu viel verbrauche, könnten ja die Armen für ihn einsparen. Nach Sylt müsse man einfach standesgemäß mit dem Privatjet fliegen, ginge nicht anders. Nach jedem Spruch linste Stratmann, Mittelscheitel, Ralph-Lauren-Hemd, ein Bilderbuch-Schnösel, triumphierend zu seinen Kumpels. Reich an Meinung war der Junge fraglos. Aber auch an Geld?

Darum rankte sich später eine hitzige Diskussion – um Stratmann, aber auch um die Frage: Was bedeutet überhaupt »superreich«? Stratmann sei nichts als ein Poser, der mal behaupte, mit einer Agentur gut zu verdienen, mal mit Immobilien oder E-Commerce, schreiben Journalisten des *Business Insider*. Auch sein Vater, ein Ex-Landesminister, der aber schon lange keinen Kontakt zur Familie mehr hat, will vom vermeintlich vielen Geld des Sohnes nichts wissen. Der NDR, der den Film verantwortete, reagierte auf die Kritik unter anderem damit, dass man klarstellte, dass der Begriff »superreich« nicht eindeutig definiert sei. Man meine damit »Menschen mit extrem hohen Einkommen«, schließlich würde in der Doku »die These behandelt, dass Menschen mit hohem Einkommen einen höheren CO_2-Fußabdruck als Menschen mit geringerem Einkommen haben«. Man schrieb aber auch: »Nicht alle Protagonisten im Film können als ›superreich‹ gelten. Das gilt auch für Theo Stratmann.« Man habe aber in der Recherche den Eindruck gehabt, dass er einen »reichen Lebensstil« führe. Das sei für das Thema ausschlaggebend gewesen, »sein Kontostand oder der seiner Familie sind dabei unerheblich«.

Damit wären wir bei so etwas wie »gefühltem Reichtum« oder Reichtums-Lifestyle angekommen, was den Begriff für jede Debatte gänzlich untauglich machen würde. Inzwischen hat die Redaktion reagiert und das Adjektiv »superreich« aus dem Titel der Doku entfernt. Es geht nun, korrekterweise, nur noch um einen »luxuriösen Lebensstil«, der das Klima gefährde.

Zielführend und innovativ sind neue Forschungsansätze, die versuchen, möglichst viele Kategorien zusammenzudenken: Einkommen, Vermögen, die Frage, ob jemand zur Miete wohnt oder im Eigentum und wie viele Personen er oder sie miternähren muss. Ein Team um den Bremer Soziologen Olaf Groh-Samberg hat ein solches Modell einer lebensnahen Schichtung der Gesellschaft entwickelt.

Zeit Online hat daraus einen Simulator gebaut, den jeder mit seinen Daten füttern und so eine realistische Einschätzung über die eigene ökonomische Lage bekommen kann. Allerdings weist das Modell nur Armut aus, keinen Reichtum. Ganz oben findet sich die Kategorie »Wohlstand« und darüber »Wohlhabenheit«.

Die Lücke füllt eine Studie, die die Soziologin Katharina Hecht gemeinsam mit britischen Forschern, unter anderem von der London School of Economics, erstellt hat. Im Vorwort stellen auch sie den Bedarf an einer greifbareren Definition von »reich« fest: »Der öffentliche Diskurs wird dadurch eingeschränkt, dass es keinen einheitlichen Maßstab dafür gibt, wer ›reich‹ ist«, heißt es. »Die Entwicklung eines solchen Maßstabs ist nicht einfach.«[3] Man habe sich trotzdem mit dieser Pilotstudie daran versucht. Die Forscher ließen Menschen aus verschiedenen Einkommensgruppen beraten: Ab welchem Lebensstandard ist man reich? Heraus kam eine plastische Schichtung der Gesellschaft, eingeteilt in die Level A – an der Armutsgrenze – bis Level E – extremer Reichtum. Besonders präzise beschrieben die Befragten den Unterschied zwischen der komfortablen Mittelschicht (Level C) und den Wohlhabenden (Level D).

Das Leben in der komfortablen Mittelschicht sähe ungefähr so aus: Man lebt in einer Wohnung oder einem kleinen Haus, das über einen Kredit finanziert ist. Dazu gibt es etwas Erspartes, vielleicht auch Aktien. Man könne es sich leisten, einmal in der Woche auswärts essen zu gehen, nicht in Imbissketten, sondern in Restaurants. Zu Hause stünde ein breites Angebot an Streaming-Diensten bereit. Auch ein Haustier wäre möglich, dazu alle paar Jahre ein neues Auto, zwei Urlaube im Jahr, bei Bedarf eine Putzkraft oder ein Gärtner. Beim Shoppen würde man mischen, mal im Supermarkt, mal in höherpreisigen Bio-Läden, mal in der Fußgängerzone, mal im Design-Laden. Man hätte, äußerten die Befragten, die finanziellen Mittel für ein angenehmes Leben. Nicht jeder Lebensbereich wäre High End, aber man könnte sich hier und da doch auch etwas Besonderes gönnen.

Über diesem Lebensstandard beginne Reichtum, so die einhellige Einschätzung der Befragten. Reiche hätten typischerweise ein abbezahltes Haus mit, wie einer es formulierte, »mehr Zimmern, als man braucht«, oder ein Ferienhaus. Man hätte Erspartes in verschiedensten Anlageformen und bedeutende Kapitalerträge, die das Einkommen ergänzen oder ersetzen, vielleicht sogar einen privaten Vermögensverwalter. Man könnte sich teure Essen in Restaurants leisten, kostspieligere Hobbys wie Reiten, Segeln oder das Sammeln von Antiquitäten. Ferien wären mehr als fünf Mal im Jahr möglich, mal mit, mal ohne Kinder. Man hätte zusätzliche Autos, zum Vergnügen oder für den Nachwuchs. Festes Hauspersonal wäre möglich, auch ein persönlicher Fitnesscoach, falls gewünscht. Habe man Level D erreicht, »kann man sich vermutlich so ziemlich in jeder Kategorie aussuchen, wie man leben möchte«, fasste es einer der Befragten zusammen.

Trotzdem, auch da waren sich die Studienteilnehmer einig, gebe es noch Menschen darüber, die Superreichen. Hier wurden die Beschreibungen vager, diffuser. Zu weit weg scheinen diese Leben, vermuten die Forscher. Superreiche, so die Befragten, hätten nicht einen Lebensmittelpunkt, sondern viele, vielleicht Immobilien in mehreren Ländern. Sie könnten sich Privatjets leisten (da ist die Faustregel wieder), Jachten oder Sportwagen. Sie hätten umfangreiches Personal, wenn gewünscht, einen Chauffeur, vielleicht einen Hundesitter, Hauspersonal, jemanden für die Sicherheit, persönliche Assistenten. Ihr Vermögen wäre breit angelegt, auch *offshore*, steuerschonend. Manche Befragten beschrieben diesen Lebensstandard als exzessiv, ungehörig, andere als erstrebenswert.

Natürlich ist auch diese Studie keine letztgültige Beschreibung der gesellschaftlichen Schichtung. Aber sie ist, wie ich finde, ein guter Impuls, ein Ansporn, darüber nachzudenken, auf welchem Wege wir uns auf eine alltagstaugliche Definition des recht dehnbaren Wortes »reich« einigen könnten.

In diesem Buch geht es auf jeden Fall um Menschen, die extrem reich sind, hochvermögend oder superreich, ganz wie man will, Level E, nicht D. Keine lauwarmen 25 Grad, sondern näher an der 100, Hunderte Millionen Euro. *Crazy Rich* eben. Das macht es aber nicht einfacher.

Keine Antwort auf einfache Fragen 2: *How much is the fish?*

Berlin, Französische Straße. Ein paar Meter vom Gendarmenmarkt entfernt hat die Robert-Bosch-Stiftung in einem mehr als hundert Jahre alten Bau ihre »Academy« errichtet. Das Atrium, in dem ich gerade auf meinem Konferenzstuhl sitze, wird von einer fantastischen Glasdecke überspannt. Sehr schick. Aber eigentlich auch egal. Denn dieses Buch ist schließlich keines über Architektur, sondern eines über großen Reichtum. Wenden wir also den Blick Richtung Bühne: Dort sprechen einige der renommiertesten Ungleichheitsforscher der Welt.

Dennis Snower zum Beispiel, der mal das Kieler Institut für Weltwirtschaft geleitet hat, oder Branko Milanović, der einmal leitender Ökonom der Weltbank war. Milanović spricht gerade darüber, dass Kapitaleinkünfte in einer Gesellschaft mit hoher Vermögensungleichheit wichtiger würden; dass sich diese aber bei einer kleinen, meist auch aus Arbeit gut verdienenden Gruppe ballen. Wer 10000 Dollar an Kapitaleinkommen hat, gehöre in den USA auch in der Kategorie Arbeitseinkommen im Schnitt zu den oberen 6 Prozent. »*Capital income is heavily concentrated among the rich*«, sagt Milanović. Und nur, wer größere Summen investieren kann, bekomme die besten Berater, die beste Rendite. Ich male einen Schneeball auf meinen Block, der dicker und dicker wird.

Ein Thinktank hat zu dieser Konferenz über Vermögen geladen. Und ich verbringe den Tag, den Block auf dem Schoß, unter der schönen Glasdecke, um – wieder einmal – danach zu fahnden, ob es inzwischen neue Datenfetzen gibt, die helfen könnten, den deutschen Reichtum zu vermessen, ein paar neue Steinchen, die Lücken in dem Mosaik füllen könnten, das irgendwann einmal ein ganzes Bild ergeben soll.

Dieses Unterfangen hat mich schon wer weiß wohin getrieben: auf Konferenzen wie diese; in die Büros von Ökonomen; zu Tausenden Seiten von Büchern und wissenschaftlichen Studien; in eine uralte Kneipe am Kölner Eigelstein (warum, werde ich gleich erklären). Und immer wieder auch in die Verzweiflung. Denn ich kann nicht fassen, dass wir, wenn es um großen Reichtum geht, die banalsten Fragen nicht sicher beantworten können. Wie viel besitzen Deutschlands Superreiche genau, wie viele Billionen Euro? Wie viel Prozent des gesamten Vermögens? Sind es Firmen, Aktien, Immobilien? Und wer zählt zu diesem Kreis? Wie viele Milliardäre gibt es? Wie viele Multimillionäre?

Die kurze, frustrierende Antwort lautet so: Wir wissen es nicht genau. Es gibt in Deutschland keine offizielle Vermögensstatistik. In einem Land, das zwar präzise über die Zahl der Übernachtungen auf seinen Campingplätzen oder die Hundesteuer, aufgeschlüsselt nach Bundesland, Auskunft geben kann, werden diese Zahlen von Amts wegen nicht erhoben. Ein Zustand, den auch Monika Schnitzer, die Vorsitzende der sogenannten Wirtschaftsweisen, jüngst beklagt hat: »Wir haben (…) die Daten schlichtweg nicht. Wir sprechen das in jedem Gespräch im Finanzministerium an, wir sprechen es jedes Mal im Bundeskanzleramt an. An der Stelle scheitern wir einfach an den Daten.«[4]

Die längere, komplizierte Antwort ist, dass wir uns stattdessen an die Antworten heranschätzen, dass wir forschen und sammeln müssen. Puzzleteil für Puzzleteil. Das ist unbefriedigend, mühsam und der Relevanz dieser Frage nicht angemessen. Aber es ist so. Spätestens seit das Bundesverfassungsgericht die Vermögenssteuer in den 1990er-Jahren ausgesetzt hat, befindet sich das Land, was amtliche Vermögensdaten angeht, im Blindflug. »Analysen zur Vermögensungleichheit sind auf Stichprobenbefragungen angewiesen«, heißt es im Armuts- und Reichtumsbericht der Bundesregierung. Diese Befragungen sind meist freiwillig und beruhen auf Selbsteinschätzungen. Beides nicht gerade optimale Bedingungen, um verlässliche Informationen über sehr große Vermögen zu erhalten. Extrem reiche Menschen füllen solche Fragebögen extrem ungern aus.

Die Einkommens- und Verbraucherstichprobe (EVS), einer der umfangreichsten Datensätze zum Budget der Deutschen, spart Superreiche deshalb von vornherein ganz aus. Die EVS liefere »keine Angaben für Haushalte mit einem regelmäßigen monatlichen Haushaltseinkommen von

18 000 Euro und mehr«, heißt es. Der Grund: Menschen mit mehr Geld würden »nicht in so ausreichender Zahl an der Erhebung teilnehmen, dass gesicherte Aussagen über ihre Lebensverhältnisse getroffen werden können«. Und auch der zweite große Datensatz, das sozio-ökonomische Panel (SOEP), endete lange bei Vermögen »in niedriger einstelliger Millionenhöhe«.

Es gibt aber, das ist die erfreuliche Nachricht, inzwischen immer mehr Forscherinnen und Rechercheure, deren akribische Kleinarbeit hilft, die Daten-Dunkelheit auszuleuchten. Am Deutschen Institut für Wirtschaftsforschung ist es gelungen, das SOEP mit einer Zusatzstichprobe um die Gruppe der Menschen zu erweitern, die ein Vermögen von drei bis 250 Millionen Euro haben. Auch im Datensatz der Langzeitstudie »Private Haushalte und ihre Finanzen«, den die Deutsche Bundesbank erhebt, tauchen immer mehr Millionäre auf. Die drei Ökonomen Charlotte Bartels, Thilo Albers und Moritz Schularick haben Steuerdaten, Befragungen und Erkenntnisse aus der volkswirtschaftlichen Gesamtrechnung zusammengebunden und damit viel über *Distribution of Wealth*, die Verteilung des Reichtums in den Jahren 1895 bis 2018 herausgefunden.

Im Ergebnis lässt sich feststellen: Mehr als 99 Prozent des Bildes sind dank dieser Arbeit ziemlich gut erkennbar. Ein Bild, das auf den ersten Blick sehr golden aussieht. Die Bundesbank schätzt das private Geldvermögen auf acht Billionen Euro. Dazu kommen Immobilien im Wert von neun Billionen und Unternehmen.

Eine ganze Menge. Aber der Besitz, auch diese Diagnose ist dank der neuen Daten robust, ist äußerst ungleich verteilt. Egal, welches der drei gängigen Ungleichheitsmaße man anlegt. Zum einen ist da der naheliegendste Maßstab, die prozentuale Verteilung, sozusagen die Kuchenstück-Variante. Wäre das gesamte Vermögen ein Kuchen, würden sich die Reichsten 10 Prozent davon knapp zwei Drittel auf den Teller laden (wovon wiederum ein großer Teil, 29 Prozent des gesamten Vermögens, allein beim reichsten Prozent der Bevölkerung landen würde). Das restliche Drittel des Kuchens würde fast ganz und gar an die nächsten 40 Prozent gehen, die obere Mittelschicht. Für die ärmere Hälfte der Deutschen bleiben ein paar Krümel, auf sie entfallen, je nach Statistik, gerade einmal 1 bis 3 Prozent der Vermögen.

Das zweite übliche Ungleichheitsmaß ist der Gini-Koeffizient, erfunden von dem italienischen Statistiker Corrado Gini. Der Gini schwankt zwischen zwei Extremen: 0 und 1. Ein Wert von 0 bedeutet, dass der Besitz komplett gleich verteilt wäre, jeder und jede Deutsche also ein identisches Kuchenstück bekäme. Ist der Gini bei 1, hat eine Person alles, und alle anderen nichts. Schauen wir auf die verfügbaren Einkommen, liegt der Gini in Deutschland bei rund 0,30. Ein unauffälliger Wert und ein Beweis dafür, dass der Steuer- und Sozialstaat beim Einkommen durchaus massiv umverteilt. Denn ohne Umverteilung durch Abgaben für Gutverdiener und Hilfen für Ärmere läge der Wert bei 0,5. Beim Vermögen aber erreicht der Gini den spektakulären Wert von 0,8, einen der höchsten Werte Europas und in Reichweite der in unseren Augen fast maximal ungleichen USA übrigens.

Das dritte Ungleichheitsmaß ist in meinen Augen das aussagekräftigste, auf jeden Fall das für den Zusammenhalt der Gesellschaft relevanteste: das Abstandsmaß. Auch das misst eine extrem große und stark gewachsene Ungleichheit. Anfang der 1990er-Jahre war das mittlere Vermögen der reichsten 10 Prozent 50 Mal höher als das der ärmeren Hälfte, mittlerweile ist es das 100-Fache. Was vor allem daran liegt, dass das Vermögen der Ärmeren trotz aller Wohlstandsgewinne, trotz einer über viele Jahre boomenden Wirtschaft so gut wie gar nicht gewachsen ist. Wie gesagt, das Bild der deutschen Vermögen lässt sich heute zu über 99 Prozent relativ präzise zeichnen. Aber am oberen Rand, wenn wir auf Multimillionäre, gar Milliardäre blicken, bleiben blinde Flecken. Mit teilweise kuriosen Folgen.

Noch einmal zurück unter die Glasdecke, auf die Konferenz: Vorne spricht inzwischen die Ökonomin Charlotte Bartels, eine Expertin, die sich wie wenige andere mit dem deutschen Reichtum und seiner Verteilung in den letzten hundert Jahren auskennt. Drei Jahre hat sie gemeinsam mit Timm Bönke an einem »Vermögenssimulator« gearbeitet. Ihr Ziel war es, zu berechnen, wie sich die Verteilung des Reichtums in den nächsten Jahren verändern wird und welchen Einfluss bestimmte politische Maßnahmen darauf hätten.

Es gibt spannende Ergebnisse: zum einen, dass die Ungleichheit der Vermögen voraussichtlich wächst und wächst, wenn nicht gegengesteuert werden sollte, der Schneeball eben, von dem Milanović sprach. Fast 70 Prozent des Reichtums, so die Prognose von Bartels und Bönke, würden sich ohne ein politisches Eingreifen im Jahr 2030 bei den oberen 10 Prozent ballen. Der Anteil der ärmeren Hälfte bliebe kaum messbar, die Mitte, vor allem die ohne Kapitaleinkommen, würde verlieren. Zum anderen haben die Forscher berechnet, dass nur sehr drastisch wirkende Maßnahmen die Ungleichheit auf dem heutigen Level halten könnten. Eine davon: eine Art Startkapital für jeden 20-Jährigen. Damit würde es gelingen, den Anteil der Reichsten »stabil« zu halten und den der ärmeren Hälfte auf 5 Prozent des Vermögens zu steigern.

Die Grenze des Simulators zeigt sich aber spätestens, wenn man ihn mit Zahlen zur Erbschaftssteuer »füttert«. In Deutschland werden jedes Jahr rund 250 bis 400 Milliarden Euro vererbt. Es gibt großzügige Freibeträge am unteren Ende, bis 400 000 Euro pro Kind, und noch großzügigere Ausnahmen für Erben der höchsten Vermögen, sodass vor allem mittelreiche Erben und Beschenkte Steuern zahlen, zuletzt rund elf Milliarden im Jahr.

Weist man den Simulator an auszurechnen, wie hoch die Einnahmen bei einem (natürlich weder gewollten noch ernsthaft debattierten) Steuersatz von 100 Prozent wären, kommt er auf im Vergleich zur vererbten Gesamtsumme kümmerliche 26 Milliarden Euro pro Jahr. Das liegt an den großzügigen Freibeträgen, aber eben auch daran, dass auch der Vermögenssimulator bei den größten Vermögen des Landes von nur »einigen« Millionen Euro ausgeht. Extremer Reichtum, Menschen mit Hunderten Millionen, Milliardenvermögen fehlen zum Bedauern der Forscherinnen und Forscher auch in diesem Datensatz.

Ein Abend im Kölner Eigelstein-Viertel, in einer dieser wenigen Gassen, wo die Stadt dank Backsteinfassaden und Kopfsteinpflaster urplötzlich malerisch wirkt, nicht nachkriegsverbaut. Wir sitzen im *Anno Pief*, einer Kölsch-Kneipe, die dem dauerbenutzten Adjektiv »urig« endlich mal alle Ehre macht. Der Schankraum ist winzig, die Wände holzvertäfelt, die Stufen zur Toilette auf halber Treppe krumm und schief. Draußen in der Gasse hat einst Willy Millowitsch als Kommissar Klefisch ermittelt. Unten im Keller soll in den 1980ern angeblich Herbert Grönemeyer mit seiner Band geprobt haben. An diesem Abend könnte man immerhin Galatasaray Istanbul zuschauen, die sich in der Champions League vergeblich an glücklichen Bayern abmühen, oder – in Köln immer problemlos – mit einem der Stammgäste ins Plaudern kommen. Beides reizvoll, normalerweise. Heute aber nicht. Zu faszinierend ist das, was der, der mir am Bierfass-Tisch gegenübersitzt, erzählt. Wieder einmal. Andreas Bornefeld, ein schmaler, glatzköpfiger Mann, ist ein Nerd im allerbesten Sinne. Ein manischer Sammler. Ein akribischer, ein kenntnisreicher Freak, der seit 35 Jahren eine Leidenschaft hat: Er sammelt Daten über Superreiche und ist inzwischen mit seiner Ein-Mann-Firma »Netstudien« so etwas wie ein inoffizielles Statistikamt, wenn es um die Menschen geht, über die die Forscher mangels offizieller Daten so wenig sagen können. Menschen mit einem Vermögen von vielen Millionen, Milliarden Euro.

Angefangen hat alles im Jahr 1988, da war Andreas Student; und weil ihn die Uni zu wenig forderte, suchte er sich ein Hobby oder, besser gesagt, baute das Hobby aus, das er schon von klein auf hatte. »Ich habe immer schon Daten gesammelt«, sagt er. »Als Kind schon.« In der Grundschule waren es Fußballstatistiken, in der weiterführenden Schule Informationen zum Nationalsozialismus. Und im Studium bekam er dann zufällig eine Ausgabe des US-amerikanischen Magazins *Fortune* in die Hände. In dem Heft ging es um die 25 reichsten Männer der Welt. »Ich kannte keinen«, sagt Andreas. »Und da dachte ich: ›Versuchst du mal, so viel rauszubekommen wie möglich.‹ Das Thema hat mich fasziniert. Ich wollte alles wissen, bin immer tiefer und tiefer gegangen. Und dann hat sich das verselbstständigt, irgendwann.«

Mittlerweile hat Andreas Bornefeld in seiner Excel-Liste

Informationen zu den 7000 reichsten deutschen Familien. Er weiß, wessen Reichtum schon seit Generationen hält, weil die Namen schon in den *Jahrbüchern der Millionäre* vor dem Ersten Weltkrieg auftauchten (knapp 10 Prozent der deutschen Superreichen waren schon damals dabei, hat eine Forscherin des Max-Planck-Instituts gerade auf der Basis von Andreas' Daten berechnet) oder wer zu den erstaunlichsten Newcomern zählt. (Zum Beispiel die Firma denkapparat. Die Gründer, deren Vermögen inzwischen auf 1,7 Milliarden Euro taxiert wird, hatten eine so einfache wie lukrative Idee: Sie entwickelten eine Software, die aus Excel-Tabellen schicke PowerPoint-Präsentationen zaubert, vertrieben im Lizenz-System an Großkunden wie die Deutsche Post und hatten eine traumhafte Gewinnmarge, die Experten auf 90 Prozent schätzten.)

Er kennt die Unternehmen, die hinter den Vermögen stecken, die Branchen, die Bilanzzahlen, die Zukäufe und die Pleiten, weil er immer wieder alle zugänglichen Datenbanken durchkämmt, aber auch – was für eine Fleißarbeit – für die Vor-Internet-Zeit die sogenannten *Hoppenstedt-Handbücher* der Jahre 1964 bis 1994 ausgewertet hat, Nachschlagewerke über die größten deutschen Unternehmen. Er weiß, dass mindestens 550 der reichsten Familien ein eigenes Büro, ein Family-Office haben, das ihr Geld betreut, dass 275 eigene Hotels oder Hotelketten besitzen und mindestens 100 ein Weingut ihr Eigen nennen. Und er weiß auch, welche reichen Familien sich über die Ehen ihrer Kinder verbunden haben. (Zum Beispiel die Knaufs und die Werhahns oder die Familien Dyckerhoff und Boehringer.) Fragt man ihn, welche vermögenden Menschen Jachten besitzen, schickt er eine lange Liste. Erzählt man von Gesprächen, in denen es um eine der Leidenschaften vieler reicher Menschen ging, nämlich aufwendige Sammlungen, sendet er zahllose Beispiele.

Da ist, Klassiker, der 2010 verstorbene Chemieunternehmer Schnabel, der eine der weltweit größten Briefmarkensammlungen besaß. Von 850000 Marken in 1200 Alben ist die Rede, darunter, na klar, auch eine Blaue Mauritius, angeblich ersteigert für eine gute Million DM. Da ist die Mörsersammlung eines Vermögenden und die aus Buddha-Statuen eines anderen. Da ist der Gründer einer Bäckerei-Kette, der einen Hangar mit Kampffliegern füllte und schließlich mit einem seiner Exponate aus den 1950er-Jahren abstürzte. Da sind die unzähligen, viele Millionen Euro schweren Sammlungen von Oldtimern, teilweise in mehrstöckigen Tiefgaragen mit meterdicken Betondecken gelagert. Und Kunst, natürlich, immer wieder Kunst. Da ist das Museum Ritter, ein Neubau aus Beton und Glas und vor allem eine *Homage to the Square*, wie es heißt, eine Verbeugung vor dem Quadrat. Marli Hoppe-Ritter, Miteigentümerin von Ritter Sport, zeigt hier ihre Sammlung aus 1200 Bildern und Skulpturen, die eines gemeinsam haben: Sie sind alle quadratisch, wie die Schokolade. Da ist der ehemalige McKinsey-Berater und heutige Finanzinvestor, der sozialistische Plakatkunst sammelt, oder, ein besonderes Schmankerl in Andreas' Listen, der Vermögende, der in seiner Firmenzentrale seine Sammlung von Aktfotografien mit dem Schwerpunkt »Achselhaare« ausstellte.

Ich kann, wie an diesem Abend in der Kölsch-Kneipe, nicht genug bekommen von all den Storys, die sich in Andreas' Tabellen verbergen. Aber am Ende erfüllen seine Daten natürlich einen Zweck, der weit über den Nutzen eines Kneipengesprächs hinausragt: Sie helfen, die Lücke zu füllen, die die Forschenden mangels offizieller Daten nicht selbst schließen können. Sie beziffern die Top-Vermögen. Andreas ist Co-Autor der sogenannten Reichenliste des *Manager Magazins*, ein Ranking der 500 reichsten Deutschen. Gerade hat er außerdem einen Vertrag mit *Forbes* unterschrieben, dem US-Magazin, das die berühmten weltweiten Milliardärscharts erstellt.

Man kann die Arbeit von Nerds wie Andreas und den Journalisten, die die Reichenhefte des *Manager Magazins* verantworten, gar nicht hoch genug schätzen. Es ist ein mühsamer, ein aufreibender Job. Denn vor allem in den Anfangsjahren hagelte es Beschwerden von Vermögenden, die die genannten Summen zu hoch oder zu niedrig fanden, vor allem aber von Familien, die gar nicht wollten, dass mittels einer solchen Liste ihr Reichtum bekannt wurde. Berühmt geworden ist der Prozess des Bofrost-Gründers Josef Boquoi, der 2011 gegen die Reichenliste vor Gericht zog. Sein Vermögen sei allein seine Angelegenheit, sagte er, Privatsphäre. »Ein Privatmann muss es nicht dulden, in so einer öffentlichen Hitparade aufzutauchen«, argumentierte sein Anwalt. Das Landgericht München sah das anders. Es gebe ein berechtigtes öffentliches Interesse an Vermögen, die mehrere Hundert oder gar Milliarden Euro umfassen, entschied das Gericht. Die Gesellschaft brauche diese Daten, um zu wissen und zu diskutieren: »Wo sind die großen Vermögen? Wie wurden sie geschaffen? Wie geht jemand damit um?«

Noch mal: Dass das *Manager Magazin* seit Jahren diese Rankings zusammenstellt, ist ehrenvoll. Diese Listen sind aktuell die Hauptquelle auch für Forschende, die sich mit ganz großen Vermögen befassen. Aber es bleibt eine Frage: Wenn es, wie das Gericht in seiner Entscheidung ja klargestellt hat, für eine Gesellschaft wichtig ist, zu wissen, wer die ganz großen Vermögen in einem Land besitzt – nicht fünf, nicht zehn Millionen, sondern Hunderte, Tausende Millionen Euro –, wenn das also wichtig ist, allein um Debatten über Verdienst, über Macht und Einfluss führen zu können, warum schiebt der Staat diese Aufgabe dann Menschen wie Andreas und dem Team hinter den Reichenheften des *Manager Magazins* zu? Läge es nicht in seiner Verantwortung, der Gesellschaft diese Informationen über ein transparentes Vermögensregister zur Verfügung zu stellen, zugänglich vor allem für alle Wissenschaftler, die doch wieder und wieder beklagen, dass ihnen diese Daten fehlen, anders als zum Beispiel in Dänemark, Norwegen oder den USA?

Denn bei aller Akribie: Die Liste des *Manager Magazins* ist zwar der aktuelle Goldstandard, sie liegt den allermeisten Forschungsarbeiten zu Superreichen zugrunde, aber sie ist eben keine offizielle Vermögensstatistik, sondern das journalistische Produkt eines privaten Medienhauses – und auch sie hat Lücken, fehlende Puzzleteile im Bild des deutschen Reichtums.

Im Jahr 2023 hat ein Team des Netzwerks Steuergerechtigkeit über Monate alle verfügbaren Daten über Deutschlands Milliardäre ausgewertet und gemeinsam mit der Hans-Böckler-Stiftung in einer Studie veröffentlicht. Andreas' Tabellen flossen ein, aber auch öffentlich zugängliche Informationen aus Datenbanken und Unternehmensbilanzen. Was sie herausfanden, war erstaunlich: Die Milliardenvermögen seien in den Rankings »untererfasst«, schreiben sie, tatsächlich also wesentlich größer als bisher angenommen. Die deutschen Milliardäre hätten mindestens 500 Milliarden Euro mehr, insgesamt 1400 Milliarden statt 900.

Außerdem fand das Team in den Daten mindestens elf zusätzliche Milliardärsvermögen. Einige Namen fehlten in den Reichen-Rankings von *Forbes* oder dem *Manager Magazin* ganz, auch – das ist das Überraschende – auf den vordersten Rängen. So schätzt das Netzwerk Steuergerechtigkeit das Vermögen der Familie hinter dem Pharmaunternehmen Boehringer Ingelheim auf mindestens 50 Milliarden Euro. Das wäre auf der aktuellen Reichenliste des *Manager Magazins* der Spitzenplatz, die Familie somit die reichste des Landes.

Auf Nachfrage schreibt mir das *Manager Magazin*, dass in der Tat einzelne Namen auf der Liste fehlen. In den Anfangsjahren habe man sich, als einige reiche Familien juristisch gegen die Veröffentlichung vorgegangen seien, verpflichtet, diese nicht zu nennen. Heute würden solche Zugeständnisse nicht mehr gemacht. »Zugleich bemühen wir uns im Rahmen des rechtlich Möglichen, bestehende Lücken zu schließen.«

Ganz ähnlich hat sich die Geschichte schon einmal zugetragen, und zwar vor 113 Jahren. Schon damals, beim ersten Versuch, sie in einem *Jahrbuch der Millionäre in Preußen* sichtbar zu machen, haben sich die Superreichen dagegen gewehrt, wie die Historikerin Eva-Maria Gajek beschreibt.

Am 10. März 1911 durchsuchten Polizisten unter dem Kommando von Kriminalkommissar Hans von Treschkow mehr als drei Stunden lang die Wohnung und das Büro von Rudolf Martin, einem ehemaligen Regierungsrat im Kaiserlichen Statistischen Amt. Auch eine Druckerei wurde von der Polizei durchkämmt. Was sie suchten, waren die Unterlagen, mit deren Hilfe Martin den Urahn der Reichenliste des *Manager Magazins* erstellt hatte, sein *Jahrbuch des Vermögens und Einkommens der Millionäre in Preußen*, das kurz vor Drucklegung stand. 8300 Namen hatte er aufgelistet und viele der Superreichen vor der Veröffentlichung, wie es sich gehört, informiert. Die zogen damals nicht vor Gericht, sondern wählten den direkten Weg und schrieben Beschwerdebriefe an den Finanzminister, den Innenminister und den Justizminister. Der Vorwurf: Martin könne nur auf unrechtmäßigem Wege an die Daten gelangt sein. Außerdem missachte er ihre Privatsphäre. Der Druck wurde gestoppt. Martin wehrte sich: Er habe, genau wie heute die Autoren des *Manager Magazins*, nur Daten aus öffentlich zugänglichen Quellen genutzt.

Da ihm, allen Durchsuchungen zum Trotz, nichts anderes nachgewiesen werden konnte, erschien das Jahrbuch ein gutes halbes Jahr später dann doch. In diesem Buch und in den weiteren Jahrbüchern der Millionäre für die anderen Gebiete des Deutschen Kaiserreichs, die er in den Folgejahren veröffentlichte, finden sich übrigens schon etliche Namen, die sich bis heute in den Rankings der Superreichen halten. Die Fürsten von Thurn und Taxis waren damals schon dabei, die Sedlmayrs, einst Inhaber der Brauereien Spaten und Franziskaner, die Werhahns oder die von Siemens. Im Vorwort der Ausgabe zum Königreich Sachsen schrieb Martin: »Die bisherige Geheimhaltung des Vermögens und Einkommens ist ein Rest der Unwissenheit und des Aberglaubens des Mittelalters. Wer für den Fortschritt der Wissenschaft ist, der muss auch für Aufklärung auf dem Gebiet des Vermögens und Einkommens sein.«[5]

Ganz und gar haben wir das dunkle Mittelalter bis heute nicht hinter uns gelassen. Aber immerhin: Dank Andreas' Arbeit und der Auswertung des Netzwerks Steuergerechtigkeit hat man nun einen präziseren Blick auf die Milliardärsfamilien, rund 4000 Haushalte, die ein Vermögen von geschätzten 1,4 Billionen Euro haben, rund dreimal so viel wie der gesamte Bundeshaushalt.

Für einen ersten »Reichtumsbericht« würden die Forscher gern ihre Analysen auf die 1000 größten Vermögen ausdehnen. Dann hätte man immerhin einen guten Überblick über die Summen, die auf die obersten 40 000 Haushalte entfallen, und wüsste mehr über das Penthouse der Gesellschaft, die reichsten 0,1 Prozent – die Menschen, die in den Statistiken, den Vermögensschätzungen, den vielen akribischen Arbeiten von Forschenden in der Regel fehlen. Die Superreichen. Die Menschen, von denen dieses Buch handelt, die Menschen, mit denen ich sprechen will.

Wäre dieser Text ein Tagebuch, würden nun viele Seiten Tristesse folgen. Die Mühen der Ebene, die Wochen, in denen ich nicht viel mehr mache, als Biografien sehr reicher Menschen zu lesen, ihre Adressen ausfindig zu machen, persönliche Briefe zu schreiben, nachzuhaken, Vor- und Zwischen- und Nachgespräche mit Beratern zu führen und vor allem Absagen zu sammeln – das Schweigekartell, das ich schon im Prolog beschrieben habe. Blättern wir lieber vor zu einem wesentlich spannenderen Kalendereintrag.

3. 11 a.m.: Meet-up Mr. Superrich oder Der Vormittag, an dem sich Tausende Millionen Euro auf meinen Küchenstuhl setzten

Am Morgen, bevor er mich besucht, benehme ich mich wie eine Filmfigur vor der Stippvisite der Eltern in der ersten eigenen Wohnung. Ich schließe die Türen zu den Zimmern, die mir zu unaufgeräumt scheinen, und versuche den Hauptraum, in dem wir reden werden, auf Hochglanz zu bringen. Ich sauge den Boden, wische die Flächen, bringe das Altpapier zur Tonne, klopfe die Kissen auf. Und während ich all das eilig erledige, wird mein Zuhause, das ich doch eigentlich so mag, unter meinen Händen immer kleiner, immer gewöhnlicher, ja mickriger, weil ich mich nicht dagegen wehren kann, mich zu fragen, wie er, der in einer großen Villa mit Personal und Pool aufgewachsen ist, es wohl sehen wird.

Was wird er denken, wenn er gleich auf das Haus zufährt? Fünf Stockwerke, 14 Parteien, ein Neubau, aber schon ordentlich verschmutzt und getaggt. Die Außenwand zum freien Grundstück nebenan besprayt mit einem Spruch in meterhohen Buchstaben: *Money has no value. Capitalism dosnt work.*

Ich denke mir oft: »Kapitalismus, verkauf mir ein E«, wenn ich auf diese Folklorebemalung zulaufe. Aber wie geht es jemandem, dem *Capitalism* mehr Geld auf das Eigentümerkonto gespült hat, als er und vermutlich auch all seine möglichen Nachkommen je werden verbrauchen können?

Fühlt er sich unwohl, wenn er das liest? Angegriffen? War es ein Fehler, ihm vorzuschlagen, dass wir hier ganz ungestört würden sprechen können? Wie soll das funktionieren – einer der Erben eines Milliardenvermögens in meiner Küche?

Das Verrückte ist, dass ich eigentlich weiß, wie all diese Fragen zu beantworten sind. Es wird ihn nicht verwundern, wo und wie ich lebe. Er kennt das Viertel. Er war aus Hamburg angereist, als wir uns das erste Mal auf Vermittlung einer anderen Vermögenden in einem Café ein paar Straßen weiter getroffen haben. Selbstbedienung, auf wackligen Stühlen, nix mit fünf Sternen. Damals allerdings war ich nicht gut vorbereitet. Ich wusste zwar, dass er Geld hat. Aber nicht, wie viel. Mir war gesagt worden, dass seine Familie sehr reich sei, aber ich ahnte nicht, wie extrem. Die Summen standen noch nicht zwischen uns. Seit ich die Dimension kenne, ist meine anfängliche Unbedarftheit Geschichte.

In den nächsten Monaten wird sich das noch mehrfach wiederholen. Reichtum verleiht Autorität und schafft Distanz. Konfrontiert mit seiner extremen Form, mit Hunderten Millionen von Euro, fällt es schwer, sich nicht unbedeutend zu fühlen, sich nicht devot zu verhalten. Es wird mir so gehen, als mich ein Milliardär überraschend auf dem Handy anruft, um über meinen Brief zu plaudern; als ich einem anderen in seinem eigenen Hauben-Restaurant, wie die Gourmet-Küche in Österreich heißt, gegenübersitze; als sich ein Dritter aus den USA zum Vorgespräch mit seinem Presseberater in den Zoom-Call schaltet. Immer klopft mein Herz schneller als bei anderen Interviews.

Und auch das Treffen mit dem, der gleich da sein wird, hatte ja einen langen Vorlauf. Nachdem er sich entschieden hatte, mit mir über Geld und alles, was daran hängt, reden zu wollen, weil ihn dieses Thema seit Jahren beschäftigt, sagte seine Familie erst mal Nein. Zu groß der Wunsch nach Anonymität, zu groß die Sorge, es könnten Interna über die Firma und ihre Eigentumsverhältnisse nach außen dringen. Wir verhandelten hin und her. Am Ende unterschrieb ich Geheimhaltungsregeln, in denen wir vereinbarten, dass er alle Details gegenlesen darf, um sicherzugehen, dass der Text nicht zu viele Hinweise auf das Unternehmen gibt. Ihm war das sehr unangenehm. Dass Ereignisse wie diese für ihn mehr als nur lästige Episoden sind, verstand ich erst später, als er mir erzählt hatte, was er alles unternimmt, damit das Geld nicht immer zwischen ihm und den anderen steht.

Aber lassen wir ihn erst mal klingeln, den Fahrradhelm an der Garderobe aufhängen. Stellen wir ihm erst mal Wasser und Kaffee hin, bevor wir starten mit unserem Gespräch über Reichtum, das am Ende über mehrere Etappen weit über 50 Stunden dauern wird. Ein Gespräch, das sich wie ein roter Faden durch dieses Buch ziehen wird. Denn auch wenn ich am Ende mit etlichen Vermögenden, mit Multimillionären und Milliardären sprechen werde, wird Sebastian, wie er in diesem Text heißen soll, der Einzige sein, den ich über Monate immer wieder treffe, der keinem Thema ausweicht. Es ist ein Gespräch, das für mich mit etwas beginnt, das man im Film eine »Text-Bild-Schere« nennt: ein Moment, in dem das, was man sieht, nicht zu der Information passt, die man erhält. Wenn also zum Beispiel zu Bildern eines plätschernden Baches von einem reißenden Strom gesprochen oder zu Aufnahmen von Regenschauern über einen strahlenden Sonnentag geredet wird.

Meine Text-Bild-Schere ist diese: Ich weiß, dass mein

Gast superreich ist, dass seine Familie zu den vermögendsten in Deutschland gehört. Sie sind Milliardäre, das heißt, sie besitzen das Vielfache von tausend Millionen Euro. Fantastische Summen. Würde man Geld in Entfernung umrechnen, 50000 Euro gleich ein Zentimeter zum Beispiel, wäre der mittlere deutsche Haushalt nur knapp über dem Boden, bei zwei Zentimetern, nicht mal in Daumennagelhöhe. Sebastians Familie aber würde schweben. Nicht zehn, nicht hundert, sondern mehrere Tausend Meter über dem Rest. Sie sind Teil des deutschen unternehmerischen Adels, auf der Liste des »Who's who« des Landes.

Vor mir aber sitzt jemand, der normaler nicht aussehen könnte: Sebastian, wie er in diesem Buch heißen soll, ist um die 40 Jahre alt. Er hat schwarzes Haar, eine Hornbrille, ein weißes T-Shirt, dazu eine kurze Hose. No-Name-Ware, nicht mal die obligatorische teure Uhr entdecke ich an seinem Handgelenk. Später wird er mir erzählen, dass er durchaus eine solche geerbt habe, ein Schweizer Modell, das aber inzwischen in einer Schublade verschwunden sei, genau wie die Lacoste-Hemden, die er als Jugendlicher gern getragen habe. Mittlerweile verzichte er absichtlich auf Statussymbole, sagt er. Aber das weiß ich bei diesem ersten Treffen, als mein Blick auf das schlichte weiße Shirt und das unbeuhrte Handgelenk fällt, natürlich noch nicht.

Dass man Geld nicht sieht, weiß, wer zu Vermögen recherchiert. Insbesondere in Deutschland kommt echter Reichtum häufig gerade nicht protzig und prahlerisch daher. Dass das viele Geld aber so unsichtbar ist wie in Sebastians Fall, habe ich noch nicht erlebt. Es ist, das werde ich später erfahren, eine bewusste Entscheidung – eine der vielen in seinem Schlingerkurs auf der Suche nach einem guten Umgang mit dem Milliardenvermögen seiner Familie.

Beginnen wir am Anfang, in den westdeutschen 1980er-Jahren, in denen Sebastian zur Welt kam. Es war bei ihm so, wie es heute unter deutschen Vermögenden am wahrscheinlichsten ist: Er und seine drei Geschwister wurden in den Reichtum hineingeboren, in ein Vermögen, das seine Vorfahren aufgebaut hatten, durch kluge unternehmerische Entscheidungen und weil sie, wie er beschreibt, zur richtigen Zeit am richtigen Ort waren. »Bei mir ist es reines Erbe«, sagt er. »Glück. Reines Glück in der Geburtenlotterie.«

Es war kein gewöhnliches Aufwachsen, natürlich nicht. Die Familie lebte in einem Vorort am Stadtrand, in einer Gegend, in der die meisten Menschen zwar ein eigenes Haus mit kleinem Garten hatten, aber niemand eine so große Villa mit Indoorpool und Personal wie sie. Wenn Sebastian aus dem Kindergarten oder der Schule nach Hause kam, hatte die Putzkraft, die fest angestellt war, sein Zimmer aufgeräumt. Frühstück und Mittagessen kochte die Haushälterin. »Ich habe erst später gemerkt, dass ich mit so einer wahnsinnig geringen Wertschätzung für Essen aufgewachsen bin«, sagt er. Erst im Studium habe er begriffen, welch großer Aufwand dahintersteckt, einzukaufen und zu kochen. »Essen kam für mich als Kind einfach so fertig aus der Küche«, wie von Zauberhand. »Das ist mir heute sehr unangenehm, und ich empfinde große Dankbarkeit für diese ganze Arbeit, die für mich gemacht wurde, aber ich bin schon sehr verwöhnt aufgewachsen.«

Schon als Kindergartenkind habe er gespürt, dass seine Familie anders sei, eine herausgehobene Stellung in der Gemeinschaft habe, sagt Sebastian. Egal, ob im Ort, im Tennisverein, beim Zusammentreffen mit den Familien von Freunden: Seine Familie war wer. Und auch den Grund ahnte Sebastian schon sehr früh – und auch, dass seine Familie von ihm erwartete, diesen Teil ihres Lebens nicht hinauszuposaunen, sondern wenn möglich sogar zu verheimlichen.

»Ich weiß aus der Kindergartenzeit, dass ich meinem besten Spielfreund das damals wie so ein Geheimnis mal anvertraut habe: ›Übrigens, meine Eltern sind reich.‹« (Der Freund, der mithalten wollte, reagierte mit: »Ja, meine auch«, was nicht stimmte und damit wohl eines der ersten von zahllosen wenig geglückten Gesprächen über das Geld seiner Familie war, die Sebastian in seinem Leben noch führen sollte.)

Kaum eingeschult, berichtete Sebastian der ganzen Klasse dann einmal völlig unbekümmert davon, was seine Familie in den Weihnachtsferien unternommen hatte. »Urlaub war bei uns immer schon sehr luxuriös. Wir hatten zwei Ferienhäuser, eines in den Bergen, eines am Mittelmeer. Nach Weihnachten, ganz klar, der Skiurlaub in den Alpen, und eben auch Überseereisen: Neuseeland, Malediven. Als ich sieben war, waren wir über Weihnachten auf den Malediven, und ich hab das dann nach der Weihnachtspause in der Schule erzählt. Die Lehrerin aber war eine Bekannte einer meiner Schwestern. Da habe ich zu Hause das deutliche Feedback bekommen: ›Du kannst doch nicht erzählen, dass wir auf den Malediven im Urlaub waren!«

So lernte er zwar, dass sich seine Familie von den anderen unterschied und er darüber nicht sprechen sollte. Aber als ich ihn frage, wer ihn denn wie aufgeklärt habe über das große Vermögen, stutzt er. »Es ist immer schwierig, in die Kindheit zurückzugehen.« Es gebe da nur einzelne Bilder, einzelne Erinnerungen. Als wir dieses erste Mal darüber reden, sagt er: »Es gab nicht das eine große Gespräch«, nicht diesen filmreifen Moment, in dem die Milliarden und die Story dahinter enthüllt worden wären. Vor unserem Treffen hatte ich mir das so vorgestellt. Ein ruhiger Abend, die Eltern, vielleicht mit Unterlagen oder Listen des Besitzes ausgestattet, kündigen an: »So mein Kind, heute ist der Tag, an dem du erfahren sollst, wie reich wir wirklich sind.«

Aber während ich Sebastian zuhöre, merke ich, wie abwegig dieser Gedanke war. Familien funktionieren selten so, dass Eltern den Kindern schlüssig, nachvollziehbar und vor allem ehrlich die Familiengeschichte und die Lehren, die sie daraus gezogen haben, erzählen. Viel zu oft wird all das hinter den immer gleichen Anekdoten und Bemerkungen versteckt. Warum sollte das ausgerechnet in Milliardärsfamilien anders sein? Es gibt schließlich in Deutschland kaum ein größeres Tabu, als über Geld zu reden. Später wird mir eine andere Erbin erzählen, dass sie überrascht war, als sie mit 18 Jahren den Wert ihres Portfolios zum ersten Mal gesehen hat: Sie wusste schon, dass sie mit der Übertragung reich sein würde, hatte aber – da in der Familie nie offen über Summen gesprochen wurde – mit fünf oder sechs Millionen Euro gerechnet. Stattdessen waren es über fünfzig.

Die US-amerikanische Soziologin Rachel Sherman, von der in diesem Buch noch mehrfach die Rede sein wird, weil sie als eine der wenigen umfassend das Leben der extrem Reichen erforscht hat, kennt das. Sie hat zahlreiche Erben interviewt, die keine Vorstellung davon hatten, wie viel Geld die Familie kontrollierte, etliche waren vollkommen überrascht, wie groß die Summe war, die sie erbten. »Einige beschrieben, dass sie Hunderttausende oder sogar Millionen von Dollar erbten, ohne auf irgendeine Art darauf vorbereitet worden zu sein«, so Sherman.[1] Ein Grund dafür sei die Sprachlosigkeit in puncto Vermögen. Vielen Kindern, die in sehr reichen Familien aufwachsen, würde, wie Sebastian auch, früh klargemacht, dass es sich nicht gehöre, mit anderen über das viele Geld zu sprechen. Aber das Schweigen, schreibt Sherman, habe sich in vielen Familien, die sie untersuchte, eben auch nach innen fortgesetzt. Selbst im engsten Kreis, selbst unter Eltern und Kindern, würde nicht offen über Summen geredet.

Sebastian erinnert sich an einzelne Sätze, die zum Thema Vermögen immer wieder eingestreut wurden: »Wir haben großes Glück, dass es uns so gut geht.« – »Uns geht es so gut. Das darf man gar nicht laut sagen, wie gut es uns geht.« – »Vermögen gibt uns Sicherheit.« – »Vermögen bedeutet Verantwortung.« – »Das größte Glück an Vermögen ist, dass man viele Kinder haben kann.« Er erinnert sich daran, dass ihm klar war, dass seine Familie in einer außergewöhnlichen Situation sei, dass es in dem Umfeld, in dem sie lebten, keine Menschen in ähnlicher Lage gab. Er hat die Geldgeschenke im Gedächtnis, die die Großeltern »aus dem vermögenden Teil«, wie er es nennt, machten, Bargeld, immer größere Summen im Briefumschlag an Weihnachten.

Eine Bekannte von ihm, die ebenfalls als Erbin eines großen Vermögens aufwuchs, sagt: »Der Groschen, wie reich man ist, fällt nicht, er sickert langsam wie durch Sirup.« Das treffe es, findet Sebastian. »Das Verstehen ist ein schleichender Prozess. Und dadurch, dass es so schleichend ist, fällt es gar nicht so auf.«

Bei einem späteren Treffen, als wir wieder darüber reden, sagt er, er habe noch einmal überlegt. Es habe vermutlich doch eine Art Aufklärungsgespräch gegeben, als er im Grundschulalter gewesen sei. Aber er habe nur ganz diffuses Wissen darüber im Kopf. »Ich finde es selbst interessant, wie schlecht meine Erinnerungen sind. Ich kann mich weder an die konkrete Situation noch an den Inhalt erinnern.« Er weiß nicht, ob Summen genannt wurden, Erwartungen formuliert, Familiengeschichte erklärt. Der Groschen fällt nicht, er sickert.

Und manchmal braucht es auch einen Schubs von außen. Er und seine Geschwister seien lange mit der halben Wahrheit aufgewachsen, dass der Alltag der Familie ausschließlich mit dem Einkommen der Eltern finanziert würde. »Mir wurde immer mitgegeben, es sei ›erarbeitetes‹ Einkommen, von dem wir leben. Und ich weiß auch, dass es mir wichtig war, weil ich Leuten, die uns darauf angesprochen haben, immer gesagt habe: ›Wir finanzieren uns über das Einkommen meiner Eltern.‹«

Bis Sebastian eines Tages seine erste feste Freundin hatte. Sebastians Familie war auch in diesem Jahr im Skiurlaub gewesen, zwei Wochen, in einem sehr guten Hotel. »Da hat sie gesagt: ›Es kann eigentlich nicht sein, dass ihr euch solche Urlaube leisten könnt, wenn es nur dieses Einkommen gibt.‹« Er habe dagegengehalten: Doch. Sie: Nein. Das kann nicht sein. »Irgendwie wusste ich das im Hintergrund auch die ganze Zeit«, sagt Sebastian. »Aber es war für mich selbst auch angenehm, diese Geschichte zu erzählen, mir diese Geschichte einzureden.«

Und irgendwann, sagt Sebastian, auch da weiß er nicht mehr, warum, war dann auch das Wissen da, dass er als Erwachsener Miteigentümer des Unternehmens werden und auf ein Konto jährliche Dividenden erhalten würde.

»Ich wurde nicht gefragt, ob ich das möchte. Mir wurde nicht erklärt, was das bedeuten würde. Es war einfach klar. Ich kann mich nicht einmal an das erste Mal erinnern, als ich das Geld bekommen habe«, jährlich immerhin mehr als ein sehr gutes Managergehalt, das ab diesem Tag X auf sein

Konto überwiesen wurde. »Dass ich das nicht mehr weiß, sagt eigentlich schon alles. Es fühlt sich absurd an, das jetzt zu erzählen.«

In der Tat, es klingt absurd, dass jemand eines Tages plötzlich mehr auf dem Konto hat, als die allermeisten Menschen in zehn oder zwanzig Jahren verdienen, und es nicht merkt. Aber andererseits auch wieder nicht. Ticken wir Menschen nicht so, dass wir immer uns selbst und unsere Art zu leben als normal empfinden, insbesondere wenn wir von Beginn an so geprägt wurden? Warum sollte das unter Superreichen anders sein?

Und wie, frage ich mich dann, sollte so ein Aufklärungsgespräch über das große Geld überhaupt aussehen? Und in welchem Alter sollte es stattfinden?

Mein jüngerer Sohn hat sich kürzlich, er ist zehn Jahre alt, sehr für Geld interessiert. Er stellte die grundsätzlichen Fragen: Wie viel verdienen wir im Monat? Wie viel haben wir angesammelt? Ist das viel? Warum bekommt er dann nicht mehr Taschengeld? Warum geben wir den Armen nicht mehr ab? Ich zögerte; antwortete dann aber so akkurat wie möglich, als er nicht lockerließ, auf den Euro genau.

Ein paar Tage später erfuhr ich, dass er sein neues Wissen nicht nur mit den Mitschülern geteilt, sondern auch deren Vermögensdaten erhoben hatte. Er sagte mir: »Emre glaubt, sein Vater ist Millionär. Kann das sein?« Und: »Hannahs Eltern haben gar nichts auf dem Konto. Fünf andere auch nicht. Warum nicht? Sind wir reich?«

Mir war all das nicht ganz geheuer. Auf einige Fragen antwortete ich ausweichend und ärgerte mich, nicht besser darin geübt zu sein, wie ich mit meinem Kind über Geld rede – nicht zu wissen, was vernünftige Zurückhaltung und was anerzogene falsche Scham ist.

Jetzt frage ich mich: Was wäre, wenn ich an der Stelle von Sebastians Eltern gewesen wäre und mein Sohn dann in der Schule genauso präzise von Milliardenanteilen und Millionendepots, von Ferienhäusern und Reisen in Luxusresorts berichtet hätte? Hätte er dann weiter in eine Klasse gehen können, in der manche nichts haben und niemand auch nur einen Bruchteil dieser Summen besitzt?

Es war also keine gewöhnliche Kindheit, die Sebastian erlebte. Aber doch eine, die gewöhnlicher ist, als sie heute für das Kind einer Familie mit Milliardenvermögen wahrscheinlich wäre. Spulen wir noch einmal zurück in die 1980er-Jahre, in die große Villa. Etwas, sagt Sebastian, war bei ihm, aber auch bei den Bekannten seiner Eltern noch anders, als er es heute in vielen Familien mit großen Vermögen erlebt. Seine Eltern schotteten die Kinder nicht ab, ganz im Gegenteil. Sebastian ging in den städtischen Kindergarten, in die staatliche Grundschule, aufs Gymnasium am Ort.

»Ich glaube, dass das die wichtigste Entscheidung meiner Eltern war, dass ich nicht, wie es heute wesentlich üblicher ist als damals, auf eine Privatschule gegangen bin. Das klingt trivial, oder?« Aber dadurch, sagt Sebastian, sei sein Aufwachsen durch etwas beeinflusst gewesen, das er etwas umständlich, aber zutreffend »klassenübergreifende Freundschaften« nennt. »Das war wahrscheinlich das, was mich am meisten geprägt hat: dass ich dadurch einfach andere Perspektiven mitbekommen habe, andere Themen, ein Reality Check. Und später dann, wenn die Freundschaften gut genug waren, Leute mir auch mal gesagt haben: ›Wie es bei dir ist, ist es absurd.‹«

Weißt du, warum deine Eltern das so entschieden haben?

Er wisse nicht, ob das ein bewusster Akt seiner Eltern

gewesen sei, sagt Sebastian, er vermute aber, dass die staatliche Schule einfach der üblichere Weg war, auch für die Kinder Vermögender. »Das hat sich inzwischen sehr verschoben. Aber damals gab es wenig Privatschulen, auch im Umfeld. Das kannte man wenn, dann aus England. Und die Kinder, die auf Privatschulen geschickt wurden, galten eher so als Problemfälle, die auf Internate abgeschoben wurden. Das hatte eher einen negativen Touch.«

In der Tat: Seit Sebastians Kindheit ist die Zahl der Privatschulen in Deutschland stark angestiegen, hat sich grob verdoppelt. In der Gegend, in der Sebastian aufwuchs zum Beispiel, eröffnete erst vor zehn Jahren eine internationale Privatschule, die knapp 15 000 Euro Schulgeld pro Jahr kostet. Als der Boom losging, habe ich etliche dieser Edelschulen besucht; mit Direktorinnen gesprochen, die ihre Schüler zwar nicht als akademische Höchstleister, aber trotzdem als Elite, als »ungeschliffene Edelsteine« einstuften; mit Lehrern, die sich freuten, dass Eltern offenbar mehr und mehr erkannten, dass gute Bildung auch Geld koste; und mit Schülern, die wussten, dass ihre Familien für ihren Internatsplatz rund 30 000 Euro pro Jahr zahlten, die aber als Grund dafür, dass keine Kinder von Arbeitslosen an ihrer Schule waren, anführten, dass Hartz-IV-Empfänger eben weniger »auf dem Kasten« hätten; Schüler, die nachmittags an ihrer Schule fechten, segeln und reiten konnten und auf die Frage, was man als Student wohl als monatliches Budget braucht, antworteten: 5000 Euro, Minimum. Was man mit achtzehn eben so denkt und sagt, wenn man unter seinesgleichen, umschlossen wie von einer Käseglocke, groß wird.

»Da bleibt man unter sich«, sagt Sebastian. »Das ist unter Vermögenden wesentlich mehr geworden. Ein großer Faktor.«

Aber du hattest immer zwei Welten, die zu Hause und die draußen, in der Schule?

»Ja«, sagt Sebastian. Und dann – das war die zweite weitreichende Entscheidung seiner Eltern – ließen sie auch zu, dass sich diese beiden Welten mischten. Die große Villa stand allen Freunden offen. »Wir durften jeden einladen. Alle konnten zu uns nach Hause kommen«, sagt Sebastian, egal ob zum Spielen oder zu Geburtstagen. »Meine Eltern haben das immer sehr gefördert. Dafür bin ich ihnen auch sehr dankbar. Das war bei anderen reichen Familien anders.« Er erinnert sich an ein Fest im Garten, das gefeiert wurde, weil seine Geschwister und er ein Klettergerüst bekommen hatten, »also, ein Klettergerüst in der Größe, die eigentlich auf dem Spielplatz steht. Zur Einweihung war dann die ganze Kindergartengruppe bei uns.«

Während ich mir ausmale, wie das aussah, als die Kinder der Krümelgruppe an Sebastians neuem Klettergerüst im Garten der Villa anstanden, gehe ich gleichzeitig all die Argumente durch, die mir andere sehr Reiche als Begründung dafür nannten, warum genau das, also ein Aufwachsen ihrer Kinder gemeinsam mit denen der Polizistin oder der Putzkraft, keinesfalls möglich sei.

Wurdest du gemobbt, des Geldes deiner Eltern wegen?, frage ich.

»Nee«, sagt er. »Ab und zu mal so Sprüche. Aber ich hatte eine gute Schulzeit und wenig schlechte Erlebnisse, die auf meine Familie zurückzuführen wären. Es wussten in der Schulzeit fast alle, dass meine Familie so Superreiche sind, Hochvermögende. Ich hab' schon gemerkt, dass die Leute einen deshalb irgendwie anders behandeln, manchmal schlechter, aber meistens besser. Also, zu 90 Prozent wird man besser behandelt.« Er habe schon als Schulkind einen Sensor entwickelt und gespürt, wenn einer nur des Geldes wegen mit ihm befreundet sein wollte. Mehr aber auch nicht.

Keine ernst zu nehmenden Probleme?

»Nee.«

Haben deine Eltern vor Besuchen wie dem bei der Klettergerüst-Einweihung einen Background-Check der Kinder gemacht oder später deiner Klassenkameraden, der Kinder im Sportverein?

»Nee«, sagt Sebastian ungläubig.

Gab es denn keine Sicherheitsbedenken?, frage ich ebenso zweifelnd.

Ich denke an all die namenlosen Klingelschilder, vor denen ich während meiner Recherche schon stand, an all die Bitten, Häuser nicht zu zeigen, Wohnorte zu verschweigen, der Sicherheit wegen. Ich hatte das immer sehr ernst genommen.

»Doch«, sagt Sebastian. Vor allem die Angst vor Entführungen sei immer ein Thema gewesen. Und das ja auch aus gutem Grund. Eva Maria Gajek, die am Max-Planck-Institut für Gesellschaftsforschung zu großen Vermögen forscht und auch den Text über den ersten Autor der Millionärslisten geschrieben hat, schickt mir ihre Studie zum Thema »erpresserischer Menschenraub«, so der kriminologische Fachbegriff. Lange galt dieser als US-amerikanisches Verbrechen, nahm dann aber in den 1970er- und 1980er-Jahren auch in der Bundesrepublik sprunghaft zu. Allein im Herbst 1976 wurden innerhalb weniger Monate fünf Personen entführt und für deren Freilassung Lösegeld gefordert. Genau zu der Zeit, so Gajek, als man erstmals in größerem Ausmaß über Reichtum zu debattieren begann und in Büchern, Listen und Artikeln das Vermögen einiger Superreicher publik gemacht wurde.

So nennt zum Beispiel Heinz-Joachim Ollenburg, einer der Entführer von Theo Albrecht, ein Kapitel in seinen Memoiren »Wir suchen einen Superreichen«. Auf ihrer Suche nach einem möglichen Opfer hätten er und sein Mittäter das Buch *Die Reichen und die Superreichen* des Wirtschaftsredakteurs Michael Jungblut durchgeblättert, das 1971 beim Verlag Hoffmann und Campe erschienen war und mit der Legende aufräumte, dass das deutsche Nachkriegsvermögen sehr gleich verteilt sei. Die Entführer lasen außerdem Reichenlisten und stießen schließlich auf einen Artikel in der *Zeit*, in dem es um die jährlichen Gewinne der Albrechts gegangen sei.

Auch Jan Philipp Reemtsma schildert in seinem Buch *Im Keller*, dass die Entführer auf seine Frage *»Why did you choose me?«* geantwortet hätten: *»We have a list.«* »Die ›reichen Leute‹ und ihre Kinder sind das natürliche Ziel dieses Verbrechens, nicht die ›ganz normalen‹«, schrieb die *Frankfurter Allgemeine Zeitung*. Was zutrifft, auch wenn einige Entführer in der Vernehmung angaben, zwar gezielt Villenviertel wie München-Grünwald aufgesucht, dort dann aber relativ wahllos nach Opfern gegriffen zu haben. Was heute irritiert, ist, dass damals etliche Journalisten den großen Reichtum einiger als Rechtfertigungsgrund für diese Verbrechen ansahen. Gajek zitiert einen Artikel aus der Münchner *Abendzeitung*. Dort hieß es über die Oetker-Entführung, dass eine Familie 21 Millionen Lösegeld »so aus der Hand zahlen kann«, gebe »Anlaß zu Betrachtungen«, »wie es mit der sozialen Gerechtigkeit in unserem Land bestellt ist«. Die Entführungswellen seien »Symptom des sozialen Ungleichgewichts«.

Die Entführungen brachten einen Boom in der privaten Sicherheitsbranche mit sich. Erstmals installierten auch deutsche Wohlhabende im großen Stil Alarmanlagen. Die Nachfrage nach Bodyguards stieg. »Wo immer gerade ein Mensch entführt wurde, da ist die Nachfrage besonders groß«, schrieb die *F.A.Z.* »In München zum Beispiel lassen sich nach der Verschleppung Richard Oetkers etwa zwei Dutzend Leute (...) ständig bewachen.« Und die *Abendzeitung* titelte: »Deutschlands Millionäre machen ihre Villen dicht«.

Umso erstaunlicher also, dass Sebastians Eltern diese präsente Bedrohung nicht davon abhielt, Haus und Garten zu öffnen, ihre Kinder als extrem Reiche unter allen anderen groß werden zu lassen.

Hat sich das seitdem verschoben?

Die Indizien dafür, dass Vermögende heute eher »unter sich« bleiben, sind zahlreich. Es ist ja nicht nur das Angebot an privaten Kindergärten, Schulen und Universitäten. Fallstudien belegen, dass die soziale Sortierung in den Städten in den letzten 30 Jahren generell zugenommen hat. Vor allem Familien mit Kindern leben seltener in gemischten Nachbarschaften aus Ärmeren und Wohlhabenden. Leider beziehen sich die meisten Daten aber – wie immer – auf Einkommen, meist wird vor allem untersucht, wo arme Menschen leben. In einer Studie aus dem Jahr 2015 wird immerhin ausgewertet, wie sich »statushohe Haushalte« in Deutschland verteilen. (Als »statushoch« gilt, wer ein hohes Einkommen, Finanzvermögen, aber auch einen akademischen Titel oder ein teures Auto hat.) Die Daten stammen von einem Marketinginstitut. Man erkennt klare Muster: »Statushohe Haushalte« ballen sich im Westen Deutschlands, »oftmals direkt am Rand einer Großstadt«. Es gibt Hotspots: in Hamburg, München, logisch, aber auch im Taunus, rund um Düsseldorf und im südlichen Niedersachsen.

Der Befund deckt sich mit den Karten, die mir Andreas, der Datensammler, schickt. Ein weiteres Juwel in seinem Schatz. Er hat die Wohnorte seiner Vermögenden markiert. Und auch seine Stecknadeln ballen sich. Eine städtische Geografie des Reichtums: In Hamburg erkennt man die Alster und die Elbhänge vor lauter Nadeln nicht. In Köln lebt das Vermögen eindeutig und fast ausschließlich linksrheinisch, vor allem in den Reichenvierteln Marienburg und im nördlichen Rodenkirchen. In Essen herrscht fast im ganzen Stadtgebiet gähnende Leere, im Süden aber, in Bredeney, westlich der Villa Hügel, langjähriger Wohnsitz der Unternehmerfamilie Krupp, hat Andreas in einigen Straßen fast jedes Haus markiert. In Berlin gruppieren sich die Vermögenden vor allem bananenförmig rund um den Grunewald. Ein kleiner Nadelhaufen steckt in Mitte. Im ganzen Osten der Stadt zähle ich fünf einsame Vermögende. Nur die Karte des Münchner Raums sieht anders aus. Auch hier gibt es Hotspots des Vermögens: entlang der Isar, an den Ufern der südlichen Seen. Aber insgesamt verteilen sich die Reichen in München gleichmäßiger über fast die ganze Stadt.

»Ich erlebe die Welt der Hochvermögenden heute als krasse Parallelgesellschaft«, sagt Sebastian. »Wohnort, Urlaub, Schule, Arbeitswahl. Das hängt schon sehr stark damit zusammen, dass man unter sich bleiben will.«

Gerade erst bin ich an einen Ort gereist, den der Konflikt um diese vermeintliche »Parallelgesellschaft« schon lange beschäftigt. Ein Unternehmen, das zur Holding einer superreichen Familie gehört, habe sich dort, so der Vorwurf einiger Bewohner, in den letzten zehn Jahren eine Art private Traumwelt zusammengekauft. Der Name des Ortes klingt wie eine billige Pointe, ist aber real: Dagobertshausen, in der Nähe von Marburg. Nicht benannt nach dem berühmten Milliardär aus Entenhausen, sondern – so steht es auf einer Informationstafel im Ort – nach einem fränkischen König.

Das kleine Dorf schmiegt sich in die hügelige Landschaft an der Lahn. Ein paar Meter nur sind es bis zur Ortsmitte, wo das Hofgut liegt, ein echtes Fachwerkidyll. Auf dem zentralen Platz plätschert ein Brunnen. Ein paar Schirme sind gespannt, darunter einladende Holzstühle. Die rustikalen langen Tafeln in einer der Scheunen sind aufwendig gedeckt. Ein gepflegter roter Oldtimer-Traktor parkt hinter Glas. Hübsch, das Hofgut. »Seit 1840 ist es der Dorfmittelpunkt der Gemeinde«, lese ich. Im Jahr 2012 ist dieser »Dorfmittelpunkt« verkauft worden.

Ein Tochterunternehmen der Marburger Milliardärsfamilie Pohl hat den Dagobertshausener »Dorfmittelpunkt« damals erworben – mitsamt zweier Eventscheunen, dem Gästehaus, der landwirtschaftlichen Produktion, dem Hofladen, einer Schnapsbrennerei, einer Brauerei und einer Reitsportanlage. Manche im Ort empfinden das Investment als Bereicherung und Aufwertung, andere beklagen den »Ausverkauf« ihrer Gemeinde. Die Firma wirbt: Dagobertshausen sei nun Teil einer »Genießerwelt, die ihresgleichen sucht« – eine Kulisse, in der man, so der erste Eindruck, auch ganz gern unter »seinesgleichen« bleibt. Jahreshöhepunkt auf dem Hofgut ist zum Beispiel die Dagobertshausener »Landpartie« – eine Art Festival der Spitzenköche. 260 Euro kostet das Ticket.

Glanzpunkt des Hofguts ist HD Equestrian (wobei »HD« für »Hofgut Dagobertshausen« steht), kein Ponyhof für jedermann, sondern eine Reitsportanlage der Spitzenklasse, auf der auch die Tochter der Familie Pohl, die als Reiterin auf internationalen Turnieren reüssiert, beste Bedingungen für Pferd und Sportlerin genießt. Man muss nicht gleich – wie ein örtliches Online-Magazin – von »Monopoly im Marburger Land« sprechen. Übertrieben wirken die Warnungen vor einer »Freizeitindustrie«, die sich hier breitmache. Aber ein wenig seltsam ist es schon, vor dem großzügigen Fachwerkhaus direkt neben dem Hofgut zu stehen, in dem vor einiger Zeit noch eine Dagobertshausener Familie gewohnt hat. Ihnen sei, so erzählt man sich in der Nachbarschaft, der Auszug mit einem guten Angebot vergoldet worden. Jetzt dient ihr Heim unter anderem als Kulisse für den jährlichen Weihnachtsbaumverkauf des Hofguts.

Es sind auch diese »aufgekauften Einfamilienhäuser«, in denen doch eigentlich junge Familien leben könnten, statt ab und an mal Weihnachtsbäume, die manche Bewohner von Dagobertshausen verärgern, so ist es in den Protokollen der Sitzungen zu lesen, die ein Unternehmen, spezialisiert auf »Konfliktmanagement«, im Auftrag des Ortsbeirats durchgeführt hat. Mitglieder der Unternehmensfamilie waren nicht anwesend. Stattdessen kam der Hofgutsverwalter. Immerhin, auch das liest man im Protokoll: Die Wünsche und Forderungen der Anwohner sollen »an die Familie herangetragen werden«.

Anekdoten wie die aus dem schönen Dagobertshausen, in denen es auch darum geht, wie Vermögende ihr eigenes Reich mehr oder weniger entschlossen nach außen abgrenzen, sind zahlreich. Am Starnberger See soll es, so erzählt es ein Makler von Luxusimmobilien, dieses eine große Grundstück geben, dessen Bewohner sich eine Thuja-Hecke hat bauen lassen, die man per Fernbedienung hochfahren kann, sobald ein Dampfschiff in Sicht ist. Ihn störten die neugierigen Blicke.

Die schwerreichen Bewohner der vor Miami gelegenen Insel Indian Creek lassen die einzige Straße, die zu ihnen führt, von einer eigenen Polizei bewachen – Jeff Bezos und seine Nachbarn schätzten den »Faktor Privatheit«, berichtet eine Maklerin, die dem Amazon-Inhaber zwei Grundstücke auf der »Milliardärsinsel« verkauft hat.

Auch Facebook-Gründer Mark Zuckerberg soll schon vor zehn Jahren die Häuser, die an sein damaliges Grundstück grenzten, für 30 Millionen Dollar aufgekauft haben, da ihm, anders als auf der Plattform, mit der er reich wurde, Privatsphäre im eigenen Alltag einiges wert zu sein scheint. Das alles, beende ich meinen Bericht, sei doch meilenweit vom Tag der Klettergerüst-Einweihung in seiner Villa mit der offenen Tür entfernt.

Sebastian grinst. Er erzählt mir, dass er in der Verwandtschaft und bei anderen Vermögenden beobachtet habe, dass einige im Alter nach und nach die Häuser in der Nachbarschaft aufgekauft hätten, auch um entscheiden zu können, wer dort einzieht.

Warum hat sich das verändert?

Er denkt lange nach, dann nennt er zwei Gründe: »Es liegt erst mal daran, dass das Sicherheitsbedürfnis im Alter zunimmt. Und wenn man lange genug mit Hauspersonal lebt und nur noch gewisse Freundeskreise hat und im Alter der Kontakt zu Leuten außerhalb des eigenen Kreises geringer wird, weil die Kontakte über die Arbeit und die Kindergärten und Schulen wegfallen, ist das zunehmend eine Abkapselung.« Aber, fügt Sebastian hinzu, das sei nicht alles. Nicht nur sie hätten sich verändert, sondern auch das Land. »Ich habe mir überlegt, ob es nicht auch eine Rolle spielt, dass die Boomer, die jetzt gerade einen großen Teil der Vermögenden ausmachen, selbst noch in einer gleicheren Gesellschaft aufgewachsen sind. Viele von ihnen sind erst im Laufe ihres Lebens reich geworden. Vielleicht hatten sie deshalb damals eher ein Störgefühl und haben gedacht: Das fühlt sich so nicht ganz richtig an.«

Ist das so?

4. »Ich wollte Cash« – Ein Milliardärswochenende in Paris

Salzburg, Privatflugterminal. Auf dem Flugfeld wartet die Maschine schon, mit der Hans-Peter Wild gleich nach Paris fliegen wird. Wild ist Anfang achtzig, gehört also zur selben Generation wie Sebastians Eltern. Auf gut drei Milliarden Euro schätzt das *Manager Magazin* Wilds Vermögen, Platz 77 der reichsten Deutschen. Erwirtschaftet hat er es vor allem mit einem Produkt, dessen Erwähnung sehr viele Menschen in ihre Grundschulzeit zurückkatapultiert; eine Zeit, in der man es super fand, ein Alu-Trinktütchen erst zu leeren, dann aufzupusten und schließlich mit einem großen Knall platzen zu lassen.

Hans-Peter Wild hat sein Geld mit der Capri-Sonne verdient. Er ist *Mr. Capri-Sun*, so heißt auch seine Autobiografie, silbrig glänzend, mit einer saftigen Orange auf dem Cover.

Die Capri-Sonne ist eine der deutschen Wirtschaftswunder-Erfolgsgeschichten, die das Land so lange geprägt haben. Damals, in den Jahrzehnten, als es in Deutschland noch Gründungen in Serie zu geben schien, als das entstand, was seitdem als Erfolgsgeheimnis der deutschen Volkswirtschaft gilt: starke Unternehmen in Familienbesitz.

Hans-Peter Wild hatte die Getränkefirma von seinem Vater übernommen, der sie Anfang der 1930er-Jahre in der Kurpfalz unter dem sehr guten Namen Zick Zack Werk Rudolf Wild gegründet hatte. Den Weg zum Weltkonzern aber, den hat Wild junior beschritten. Er war es, der das Alu-Trinktütchen in einer französischen Werkstatt entdeckte und dann in Serie gehen ließ. Er war es, der die Ziele hochschraubte, von 60 Millionen auf heute sechs Milliarden verkaufte Trinkbeutel pro Jahr. Er war es, der Boxlegende Muhammad Ali dazu brachte, im Werbespot über Capri-Sonne zu sagen, diese sei, genau wie er, das Größte aller Zeiten. Ich habe in seiner Autobiografie gelesen, dass Wild diesen Erfolg seinem unternehmerischen Spirit zuschreibt, seiner »Can-do-Attitude«, wie er es nennt, also der Überzeugung, alles möglich machen zu können. Ich habe mir seinen »Mission Tree«, sein Wertebekenntnis, angeschaut, zusammengesetzt aus den Buchstaben seines Nachnamens: »W« für *Winners*, »I« für *Innovators*, »L« für *Leaders* und »D« für *Developers*. Und ich kenne natürlich sein Lebensmotto: *Hard work – and fun*.

Der Fun-Part wuchs parallel zum Unternehmen. Das sind zum einen Genuss und Kultur: Wild kaufte das *Hotel Schloss Mönchstein* über Salzburg und das Fünf-Sterne-Hotel *Goldener Hirsch* in der Altstadt. Er fördert die Salzburger Festspiele mit Millionen Euro. Wie mittlerweile Hunderttausende wissen, gehört ihm die Jacht *Go*. Im Jahr 2021 wurde das türkisfarbene 77-Meter-Schiff zum YouTube-Star, weil in einem Video zu sehen war, wie es zweimal in den kleinen Hafen der Karibikinsel St. Martin crashte. Und auch dieses Wochenende ist »Fun«. Denn Wild fliegt nach Paris, weil er ein Match des Rugby-Vereins Stade Français sehen will, seines Vereins.

Wenn ich von Werder Bremen spreche, rede ich auch stets von »meinem« Verein. Aber bei Hans-Peter Wild meint das dann doch etwas vollkommen anderes. Stade Français gehört ihm nicht nur mit dem Herzen, nicht weil seine Gedanken um den Verein kreisen. Nein, der Club ist buchstäblich *sein* Verein. Wild hat ihn sich gekauft. Der Anstoß ist am Abend. Mit dem Jet aus Salzburg kein Problem.

Neben der Jacht ist das Privatflugzeug das zweite klassische Symbol für großen Reichtum, für manche der ultimative Beleg für große Ungleichheit, für andere der Beweis maximaler Freiheit. »Wenn eine übliche Flugzeugkabine die expliziteste Metapher für die Existenz einer Klassengesellschaft ist – First, Business, Premium Economy, Economy Class und dazu die Statuskarten der Vielfliegenden –, ist die Kabine eines Privatjets die Abwesenheit aller Gesellschaft«, heißt es in einem Text der *Zeit* über die Privatjet-Messe EBACE in Genf. Denn in einem Jet nur für sich sei man aller Gesellschaft enthoben.

In Deutschland steigt die Zahl der Privatjetflüge stark, rund 260 waren es im Jahr 2022 im Schnitt pro Tag, knapp 10 Prozent mehr als im Jahr davor. Ein Teil des Trends ist sicherlich Spätfolge der Pandemie, die viele gezwungenermaßen aus der Businessclass in den Privatjet trieb. Aber der Zuwachs hängt natürlich auch mit dem steigenden Budget Vermögender zusammen und sicher auch damit, dass zeigefreudige Influencer den Privatjet, liebevoll »PJ«, genannt, als Must-have feiern. 2022 postete Unternehmerin und Reality-Star Kylie Jenner ein Foto, das sie und den Rapper Travis Scott, damals noch ihr Freund, zwischen zwei PJs zeigt. »Willst du deinen oder meinen nehmen?«, schrieb Jenner dazu.

Der Jet, der Wild heute nach Paris bringen wird, ist blauweiß gestreift, eine geräumige Maschine. An der Spitze, zur Begrüßung aufgestellt, der Pilot und Stewardess Monique. Es ist nicht schwer, den Reiz des privaten Fliegens zu erkennen. Keine Schlange am Terminal, keine tote, dröge Wartezeit in vollen Hallen, stattdessen: kurze Wege, ein herzliches Willkommen, und an Bord wird, kaum dass man sitzt, schon die weiße Tischdecke ausgebreitet und darauf ein paar Lachshäppchen und ein leichter Tomate-Mozzarella-Salat serviert, bevor der Flieger wieder aufsetzt, nicht an einem der Großairports, sondern in Paris-Le Bourget, einem kleinen Flughafen, der nur für Privat- und Businessjets reserviert ist und damit wirbt, dass man schon eine gute halbe Stunde nach Landung in der Innenstadt sein kann; was absolut nicht übertrieben wirkt, wenn man sieht, wie perfekt getimt in Le Bourget alles läuft: Die Gangway wird ausgeklappt, auf dem Boden des Flugfelds davor eine kleine Matte, ein Mini-roter-Teppich, für den ersten Schritt in Paris ausgerichtet, und dann sind es nur noch ein paar Meter bis zum Gittertor, wo schon die Autos mit geöffneter Heckklappe warten. Koffer rein, Golfset dazu, und auf geht's!

Wie hatte Hans-Peter Wild an Bord gesagt, als ihn mein Kollege für unsere Dokumentation »Milliardenspiel« befragte? »Viele Sachen kann man ja auch gar nicht machen ohne ein Flugzeug wie dieses«, schnell, flexibel, ohne fremdbestimmte Abflug- und Landezeiten. Vor Corona sei er damit jedes Jahr im Schnitt drei Mal um die Welt geflogen, »immer Business«, immer mit dem Ziel, Capri-Sonne noch größer zu machen.

Wenn Hans-Peter Wild in der Stadt ist, übernachtet er oft im *Le Bristol* in der Rue du Faubourg, der Pariser Luxus-Shoppingmeile, nur einen Steinwurf vom Élysée-Palast entfernt, bekannt dafür, dass die dortigen Läden regelmäßig wegen privater Shopping-Audienzen einzelner Kundinnen und Kunden die Türen für den Rest geschlossen halten. Das *Le Bristol* ist ein Klassiker der Pariser Hotellerie, ein prächtiger Altbau mit schmiedeeisernen Balkonen und rot-weißen Markisen, *»an icon of French elegance and art de vivre«*. Es gibt sogar ein Hotelkätzchen, Sokrates, eine weiß-flauschige

Birma-Katze, »sehr glücklich und ein guter Zuhörer«, wie das Hotel schreibt, verbunden mit dem Hinweis an die Tierbesitzer unter den Gästen, dass das Haus wohl einzigartig darin sei, *»to welcome four-legged family members in such plush elegance«*, also flauschige Eleganz für die Vierbeiner in der Familie zu bieten. Das *Bristol* gehört zur Masterpiece-Kollektion der Oetker-Familie, die sich eine beachtliche Sammlung von Luxushotels in aller Welt zugelegt hat: Antibes, Capri, St. Barth. Man kann die klassischen Hotspots der Vermögenden ganz exklusiv mit Dr. Oetker erleben.

Hans-Peter Wild sagt, er bekäme von der Familie einen Spezialpreis. Fragt man als gewöhnliche Kundin beim *Le Bristol* an, nennt die Rezeption für die Suite, die er bewohnt, einen märchenhaften Preis: 17000 Euro die Nacht. Ein bisschen knickrig wirkt dann doch, dass das Frühstück nicht inklusive ist, sondern für 56 Euro dazugebucht werden muss.

Im Hotel gibt Wild meinem Kollegen Jochen Breyer für unsere ZDF-Dokumentation »Milliardenspiel« ein Interview, äußert sich offen zu all den Fragen, die sein Vermögen betreffen. Wie es sich anfühlt, mehr Geld zu haben, als er je wird ausgeben können?

»Darüber habe ich noch nie nachgedacht«, sagt er. »Es ist auf jeden Fall gut, welches zu haben. Es gibt *autonomy«*, also Unabhängigkeit. Wild, der ja aus der kurpfälzischen Capri-Sonne die globale Capri-Sun gemacht hat, streut immer wieder englische Wörter in seine Antworten ein. »Ich hatte nie Cash«, erzählt er zum Beispiel. »Und auch meine Eltern hatten nie Cash, weil das ganze Cash ja ins Unternehmen geflossen ist.« Ende der 1980er-Jahre sei er dann aber in Puerto Rico in den Hurrikan Hugo geraten, eine brenzlige Situation. Dort habe er sich gesagt: »Mein Gott, du hast ja kein Cash!« Als er mit dem ersten Flugzeug aus dem Krisengebiet geflogen wurde, nahm er sich vor, das zu ändern. »Und dann habe ich reingeschrieben, in meine Objectives«, die Lebensziele also, »›ich will in den nächsten fünf Jahren soundso viel Cash haben. Auf dem Bankkonto.‹« Gedacht, getan. Wild verkaufte die US-Anteile der Capri-Sonne. »Und dann hatte ich 150 Millionen Cash, zum ersten Mal in meinem Leben, hat sich gut angefühlt.«

Dass er heute nicht nur vielfacher Multimillionär sei, sondern mehrfacher Milliardär, sei nicht greifbar, sagt Wild. Er hätte sich niemals träumen lassen, dass er im Leben mal in der Größenordnung von drei Milliarden landet.

Bei der Frage, ob es gerecht sei, dass eine Person mehrere Milliarden besäße und andere so wenig, verdreht Hans-Peter Wild ein wenig unwirsch den Kopf. »Tss«, macht er. Und sagt schließlich: »Das ist eine akademische Frage, die stellt sich mir nicht.« Das sei ungefähr so wenig sinnvoll, wie der Tatsache nachzugehen, warum er nur drei Milliarden habe, Jeff Bezos aber viele Milliarden mehr.

Kann es denn jeder schaffen?

Es müsse eine gewisse Begabung da sein und auch der Wille, meinte Wild. Aber dann scheint ihm alles möglich. Vor allem für junge Leute, denen die Aktienmärkte doch hervorragende Chancen böten.

Ganz einfach. Aus Sicht mancher Reichen scheint Reichwerden tatsächlich ein Kinderspiel zu sein, das im Prinzip jeder gewinnen kann.

So klingt es nicht nur bei Hans-Peter Wild. Es wirkt recht lapidar, dieses »Jeder kann so reich werden wie ich, wenn er nur will« der Multimillionäre und Milliardäre. Aber vielleicht ist es auch etwas Urmenschliches. Vielleicht sagt auch der Eiskunstläufer, der den dreifachen Axel steht, auf die Frage, wie man das schaffen kann: Begabung, harte Arbeit und dann vor allem: abspringen. Vielleicht denkt auch der über all die anderen: Warum bleiben sie nur am Boden?

Der Tag in Paris endet mit einer Fahrt ins Stadion, Rugby, erste französische Liga. Seit die russischen Oligarchen mit dem Club-Shopping in der englischen Premier League begonnen haben, ist der eigene Verein ein beliebtes und viel diskutiertes Hobby der Superreichen. Da sind die Glazers, superreiche US-Amerikaner, die sich Anteil für Anteil Manchester United kauften (den NFL-Club Tampa Bay Buccaneers hatten sie schon). Da ist die Pozzo-Familie, reich geworden in der Metallbranche, die sich gleich eine kleine Club-Sammlung gegönnt hat: Aktuell gehören ihnen Udinese Calcio in Italien und der FC Watford aus England, zwischenzeitlich war auch noch der FC Granada aus Spanien Teil ihres kleinen Club-Portfolios. Den aber hat sich mittlerweile ein Chinese gekauft.

Da ist der schillernde Besitzer der Tottenham Hotspurs, Joe Lewis, der in den 1990ern Milliardär wurde, weil er auf den Kurssturz des Pfunds gewettet hatte. Sein goldener Tag ist für die anderen Briten als »Black Wednesday« ins Geschichtsbuch eingeschrieben worden – 3,3 Milliarden Pfund verlor die englische Volkswirtschaft damals. Lewis sammelt seitdem Dinge, die ihm gefallen: Kunst für eine geschätzte Milliarde, Luxus-Resorts, Golfclubs, Hotel- und Restaurantketten und eben die Hotspurs. Wenn er nicht auf den Bahamas weilt oder sich vor US-Gerichten gegen den Vorwurf des Insiderhandels verteidigt, sieht man ihn trotz seines hohen Alters gelegentlich im Anzug auf der Tribüne des neuen Stadions, das er für eine Milliarde Euro bauen ließ.

Da sind Man City und Paris Saint-Germain, die – zumindest über Eck – den reichen Herrscherfamilien aus Abu

Dhabi und Katar gehören. Da ist SAP-Gründer Dietmar Hopp mit seinen Hoffenheimern und sein Kompagnon Hasso Plattner, der sich den Eishockey-Club San Jose Sharks gekauft hat. Und seit er im Jahr 2017 nahezu 100 Prozent der Anteile an Stade Français übernommen hat, gehört eben auch Hans-Peter Wild in diese Runde – was man im Stadion auf den ersten Blick sieht: »Capri-Sun« steht in großen weißen Buchstaben auf einer Plane, die den oberen Rang überdeckt, »Capri-Sun« steht auch auf den rosafarbenen Trikots der Spieler. Wild ist ein fordernder Eigner. Er will, dass Stade Français jedes Jahr um den Champions Cup spielt und endlich mal wieder Meister wird. 40 Millionen Euro hat der Club als Budget dafür zur Verfügung.

Wie viel er davon persönlich pro Jahr investiert?

»Die Verluste«, sagt Wild. Wie viel genau das sei, will er nicht sagen, er lacht: »Eigentlich zu viel.«

Aber was soll's? Es scheint Schlechteres zu geben, als ein paar der vielen Hundert Millionen Euro in Liebhaberei zu investieren. Und als ich mir anschaue, wie Hans-Peter Wild das Spiel sehr engagiert aus seiner Präsidenten-Loge verfolgt (ein durchwachsenes Match, aber am Ende zählt das Ergebnis: 28:23 für Wilds Stade Français), als ich sehe, wie er nach dem Sieg zu den Spielern in die Kabine geht, den Fanschal um den Hals, wie er ihnen in einer kleinen Ansprache gratuliert und gleichzeitig auch ein bisschen stolz zu sein scheint, meinen Kollegen mit der Kamera seinen Verein vorzuführen, da klappt es ganz gut, den Menschen hinter dem Geld zu sehen.

Halten wir bei diesem Bild der beiden superreichen Menschen doch mal an: Da ist Hans-Peter Wild, der Mäzen in der Kabine, der an diesem Wochenende keinen Zweifel daran lässt, dass er den Luxus, den das große Vermögen ermöglicht, auch genießt. Und da ist Sebastian, der junge Mann im weißen Shirt, der genau danach so gar nicht strebt, dem es offensichtlich wichtig ist, mit einer gewissen Zurückhaltung und Bescheidenheit aufzutreten. Erstaunlich, wie stimmig das güldene Bild der Nummer eins wirkt. Und wie ungewöhnlich die beige Variante zwei. Wie eindeutig doch unsere Erwartungen an das Verhalten von Menschen mit sehr viel Geld sind. Und das setzt sich fort, wenn wir uns anschauen, wie die beiden wurden, was sie sind. Es gibt unzählige Varianten dieser Coming-of-Age-Geschichten, der Erzählungen über das Erwachsenwerden, das Finden der eigenen Persönlichkeit, das Abnabeln von zu Hause.

Liest man, wie Hans-Peter Wild von seiner Jugend und der Zeit als junger Erwachsener schreibt, ist da nichts, was das gewohnte Bild eines jungen Mannes aus wohlhabender Familie stört. Eine Geschichte, die Wild ohne fragezeichenförmige Kurven in seiner Autobiografie erzählt. Als es nach dem Krieg wirtschaftlich bergauf ging, ließ der Vater auf dem Grundstück der elterlichen Villa, das nach Wilds Worten eher einem Park als einem bloßen Garten glich, einen Pool bauen. Als Teenager begann Wild mit dem Reitsport. Sein erstes Pferd hieß »Dolly«, ein Weihnachtsgeschenk. Später kaufte er sich von seinem ersten eigenen Gehalt, das ihm eine Bremer Reederei zahlte, ein Turnierpferd.

Wild war Schüler eines privaten Gymnasiums in Heidelberg, studierte in England und Frankreich, wo er, wie er schreibt, mit einem schicken Alfa 1600 GT, der damals als »heißer Ofen« galt, mit seinen »hübschen französischen Freundinnen« durch die Gegend cruiste. Er war lange kein akademischer Überflieger, aber ehrgeizig, als es am Ende, bei der Doktorarbeit, die er bei Professor Duden, dem Enkel des berühmten Lexikografen Konrad Duden, ablegte, drauf ankam. Seine Frau lernte er im Tennisclub kennen, auch sie stammte, wie Wild schreibt, »aus einer angesehenen Familie«. Ihre Hochzeit feierten sie standesgemäß im Heidelberger Schloss und dem Hotel *Europäischer Hof*, dem Grandhotel der Stadt. Wild sei immer ein »Erfolgsmensch« gewesen, schreibt Marion Wild, seine heutige Ex-Frau über ihn.

Schon sein Vater habe für das Leben seines Sohnes nur *ein* mögliches Ärgernis prophezeit, sagt Hans-Peter Wild meinem Kollegen Jochen Breyer im Interview in Paris: Das größte Problem in seinem Leben würden die vielen Leute sein, die auf ihn neidisch sind. Eine Coming-of-Age-Geschichte, wie Sebastian sie erlebt hat, habe ich dagegen noch nie gehört.

5. Keiner soll es wissen – Secret Billionaire

Auf einer langen Reise nach dem Abitur beschloss Sebastian, gewöhnlich werden zu wollen; so könnte man es vielleicht nennen, einmal ohne das Label des »reichen Erben« auf der Brust gesehen zu werden. Er wollte ein x-beliebiger Anfang-20-Jähriger sein, der in der Masse der Studenten an einer großen Universität weit weg von daheim neu beginnt. Niemand, so sein Plan, sollte erfahren, wer er tatsächlich war und aus welcher Familie er stammte. Bei einigen der Familienmitglieder in seiner Generation war der Wunsch nach Anonymität auch schon gewachsen, aber immer aus Sicherheitsgründen. Sie hatten ihre Wohnungen verborgen und geschützt. »Das hat bei mir eher Befremden ausgelöst«, sagt er. Sein Motiv war genau gegenläufig. Er wollte sich nicht zurückziehen, sondern einer von vielen sein. »Ich wollte einfach als Person unabhängig von dem Vermögen wahrgenommen werden. Man möchte nicht immer nur als das gesehen werden, sondern auch als all das andere, was einen ja auch ausmacht. Deshalb habe ich Wände hochgezogen.«

Inkognito ging er in drei Schritten: Zuerst klapperte er die Menschen an seinem Studienort ab, von denen er wusste, dass sie aus seiner Heimatstadt kamen, und forderte sie auf zu schweigen. »Mir ist es wichtig, dass es hier niemand weiß«, habe er ihnen erklärt. »Sag bitte nichts über mein Vermögen. Ich mache einen neuen Anfang.«

Das habe überraschend gut geklappt, sagt er. Er kann sich an keine Nachfragen erinnern, an kein Was-soll-das-denn. Kein Wieso-willst-du-deine-Identität-verschweigen? Alle seien, sagt er, fast schon unangenehm verständnisvoll, folgsam gewesen.

Lernte er neue Leute kennen, auf WG-Partys, gewöhnte er sich an, nur einen Teil von sich vorzustellen. »Halbwahrheiten«, sagt er, »strategisch« gewählt. Er erzählte zum Beispiel, dass sein Vater im Investment-Bereich arbeite. Den Rest, der eigentlich viel zentraler war, ließ er weg. »Ich war schnell drin in dem Modus«, sagt er, gewöhnt an die ständige Scharade.

Und wenn sich trotz aller Vorsichtsmaßnahmen doch einmal Gerüchte verbreiteten, kaum zu verhindern, wenn einer »aus einer der reichsten Familien« ist, wie Sebastian selbst sagt, habe er diese »weggedrückt«, sofort gegengesteuert, »mit irgendwelchen Lügen. So wie ›Nee, nee, das höre ich häufiger. Das ist eine Verwechslung. Das bin ich nicht.‹«

Ihm half, dass seine Eltern darauf achteten, dass die Kinder genug hatten, aber nach außen nicht protzten. Sebastian fuhr als Student zwar ein neues Auto, aber eben einen Opel Corsa. Die monatlichen Zuwendungen von zu Hause, die »Wechsel«, wie Sebastian sagt, fielen mit 1600 Euro zwar üppig aus, aber dann doch auch nicht völlig aus dem Rahmen. Das Geld, mit dem die Kinder hantierten, sollte genug sein für ein gutes Studentenleben, aber nicht zu viel, »nicht zu niedrig, nicht künstlich niedrig. Damit wir auf der einen Seite nicht die Relationen verlieren, aber vielleicht auch, damit wir nicht sagen können: Ihr lebt ein Luxusleben, und wir …«

Und ihr esst Tütensuppe?, vollende ich seinen Satz.

»Genau. Aber gleichzeitig sollte es nicht so viel sein, dass Geld überhaupt keine Rolle mehr spielt. Das war ein bedachtes Austarieren meiner Eltern.« Dekadent sollten ihre Kinder nicht auftreten.

Es dauerte nicht lange, bis Sebastian erleichtert dachte: Mein Plan funktioniert. »Irgendwann im Studium hat das so gut geklappt, da hatte ich das Gefühl: Okay, jetzt bist du wirklich nur ein ganz normales bürgerliches Kind.«

War er aber nicht. Denn um genau zu sein, hatte er seine Identität ja nicht abgestreift, sondern nur geteilt.

Wenn er in den Semesterferien nach Hause reiste, waren da immer noch die Bediensteten, die ihm das Essen servierten, das Zimmer herrichteten, mehrere Menschen, die sich um ihn und seine Familie kümmerten, allein im Haus. Putzkräfte, Hausmeister, Haushaltshilfen, Gärtner. Morgens, wenn er aufwachte, stellte ihm jemand das Müsli hin, wenn er im Wohnzimmer auf dem Sofa saß, wurde um ihn herum geräumt und gereinigt.

Einmal im Jahr kam er, um die Strategie für das Milliardenunternehmen der Familie mitzubestimmen. Oft gab es danach noch eine Zusammenkunft mit allen Familienmitgliedern und einigen Hierarchen aus dem Firmenmanagement. »Da sind dann immer alle aus der Familie hin, und man sollte die noch einmal anders kennenlernen. Wir kamen aus dem Sitzungssaal, und die standen da schon an Stehtischen, haben auf uns gewartet. Das war sehr unangenehm. Es hat sich immer so komisch royal angefühlt.«

Vor allem aber hatte er regelmäßige Termine mit Menschen, die auf kein »ganz normales bürgerliches Kind« warteten: die familieneigenen Vermögensverwalter, die ihm mitteilen, welche Rendite sie in den zurückliegenden vier Quartalen erzielt haben. Sebastian hat schon sehr früh Dividenden erhalten, also Geld, das Jahr für Jahr aus dem Unternehmen gezogen und auf die Konten der Eigentümer überwiesen wird – mehr, als 99 Prozent der Menschen in Deutschland verdienen. »Wie viel das im Detail ausmacht, weiß ich nicht«, sagt Sebastian. »Aber ganz grob dürfte es mehr sein als das Geschäftsführergehalt in einem mittelgroßen Unternehmen.« Er zögert. »Obwohl, es dürfte eigentlich noch mehr sein.«

Und während Sebastian also im Studium so tat, als gäbe es das Vermögen nicht, machte dieses Geld, gut betreut von den Vermögensverwaltern, das, was viel Geld so an sich hat: Es vermehrte sich unverdrossen – ohne sein Zutun und meist auch, ohne dass er es mitbekam.

Seit ich arbeite, checke ich meist morgens meinen Kontostand, lange immer wieder mit flauem Gefühl im Magen, inzwischen zum Glück meist entspannter. Als ich Sebastian frage, wie oft er online sein Konto prüft, auf dem ja dann doch etwas mehr los ist, sagt er: »Ein, zwei Mal im Jahr.« Verblüffend selten, zumindest beim ersten Hören. Denn eigentlich bestätigt Sebastian nur eine Art Grundregel: Je weniger einer hat, desto genauer weiß er über die Summen Bescheid, desto präziser spricht er darüber. Wenn ich mit armen Menschen spreche, können die oft auf den Cent genau sagen, wie groß ihr Monatsbudget ist, was der letzte Einkauf gekostet hat und in welchem Supermarkt die Milch gerade am günstigsten ist. Irgendwie ja auch logisch. Wer um die Null kreist, für den ist der einzelne Euro relevanter als die 33. Million für den, der schon 32 hatte.

Wächst dein Vermögen schnell?, frage ich Sebastian. Bist du manchmal überrascht, wenn du auf dein Konto schaust und siehst: Halleluja, was ist in diesem Jahr wieder passiert?

»Ja«, sagt er, »das sind schon immer Verzinsungen, die so viel größer sind als die Lohnzuwächse und auch die Inflation um einiges übersteigen. Da frage ich mich dann schon, ob es einfach gute Vermögensverwalter sind oder ob es nicht auch so ist, dass je größer das Vermögen ist, man auch desto mehr die Möglichkeit hat, es so anzulegen, dass solche Renditen möglich sind.«

Der Finanzmarkt funktioniert eben nach dem Matthäus-Effekt, benannt nicht nach Lothar, sondern nach dem der Bibel: »Denn wer da hat, dem wird gegeben werden.« Oder etwas volkstümlicher: »Der Teufel scheißt immer auf den größten Haufen.«

Sebastian sagt, es falle ihm schwer, sich zu freuen, wenn ihm die Vermögensverwalter die erzielten Renditen vorlegten, natürlich auch stolz auf das, was sie in den letzten Monaten für ihn, in seinem Auftrag, in seinem Namen rausgeholt haben. »Letztendlich, wenn ich in dieser Situation bin, gaukele ich vor, dass ich mich freue. Ich erkenne ihre Arbeit schon an. Ich finde das auch technisch beeindruckend, was sie erreichen.«

Aber? Wie ist dein Verhältnis zu diesem Berg Geld?

»Na ja«, sagt Sebastian, »es fühlt sich nicht nach meinem Geld an, nicht nach meinem Vermögen; sondern mehr wie was, worum ich mich kümmern muss, weil das auch so große Beträge sind. Es gibt einem natürlich eine wahnsinnige Sicherheit. Aber es übersteigt alles. Es ist so weit jenseits von jedem Sicherheits- und Luxusbedarf. Es gibt mir kein gutes Gefühl, auch wenn ich weiß, dass es natürlich ein extremes Privileg ist.«

Vor allem während der Studienzeit, als er so tat, als gäbe es dieses Geld nicht, sei das jährliche Rendite-Gespräch bizarr gewesen. Er ließ sich erläutern, auf welchem Anlageweg sein Geld in diesem Jahr mehr und mehr geworden war, bedankte sich zwar, unterschrieb, nahm die Summen und Investitionsstrategien zur Kenntnis, aber, wie er sagt, »so, als wäre ich ein Vermögensverwalter von irgendjemand anders. Nur dass die Person ich selber war«, nur dass über dem Konto mit der unglaublichen Summe sein Name stand. Eigentlich ein untrüglicher Beweis dafür, dass es sich bei dem vermögenden jungen Mann tatsächlich um ihn handelte.

Aber die menschliche Selbsttäuschungsfähigkeit ist beeindruckend. Der junge Erbe, der andere damit beauftragte, sein Vermögen zu verwalten, »das fühlte sich so an wie eine Rolle«, in die er ein, zwei Mal im Jahr schlüpfte. Es war, als hätte er sich selbst davon überzeugt, dass seine erfundene oder, sagen wir, zumindest künstliche Identität, also die eines ganz normalen bürgerlichen Studenten, sein reales Ich war. Dieses Ich fand sich dann schnell in Kneipen oder auf WG-Partys wieder, auf denen man ähnliche Glaubenssätze pflegte wie die Sprayer, die mein Haus verziert hatten. *Capitalism doesn't work*. Oder, wie es Sebastian ausdrückt: »Ich habe dadurch auch andere Sichtweisen mitbekommen, kritischere. Dass dann Leute abends beim Bier einfach, weil sie nicht wussten, wer ich bin, auch Kapitalismuskritik geäußert haben, das kannte ich so nicht, weil Leute, wenn sie es wussten, diese Meinungen eher nicht geäußert haben, weil sie dachten, dass ich mich dann angegriffen fühlen würde.«

Sofort macht sich meine innere Filmregisseurin ans Werk. Ich sehe eine Kneipe, einen Tischkicker, ein paar bärtige Studenten, an der Wand Aufkleber, linke Folklore: »Capitalism kills«, »Die Häuser denen, die drin wohnen« oder »Planet before Profit«. Und in diesem Set: Sebastian, inkognito, aber ja doch mit seinem unermesslichen Reichtum gesegnet.

Ich frage: Ist es nicht seltsam, wenn du da sitzt und hörst, wie gesagt wird: »Der Kapitalismus ist das Problem«? »Den ganzen Profitgeiern, denen müsste man mal die Flügel stutzen«?

»Ja«, sagt er, »ziemlich absurd.«

Er denkt nach. »Aber es hat für mich erstaunlich gut funktioniert. Wenn jemand den Kapitalismus kritisiert hat oder den Einfluss von großen Familienunternehmen, dann wusste ich zwar: Es geht eigentlich auch um mich.« Aber dieses Ich hatte er so weit und so gründlich weggeschoben, dass er trotzdem voller Überzeugung zustimmen konnte. Als hätte das eine Ich dem anderen seine Existenz vorgeworfen, ohne dass die anderen Anwesenden überhaupt wussten, dass es zwei Ichs gab.

Ich gebe zu: Ich kann das echt schwer verstehen, wie man das durchhält.

»Es kostet schon ein bisschen Kraft, das aufrechtzuerhalten«, sagt Sebastian. »Aber auch wenn es nicht gesund klingt und auch intransparent und ein bisschen unfair Freunden gegenüber: Für mich hat es gut geklappt, bis zu einem gewissen Punkt.«

Und zwar bis zu welchem?

Er habe Freunde nie ganz und gar an sich heranlassen können. »Ich habe gemerkt: Den letzten Teil meiner Identität, den halte ich von Freunden dann doch weg.«

Die meisten erfuhren erst Jahre später, wer da tatsächlich mit ihnen in der Kneipe das große Kapital kritisiert hatte. Die Studenten-Variante der etwas schrägen Schmonzette *My Secret Billionaire*, die ich während der Recherche geschaut habe: In dem Film verspricht ein reicher Tech-Playboy seinem Vater am Sterbebett, dass er einen Monat inkognito an einem anderen Ort leben wird. Der Vater hofft, dass sein Sohn so als Mensch, nicht als Milliardär gesehen wird – und endlich die wahre Liebe findet. Und wissen Sie was? Es klappt.

6. Exkurs: Superreiche im Film

Der Film reiht sich ein in eine epische Schlange, eine Schlange, die länger ist als die vor der *Barbie*-Vorstellung im letzten Sommer im Kino um die Ecke – und das war die längste, die ich je vor einem Kino gesehen habe: die Schlange der Serien und Filme, in denen Superreiche die oft wenig vorteilhafte Hauptrolle spielen. Angefangen beim Oscar-Preisträger *Parasite*, der anhand zweier Familien das Oben und Unten in der koreanischen Gesellschaft erzählte, über das Medien-Dynastie-Opus *Succession*, jüngst mit dem neunzehnten Emmy-Preis gekürt, bis zur Luxusurlaubssatire *White Lotus*, *Glass Onion: A Knives Out Mystery*, wo ein Superreicher zu einer Art Cluedo auf seine Privatinsel in seinen extravaganten Palast mit zwiebelförmiger Glaskuppel lädt, und zum Cannes-Sieger *Triangle of Sadness*, der gelangweilte Influencer und gealterte Handgranatenhersteller auf eine Luxuskreuzfahrt schickt.

»Reiche und Superreiche sind in Film und Fernsehen so präsent wie vielleicht nie zuvor – und die Produktionen über sie so erfolgreich wie vielleicht nie zuvor«, schreibt die Filmkritikerin des *Spiegel*, Hannah Pilarczyk.[1] »Klassenkampf auf der Leinwand«, nennt der Deutschlandfunk den Trend in einer Sendung.[2] Längst haben Superreiche Investmentbanker als Lieblings-Antagonisten abgelöst. Als hätte auch die Kulturindustrie begriffen, dass es eine Kaste über dem Banker, dem vermeintlichen *Master of the Universe*, gibt: die der Investoren, der extrem Vermögenden, die sich alles und jeden jederzeit kaufen können. Es sind filmische Erzählungen, die ins Zeitalter der Superreichen passen.

Und es gibt in all diesen Filmen großartige Momente. Den, in dem Shane, einem frisch verheirateten Sohn reicher Eltern, auffällt, dass die Suite mit Meerblick und zwei Balkonen im Luxusresort *White Lotus*, in der seine Braut gerade im Bett liegt, nicht die Pineapple-Suite ist, die er sich bei einem virtuellen Rundgang angeschaut und die seine Mutter gebucht hatte, sondern, Skandal!, die Palm-Suite. Oder den Augenblick auf der Jacht in *Triangle of Sadness*, wo die gelangweilte Oligarchen-Gattin im Jacuzzi sitzt und urplötzlich den Wunsch verspürt, dass Service-Kraft Alicia, die ihr Champagner nachgießt, nun doch bitte auch Spaß haben solle; dass Alicia während der Schicht nicht baden darf, wird nicht akzeptiert, und am Ende nötigt die Frau aus einer Laune heraus die gesamte Crew, in Badekleidung über eine Wasserrutsche ins Meer zu gleiten.

Gleichzeitig machen es die Filme den Zuschauern aber auch extrem leicht. Es gibt wenig Zwischentöne, sondern man wird durch die satirische Überhöhung ohne Umwege in Richtung Schadenfreude gelenkt. Zufrieden sieht man, dass auch die Reichsten sehr tief fallen können; sogar die, die uns als Menschen präsentiert werden, die selbstverständlich davon ausgehen, dass die Welt sich nach ihren Wünschen dreht, dass, wenn sie auf einer Kreuzfahrt Lust auf ein Glas Nutella haben, dieses per Hubschrauber herbeigeflogen wird, dass ein Crew-Mitglied unverzüglich entlassen wird, weil es eventuell mit einem Gast geflirtet hat, scheitern schließlich elendig. Man kann kaum etwas anderes denken als: »Das haben sie doch verdient«, wenn man sieht, wie sie vom Personal ausgenommen und verachtet werden, wie ihre albernen Prachtbauten in die Luft fliegen und die geliebte Mona Lisa verbrennt, wie ihre verkorksten Kinder sich selbst und gegenseitig aufs Unerträglichste quälen, wie sie beim missglückten Captain's Dinner auf der Luxusjacht am Ende in ihren eigenen Ausscheidungen schwimmen. Die Megareichen in diesen Filmen und Serien werden fast übereinstimmend als »kaputte Charaktere« gezeichnet, wie es der Deutschlandfunk nennt. »Sie erscheinen wahlweise hohl, berechnend, besonders bösartig oder verschwendungssüchtig«, heißt es in einem Essay in der *Zeit*.[3] Sie wirken gefangen in ihrem verkorksten Sein, gelangweilt vom Luxus, weder fähig zur Reflexion noch zu einem empathischen Blick auf die Nicht-Reichen, die Servicekräfte natürlich, aber auch den Cousin aus dem verarmten Familienzweig.

»Die Filme zementieren dadurch den Status quo«, kommentiert der Deutschlandfunk.[4] Die Mittelschicht fühlt sich moralisch erhaben, überweist brav den Obolus für die Reichenkritik an Amazon-Inhaber Jeff Bezos, an Apple oder an Netflix. Regisseur Rian Johnson soll angeblich für *Glass Onion* und eine weitere Fortsetzung 100 Millionen Dollar bekommen haben, genau wie der Produzent Ram Bergman und Hauptdarsteller Daniel Craig. Einer der teuersten Deals der Streaming-Geschichte.

»Als Entlastungserzählung funktioniert Reichen-Film und -Fernsehen so gesehen bestens«, schreibt *Spiegel*-Autorin Hannah Pilarczyk. »Zweieinhalb Stunden Aufstand gegen die Klassengesellschaft im Kinosessel, dazu Kapitalismuskritik via Netflix-Account: Ein bisschen stemmt man sich ja schon gegen die Verhältnisse, das muss doch bitte anerkannt werden.«[5]

Keine Sorge: Ich werde hier keine Feuilleton-Debatte mit mir selbst zum ewigen Topos führen, ob Kunst und Kultur einen Erziehungsauftrag haben, ob man ihnen die Rolle des Aktivierers, des gesellschaftlichen Aufrüttlers zuschieben sollte. Ich würde sagen: eher nicht. Was auch klar ist: Satirische Unterhaltungsserien und -filme müssen keine nachprüfbaren Realitäten schildern, die Macher sind nicht verpflichtet, einen wahrhaftigen Blick durch das Schlüsselloch in die Welt der Superreichen zu liefern. Zum Problem wird es nur, wenn sie mangels Alternativen unsere Haupt-Informationsquelle sind. »Angesichts der kargen empirischen Fakten ließe sich sagen, dass sich vieles, was wir tatsächlich über Superreiche wissen oder zu wissen meinen, populären Formaten verdankt«, schreibt der Literaturwissenschaftler Niels Penke.[6]

Es gibt offenbar ein dringendes Bedürfnis, mehr über Menschen mit sehr viel Geld zu erfahren. Gut wäre es, dieses Feld nicht nur Netflix, Amazon und HBO zu überlassen, nicht nur Romanautoren, nicht mal Reporterinnen. Es wäre gut, wenn sich auch diejenigen vermehrt dort tummelten, die gelernt haben, mit welchen Werkzeugen man die Welt empirisch, analytisch beschreibt: Wissenschaftler.

7. *Unknown and unseen?* Eine Soziologie der Superreichen

Wie sind sie denn wirklich, *die* Reichen? Genau das werde ich, wenn ich von den Recherchen in der Welt der Multimillionäre berichte, sehr oft gefragt. Darin schwingt die Sehnsucht nach simplen Charakterisierungen mit. Sind sie alle gierig? Alle egoistisch? Alle ein wenig verstörend, kaputt wie die oben genannten Filmcharaktere? Oder nicht doch eher ein bisschen wie die Geissens, die vierköpfige Familie, die in einer inzwischen 22 Staffeln andauernden Reality-Soap ihr, wie es gefühlt alle fünf Sendeminuten heißt, »Jet-set-« oder »Luxusleben« zwischen Monaco, Kitzbühel und Dubai ausstellt. (Mein persönlicher Favorit ist die Terrasse im Familienwohnsitz »Villa Geissini«, die mit einer Hebebühne auf Baumkronen-Höhe entschweben kann.)

So gestellt ist die Frage nicht zu beantworten und auch ein wenig ungehörig. Menschen sind zum Glück selten Karikaturen. *Die* Reichen gibt es nicht, genauso wenig wie *die* Armen. Es wäre genauso großer Unfug, die einen als – wie es das Klischee vielleicht will – unsozial und herzlos zu beschreiben, wie die anderen als faul und antriebslos. So simpel sind Menschen nicht gestrickt. Ich habe mit freundlichen und herrischen Reichen gesprochen, mit zurückhaltenden und selbstbewussten, mit reflektierten und solchen, die sich mit dem Lauf der Welt nicht sonderlich zu beschäftigen schienen. Manche hatten Jachten, andere nicht mal ein Auto. Sie werden in diesem Buch Menschen begegnen, die mit Sebastian wenig Gemeinsamkeiten haben, abgesehen vom Geld, logisch, und in den meisten Fällen auch abgesehen vom Geschlecht. Denn, das vorab, eines trifft immer noch zu: Die Welt der Superreichen ist immer noch eine männlich dominierte.

»Die reichen Deutschen bilden eine ähnlich bunte Truppe wie der Rest der Gesellschaft«, sagt auch Thomas Perry, der ehemalige Forschungsdirektor des Sinus-Instituts, von dessen Reichenstudien im Folgenden noch die Rede sein wird.

Auf diese wesentliche Feststellung folgt jedoch ein ebenso wichtiges »Aber«. Denn Perry stellte in seiner Befragung fest: »Es gibt auch Dinge, die nahezu alle deutschen Millionäre gemeinsam haben.« Auch dazu gleich mehr.

Also: Sollte Sie nur interessieren, ob Reiche schlauer, dümmer, rücksichtsloser oder gewissenhafter sind als Sie selbst oder Ihre Nachbarn, wird dieses Buch Sie vermutlich enttäuschen. Anders gestellt aber halte ich die Frage, wie und ob sich reiche Menschen vom Rest unterscheiden, durchaus für wesentlich. Wer darüber debattieren will, wie die Chancen in einer Gesellschaft verteilt sind, muss wissen, wie sich die Gruppe der Superreichen zusammensetzt. Wie sind sie zu ihren Vermögen gekommen? Seit wie vielen Generationen sind ihre Familien schon reich? Haben sie das Geld geerbt, erarbeitet oder beides?

Wer eine Ahnung davon bekommen will, wie Vermögende die Politik prägen, muss wissen, ob ihre Haltungen, ihre Wahlentscheidungen vom Durchschnitt abweichen, muss ein Gefühl dafür bekommen, wie sie, ganz abstrakt, auf die Demokratie, auf die Ursachen und die Folgen ihres Reichtums, auf die Verteilung von Geld in einer Gesellschaft blicken, was sie, ganz konkret, von Steuern, Spenden und Sozialleistungen halten.

Es bräuchte eine Soziologie des Reichtums, eine Charakterisierung »reicher Lebenslagen«, wie es die beiden

Forscher Nicole Burzan und Berthold Vogel gerade forderten. Es sei doch, so schreiben sie, »merkwürdig, dass in der Soziologie mit wiederkehrender Regelmäßigkeit – so auch heute wieder – von Polarisierung gesprochen wird, ein Pol dabei aber gänzlich unbeachtet bleibt«. Für eine genaue Analyse müsse man die »Gesellschaft sehr viel stärker, als es bislang der Fall ist, von oben her« denken. Es bräuchte dringend »mehr Mut zur Reichtumsforschung«.[1]

Es ist dieselbe Diagnose, mit der auch der Journalist Christian Rickens, damals Redakteur beim *Manager Magazin* und *Spiegel Online*, heute beim *Handelsblatt*, seine Reise zu Deutschlands Millionären begann, die er in dem immer noch lesenswerten Band *Ganz oben. Wie Deutschlands Millionäre wirklich leben* zusammenfasste. »Wie aber steht es mit der Vermögenssoziologie?«, fragte Rickens, »mit der wissenschaftlichen Beschreibung der real existierenden Reichen? Die kurze Antwort: nicht gut. Wir wissen sehr wenig über das Leben der deutschen Millionäre.«[2]

Er lieferte auch drei der gängigen Begründungen mit. Eine kennen Sie schon aus dem Kapitel, in dem es um die ökonomischen Daten ging: Reiche Menschen sind nicht sehr auskunftsfreudig, wenn Sozialforscher an der Tür klingeln. Auch ein Ordnungsgeld bewegt sie in der Regel nicht, die Fragebögen auszufüllen. Sie fehlen deshalb in den gängigen amtlichen Erhebungen. Zum Zweiten werden sie zwar immer zahlreicher, sind aber dann doch auch wieder zu wenige, um sich bei Befragungen von über 80 Millionen Menschen ganz zufällig in der Stichprobe zu befinden. Drittens, und das ist das spannendste Argument: Das Thema habe die Soziologie lange auch nicht sonderlich interessiert.

Videocall mit Nicole Burzan, Professorin an der Universität Dortmund, die genau das ja in ihrem Text bedauert hatte. Sie sagt: Ja, der Soziologie sei es lange vor allem wichtig gewesen, sich mit den Benachteiligten zu befassen, ihnen eine Stimme zu geben. »Manche Wissenschaftler sind der Ansicht, dass man Klasse am besten von unten erforschen kann. Das glaube ich nicht.« Zudem kämen viele Wissenschaftlerinnen und Wissenschaftler selbst aus der Mittelschicht. Das präge das Bild, das man sich von der Welt mache.

Besuch bei Jens Beckert, Direktor am Max-Planck-Institut für Gesellschaftsforschung in Köln. Er bestätigt ebenfalls, dass es lange soziologische Mode gewesen sei, das Thema Vermögen zu ignorieren, weil gerade der vererbte, der dynastische Reichtum nicht zur Erzählung einer Gesellschaft passte, die sich vor allem nach akademischen Meriten, nach Positionen in Unternehmen und Institutionen zu schichten meinte. Beckert bemerkt in seinem exzellenten Aufsatz »Durable Wealth«, dass selbst die soziologische Forschung, die sich mit sozialer Ungleichheit befasst hat, mit der Frage der Auf- und Abstiege in einer Gesellschaft, relativ blind für Vermögen war, da ihre Schlüsselgrößen das Einkommen, die Ausbildung und die Beschäftigungssituation gewesen seien.

Liest man, um nur ein prägendes Beispiel herauszugreifen, *Die Gesellschaft der Singularitäten*, das viel beachtete Werk des Soziologen Andreas Reckwitz, das auch auf der Lektüreliste von Bundeskanzler Olaf Scholz stand, ein Buch, das vorgibt, eine neue Beschreibung der modernen Gesellschaft zu liefern, wundert man sich in der Tat darüber, dass es in Reckwitz' Welt im Prinzip keine Schicht über der des großstädtischen Bürgertums, das man zum Beispiel aus München Schwabing oder dem Prenzlauer Berg kennt, zu geben scheint. Die »Oberklasse«, wie er sie nennt, handelt er nur sehr knapp und unpräzise ab und schreibt, dass sie den »kuratierten Lebensstil der akademischen Mittelklasse teilt und damit als dominantes kulturelles Muster bestätigt«.[3] Fertig. Auf Nachfrage erklärt er der *Zeit*, »Superreichtum mag zwar unter Gerechtigkeitsaspekten skandalös sein«, für die Sozialstruktur der westlichen Gesellschaften aber sei er nun wirklich nicht prägend.[4]

Hat man die Vermögensdaten im Hinterkopf, wonach das oberste Prozent bis zu einem Drittel des Besitzes auf sich vereint, bedenkt man, dass für die Frage, wer in welcher sozialen Lage lebt, die Frage des familiären Vermögens, des Erbes eine immer größere Rolle spielt, verwundert diese These. Und zwar nicht nur mich. *Academic amnesia* nennt eine Soziologin diese Ignoranz der Forschung den Multimillionären und Milliardären gegenüber.

»Besteht dieses Desinteresse (an den Reichen) zu Recht?«, fragt Christian Rickens rhetorisch in seinem Buch, um sich selbst zu antworten: Nein. Für »das weitere Schicksal unserer Gesellschaft dürften die Meinung und das Verhalten des reichsten Prozents weitaus wichtiger sein als die des ärmsten. Mit Reichtum geht Macht einher, politisch wie wirtschaftlich, und es liegt in unser aller Interesse, mehr darüber zu erfahren, wie unsere reichen Mitbürger mit dieser Macht umgehen.«[5]

Vermögen sei von größtem soziologischem Interesse für das Verständnis von sozialer Ungleichheit, schreibt auch Max-Planck-Direktor Jens Beckert. Denn Vermögen verschaffe Sicherheit und Chancen, es könne eine Quelle für Einkommen sein, aber auch vermacht und weitergegeben werden. Am Vermögen hingen somit soziales Ansehen und Einfluss. Oder, wie es die Soziologen Killewald, Pfeffer und Schachner formulieren: »Während Einkommen den Fluss finanzieller Ressourcen zu einem bestimmten Zeitpunkt beschreibt, ist Vermögen der kumulierte Bestand, der Jahr um Jahr vorhergegangener Lebensumstände und Entscheidungen widerspiegelt.«[6] Die Ungleichheit von Vermögen sei, um mit den Worten von Mike Savage, Professor an der London School of Economics, zu schließen, die fundamentalste soziologische Frage unserer Zeit.[7]

Die gute Nachricht ist: Ganz langsam, aber stetig scheint sich diese Erkenntnis durchzusetzen, und die Soziologie entdeckt die Reichen und Superreichen zaghaft für sich. Jens Beckert hat am Max-Planck-Institut den Forschungsbereich »Vermögen und soziale Ungleichheit« initiiert. Die Volkswagenstiftung fördert Forschungsprojekte, die sich mit »(Aus-)Wirkungen von Reichtum« befassen. In Bremen und Konstanz gibt es »Cluster«, also Verbünde von Forschern, die sich mit Ungleichheit und ihren Folgen für Politik und Soziologie beschäftigen.

Ähnlich wie bei den Vermögensdaten ist die Studienlage noch immer lückenhaft, wenn man nach Ergebnissen zu sehr reichen Menschen sucht, und ähnlich wie bei den ökonomischen Messdaten wird die Luft immer dünner, je näher man sich dem Gipfel der Verteilung nähert. Aber genau wie bei den Vermögensdaten ist auch die Lage in der Soziologie inzwischen nicht mehr so düster, wie sie noch vor einigen Jahren war. Man müsste eine grenzenlose Optimistin sein, um zu sagen, dass das Glas des soziologischen Wissens über Vermögende mittlerweile halb voll ist. Bis dahin wird es noch dauern. Aber immerhin: Studie um Studie tropft das Wissen langsam hinein.

Beginnen wir am unteren Ende der Reichtumspyramide, bei den sogenannten *next door millionaires*, Menschen, die über mindestens eine Million Euro freies Vermögen verfügen. Wolfgang Lauterbach, dessen Potsdamer Institut lange als Oase in der Wüste der deutschen Reichtumsforschung galt, hat gemeinsam mit Markus Grabka und Miriam Ströing 130 von ihnen befragt. Drei Viertel waren Männer, die meisten älter als 50 Jahre alt. Drei Viertel hatten geerbt. Viele arbeiten außerdem, in der Regel als Unternehmer. Angestellte werden höchstens wohlhabend, aber nicht reich[8] – außer sie erben. Gut ein Drittel war in Rente oder Privatier.

Dasselbe Bild findet sich in dem Datensatz, der Grundlage für Christian Rickens' Reise zu Deutschlands Millionären war. »Woher das ganze Geld stammt, lässt sich ebenfalls klar beantworten«, schreibt er. »Zum Millionär wird man in Deutschland in den allermeisten Fällen als Unternehmer oder Freiberufler – oder als Erbe. (…) Der typische deutsche Millionär ist also ein Unternehmer. Und zwar sehr häufig einer, der seine von den (Schwieger-)Eltern übernommene Firma weiterführt.«[9]

Ein Team um den damaligen Forschungsdirektor des Sinus-Instituts Thomas Perry hatte in den Jahren 2007 und 2010 knapp 60 Menschen befragt, die »mindestens eine Million Euro bis weit über zehn Millionen Euro besaßen«, wie es etwas kryptisch heißt, sprich: etliche *next door millionaires*, vielleicht auch ein paar extrem Vermögende. Bezahlt hatte die Untersuchung die HypoVereinsbank, genauer: der Bereich »Wealth Management«, also der, der handverlesen die vermögenden Kunden betreut. Die Studie bekam den in den Ohren der Befragten sicher wohlklingenden Namen »Typologie des Erfolgs«.

Die Daten sind schon etwas abgehangen, bieten aber trotzdem eine brauchbare Charakterisierung. Perry teilte die Millionäre in sechs Gruppen, sechs »Sinus-Typen«.[10] Da sind zum einen die etablierten Vermögenden (15 bis 25 Prozent der Befragten), häufig Menschen, deren Familien seit Generationen ein Unternehmen besitzen. Ihr Leben kreist um die Sphären Familie, Firma und Heimat. Sie sehen sich als »tatkräftige Leitfiguren«, wünschen sich eine harmonische Familie. »Die Lebensart etablierter Vermögender ist geprägt von Stilgefühl und Kennerschaft«, heißt es fast devot.

Genauso groß ist die Gruppe der »konservativen Vermögenden«. Für sie »zählt vor allem das Bewahren – sei es das Familienvermögen, sei es die Natur, seien es alte Kirchen oder traditionelle Werte«. Rickens besucht einen Unternehmer, der sich nach dem Verkauf seiner Firma ein Gut auf einem Jagdgrund errichtet hat, das wirkt wie die uralte Heimstatt eines Adligen.

Die schillerndste und größte Gruppe (20 bis 25 Prozent der Millionäre) ist die, der die Geissens ein episches Denkmal gesetzt haben: die »statusorientierten Vermögenden«, nennt sie Sinus höflich, »die Neureichen« übersetzt Journalist Rickens. Menschen, die sich oft mit kindlicher Begeisterung über ihren Reichtum, ihren Besitz, die unwahrscheinliche Tatsache ihres Aufstiegs freuen können, die ihn gern und offen zeigen, was, wie ich finde, oft zu Unrecht von Reichen und Nichtreichen gleichermaßen mit Naserümpfen und Spott begleitet wird.

Ihre Antipoden sind die »konventionellen Reichen«, Menschen, die zwar reich sind, sich aber alle Mühe geben, dass es die anderen nicht merken. Sebastian ist sicher ein Prototyp dieses Milieus, klassischerweise gehörten neben mittelständischen Unternehmern »Vertreter der Erbengeneration« dazu, »die bekannten Wirtschaftsdynastien entstammen, aber ganz bewusst den Rückzug in ein unauffälliges Leben angetreten« hätten, schreibt Rickens.[11]

Auch die letzten beiden Gruppen, die die Sinus-Forscher bildeten, lassen sich als Gegensatzpaar erzählen: Da ist zum einen die der »liberal-intellektuellen Vermögenden«, die 68er-Reichen, die Kampf-der-Klimakrise-Reichen, die Anthroposophie-Reichen, die sich viel auf »ihre Weltoffenheit, Toleranz und kosmopolitische Weitsicht« einbilden, auf ihre, wie es heißt, anspruchsvollen geistigen und kulturellen Interessen und Engagements, die »Statusorientierung« und »Demonstrationen von Besitz und Konsum« ablehnen. Recht diffus schätzen die Forscher den Anteil dieser Gruppe auf 15 bis 25 Prozent.

Das sechste Sinus-Oberschichtenmilieu ist das jüngste, eines, das, wie ich vermuten würde, seit 2011 eher gewachsen sein dürfte: Es handelt sich um den »neuen vermögenden Nachwuchs«, dessen Einstellung sich, so Rickens, mit dem all-time-favourite-Berater-und-Banker-Motto zusammenfassen ließe: *Work hard, play hard*. Sie stammen aus vermögendem Hause, wollen es aber auch selbst durch harte Arbeit zu etwas bringen. Das mache sie, so die Studie, »zu Erfolgsmenschen einer neuen Zeit« oder, wie es Rickens formuliert: Mit unbändigem Selbstbewusstsein ausgestattet, sähen sich diese jungen Reichen »selbst verdientermaßen als kommende Elite, die sich keinesfalls gängeln lässt«.[12]

Aktueller und weitaus näher an den tatsächlich Superreichen sind die Arbeiten zweier internationaler Forscherinnen. Da ist zum einen die Finnin Hanna Kuusela, Professorin für Soziologie an der Universität Jyväskylä, 270 Kilometer nördlich von Helsinki. Sie hat mit 26 Erben lange Interviews führen können. Alle waren Superreiche, hatten also ein Finanzvermögen von mindestens 30 Millionen Dollar, manche besaßen Hunderte Millionen von Euro, wie Kuusela schreibt. In Finnland ist die Datenlage für Forscherinnen exzellent. Sowohl Arbeitseinkommen als auch Kapitalgewinne werden in öffentlich zugänglichen Steuerregistern aufgelistet. Kuusela konnte hier die reichsten Finnen identifizieren und anschreiben. Fast die Hälfte war zum Interview bereit, eine extrem hohe Quote.

Die meisten stammen aus Familien, die seit dem 19. Jahrhundert reich sind. Auch in Finnland sind die ganz großen Vermögen meist geerbt. (Als sich Forscher die 20 größten Eigentümer der wertvollsten Unternehmen an der Börse Helsinki anschauten, fanden sie heraus, dass deren Aktien insgesamt 9,9 Billionen Euro wert waren. Davon besaßen Erben ungefähr Aktien im Wert von 9,1 Billionen, also rund 90 Prozent.)

Kuusela beschreibt präzise, wie unterschiedlich die Rolle der Befragten in den Unternehmen ist, auf die das Vermögen zurückgeht. Einige waren Geschäftsführer oder Aufsichtsratsmitglieder, andere hatten gar keine formale Position. Einige Firmen waren (aktive) Unternehmen mit eigenen Produktionseinheiten, entsprachen also am ehesten dem, was wir im Kopf haben, wenn wir »Familienunternehmen« hören, sehr viele andere aber waren schlicht Investment-Gesellschaften im Familienbesitz. In anderen Fällen waren die Familien im Wesentlichen Großaktionäre von börsennotierten Unternehmen. Kuusela empfiehlt daher, in Forschung und Debatten eher von »Familienvermögen« als »Familienunternehmen« zu sprechen. Auch wenn das Selbstbild der Befragten ein anderes war: »Trotz ihrer Unterschiede fühlten sich alle Interviewten als bedeutende Eigentümer.«[13]

Fast alle Interviewten dachten dynastisch, das heißt, sie betonten, dass ihr Vermögen nicht wirklich ihnen gehöre, sondern eher eine Art Darlehen der Vorgängergeneration war, das sie wiederum an ihre Kinder weitergeben wollten. Viele begründeten damit die Notwendigkeit, ihren Reichtum, selbst wenn er aus Hunderten Millionen Euro bestand, weiter zu vermehren, weil sie überzeugt waren, dass ihre Kinder ganz selbstverständlich einen Anspruch auf ein mindestens ebenso großes Vermögen hätten, wie sie es erhalten hatten. Die Interviewten strebten deshalb Renditen von sechs, acht, ja in einem Fall sogar 20 Prozent an. »Das Vermögen muss wachsen, weil die Familie wächst«, sagte einer. »Wenn wir in meiner Generation zu dritt sind, sind es in der nächsten sechs«, äußerte ein anderer. »Und wenn du immer jedem den gleich großen Jackpot hinterlassen willst, dann brauchst du immer mehr, je mehr wir (in der Familie) sind.«[14]

Aber diese doch ambitionierten Renditeziele waren nicht das, was den Interviewten Sorge bereitete. Die Gefahr für ihr Vermögen witterten sie eher aus dem Inneren der Familie. Viele empfanden es als immer mühsamer, als immer arbeitsreicher, das dynastische Denken, das *dynastic mindset* an die Kinder weiterzugeben.

»Der Wandel in der Natur der Familien und der Trend zur Individualisierung sind eine Herausforderung für diese dynastischen Familien«[15], schreibt Kuusela. Genau wie der Durchschnittsfinne seien auch viele der Interviewten geschieden, hätten Kinder aus unterschiedlichen Ehen. Viele Familienmitglieder lebten im Ausland. Zudem sei es schwerer, Kinder an ein »Familienunternehmen« heranzuführen, das sich längst zu einem »Investment-Haus« gewandelt habe. Und dann sei da noch der Hang der Finnen, Kinder in gemischten Gruppen, nicht unter »ihresgleichen« groß werden zu lassen. Finnland habe ein sehr egalitäres Bildungssystem. Es gibt keine Privatschulen, keine

Internate, die die »Eliteausbildung« übernehmen würden, schreibt Kuusela. Den Kindern klarzumachen, dass sie als Superreiche Teil einer Klasse für sich seien, obliege den Eltern.

Die beschrieben in den Interviews, dass sie sich dabei immer häufiger professionelle Hilfe holten: Berater, die maßgeschneiderte Traineeprogramme oder Akademien für Kinder aus reichem Hause anboten. (Auch vorangetrieben durch eine Lobbyorganisation, das Family Business Network, das Ende der 1980er-Jahre gegründet wurde.) Die Interviewten erzählten von Eltern-Kind-Investment-Nachmittagen, an denen gemeinsam entschieden würde, was und wo gekauft werden sollte, und von einer Next Generation Gang, zu der sich die Nachkommen einiger sehr reicher Familien zusammengeschlossen hätten.

»Ich habe meinem Neffen und meinen Töchtern gesagt: ›Ihr müsst lernen, wie man besitzt‹«, sagt Saara, 52, eine der Interviewten. Ihr Neffe habe gefragt: Wie gelingt das? »Ich habe ihm gesagt: Du musst stolz (auf deinen Besitz) sein und dich dessen nicht schämen.«[16]

Es sei, fasst Kuusela ihre Ergebnisse zusammen, das bewusste Verteidigen der Prinzipien einer Dynastie gegen die Werte einer Gesellschaft, deren Selbstbild doch ist, dass nicht mehr die Geburt zählt, sondern die eigene Leistung, der individuelle Erfolg.

Dies ist der Widerspruch, mit dem auch die superreichen Paare umzugehen versuchten, die Rachel Sherman, Professorin für Soziologie in New York, in ihrem exzellenten Buch *Uneasy Street* untersuchte. Sherman interviewte 50 New Yorker Paare mit einem Vermögen von bis zu 50 Millionen Dollar. Alle waren gerade in derselben Situation: Sie hatten beschlossen, ihre (extrem teuren) Häuser aufwendig umzubauen, was ihren ohnehin schon großen Personalbestand um Architekten, Finanzberater und Innenausstatter erweiterte. Die Renovierung war Shermans Einfallstor für die Gespräche. Sie begann mit Fragen wie: Wie legt man das Budget für die Baumaßnahmen fest, wenn man so viel hat? Ist es übertrieben, eine extrem teure Deckenlampe wieder abbauen zu lassen, nur weil sie dann doch zu groß scheint? Wie oft kann ein Paar, das Dutzende Millionen Dollar Kapital hat, sein Sofa austauschen, ohne sich verschwenderisch zu fühlen?

Sherman spürte bei allen die Scheu, mit einer fremden Person über den eigenen Reichtum zu sprechen und konkrete Summen zu nennen. Aber es gelang ihr, sich in den Gesprächen vorzutasten zu Existenziellem. Fühlten sich die Paare reich? Wie entschieden sie, wofür sie wie viel Geld ausgeben wollten? Wie viel Luxus sollten ihre Kinder genießen? Kurz: Wie formte ihr Geld ihre Identität?

Wie Kuusela beschreibt auch Rachel Sherman Widersprüche. Die Familien berichteten ihr von horrenden laufenden Ausgaben, Budgets von bis zu 800 000 Dollar im Jahr. Sie erzählten von den Kosten für das Seniorenheim der Schwiegermutter (200 000 Dollar im Jahr), von den Ausgaben für das Sommer-Camp der Kinder (20 000) oder einer Handtasche im Wert von 2000 Dollar als kleine Aufmerksamkeit zum Muttertag. Aber gleichzeitig beschrieben sie diese Ausgaben als »basic«, als »familienorientiert«, als »vernünftig« und distanzierten sich entschieden von jeglichem exzessiven Konsum, von Materialismus oder Prahlerei. Die meisten Interviewten gaben sich im Gespräch alle Mühe, das Bild »normaler«, fast bescheidener, hart arbeitender Menschen zu entwerfen. Eine Mutter, deren Mann zwei Millionen Dollar verdiente, wiederholte mehrfach: *»I don't think of us* *as really wealthy«*, sie empfände sich nicht als wirklich reich. Eine andere mit ähnlichem Einkommen und acht Millionen Dollar Vermögen sagte: *»I think that we are somewhat in the middle«*, die Familie sei also irgendwo in der Mitte.

Das Kleinreden war eine Strategie, die die Interviewten anwandten, um Zweifel an der Legitimität ihres Reichtums gar nicht erst aufkommen zu lassen. Wer muss sich schon dafür rechtfertigen, »irgendwo in der Mitte« zu stehen? Die zweite Strategie war die, das Vermögen als Verdienst von harter, ehrlicher Arbeit darzustellen.

»Die, die ihr Vermögen (selbst) verdient hatten, trugen ihre bezahlte Arbeit stolz vor sich her. Die, die ihr Vermögen geerbt hatten oder gerade nicht gegen Bezahlung arbeiteten, wehrten sich gegen Stereotype, faul oder unfähig zu sein, und boten alternative Erzählungen über sich selbst als produktive Arbeiter an.« *»Absolutely damn right. I fucking deserve it«*, zitiert Sherman einen der Befragten.[17]

Und hier schließt sich der Studienkreis. Denn Shermans Erkenntnis findet sich auch in den Sinus-Daten, die dem Millionärsreport des Journalisten Christian Rickens zugrunde lagen: Im Grunde ihres Herzens, so lese ich, seien die meisten Reichen überzeugt davon, dass es im Großen und Ganzen in Ordnung ist, dass sie so viel haben und andere eben nicht. Rickens schreibt: »Eng mit der Angst vor Ausnutzung hängt der Unwille zusammen, sich für seinen Reichtum zu rechtfertigen. Keiner der Millionäre, den die Forscher um Perry interviewt haben, hatte jemals das Gefühl, zu Unrecht reich zu sein. Selbst wer sein gesamtes Vermögen nur ererbt hat, sieht seinen Wohlstand als völlig legitim an.« Es ist der Glaube an eine natürliche Ordnung.

8. Exkurs: *Chosen* – Warum Geld uns besonders macht

Selber denken muss ich nur bis zur Station Vetschau des Regionalexpress 2 Richtung Cottbus. Der Zug durch den Alltag, für den ich nicht mehr brauche als eine Fahrkarte für 13 Euro 80. Im Bahnhof Lübbenau stehen wir und warten auf einen Zug aus der Gegenrichtung. Die Pendler, die wissen, wie lange das dauern kann, stöhnen kurz auf. Ein Mann nutzt das stabile Netz, um am Telefon lauthals einen sehr schmutzigen Ehestreit auszutragen. Die Mühen der Ebene. Ab Bahnsteig Vetschau aber gilt mein sauteures Ticket in die Sorglosigkeit. Das Arrangement »Winterlaune«, das ich gebucht habe, kostet 820 Euro, zwei Nächte für eine Person.

Mein Shuttle steht bereit und führt mich bis vor die Tür des Landhotels *Zur Bleiche*. Der Rezeptionist begleitet mich und meinen Koffer bis zu meinem »kleinen Doppelzimmer«, das riesig ist. Im Sofa versinke ich und blicke durch die Weite des Raums auf einen Porzellanhund, der mich aus der Fensternische des Bades anschaut. Ich bewundere die korrespondierenden Stoffe der Vorhänge, des Bettoberteils und der Tagesdecke – weiß, bestickt mit Blumenmuster – und erspähe gleich drei Begrüßungsnotizen an mich: eine Karte, eine Flasche Prosecco, einen Brief. »Endlich sind Sie bei uns angekommen«, steht da. »Herzlich willkommen«.

Es waren nur fünf Stationen mit der Regionalbahn, aber sehr gern, denke ich. Es sind die ersten Zeichen des großen Aufwands, der hier für die Zufriedenheit des Gastes betrieben wird. Seitdem ich den RE2 verlassen habe, zählen meine tatsächlichen und möglichen Bedürfnisse mindestens das Zehnfache. Meine Unversehrtheit zum Beispiel wird so wichtig genommen, dass es, vorsichtshalber und aus »gesundheitlichen Gründen«, kein WLAN gibt. Als ich darum bitte, wird mir natürlich unverzüglich ein Router auf dem Zimmer installiert. Im Schrank steht schon eine beige Tasche bereit, darin Handtücher, ein Laken für die Liegen, darüber hängt mein Bademantel.

Nun muss ich nur noch wenige Schritte schaffen, um das Herz des Hotels zu erreichen, die Landtherme, einen opulenten, mit schweren Leinengardinen abgetrennten Bereich. Links der Gartenpool für Familien, geradeaus, gefliest mit alten steinernen Fliesen, das Wellness-Areal für alle anderen, so groß, so verwinkelt, dass ich mich zunächst mehrmals verirre. Hinter jeder Gardine ein neuer Pool, eine Kräuter-, Trocken-, Salzsauna, vor allem aber Ruheliegen, Ruhebetten, Ruhegalerien mit Blick in die Brandenburger Weite.

Nach dem Eukalyptus-Aufguss schaue ich auf den eisblauen Himmel, die Sonne sinkt schnell, und die kahlen Bäume in meinem Sichtfeld wandeln sich zu kunstvollen schwarzen Scherenschnitten. Ich liege in einem wuchtigen Sessel, eingehüllt in eine weiße Plüschdecke. Nebenan leuchtet in einer alten umgebauten Scheune der Innenpool in hellem Blau, an seiner Stirnseite brennt ein Kaminfeuer. Gleich wird ein fünfgängiges Menü gereicht werden. Schon jetzt steht ein Süppchen bereit, falls sich der kleine Hunger meldet, wie überhaupt an jeder Ecke etwas bereitsteht, um die Bedürfnisse der Gäste zu erfüllen: ein Sektchen, Wasser, Decken, Kissen, Handtücher, Bildbände. (Nur keine Tageszeitungen. Warum eigentlich nicht?) Ich liege also und ruhe, und natürlich geht es mir hervorragend.

Der Ausflug in das *Hotel zur Bleiche* ist Teil eines Waswürde-ich-tun?-Spiels, das, seit ich Freunden, Bekannten und Fremden von meiner Recherche erzähle, in zahllosen Gesprächen mit großer Inbrunst in vielen Varianten durchgespielt wird. Was würde ich mir gönnen, wenn ich superreich wäre, wenn das Budget keine Rolle spielen würde und ich mir das leisten könnte, was mein Herz begehrt?

Auf meiner Wunschliste stünden Reisen ganz oben, konkreter: Reisen in außergewöhnlich schöne Hotels. Sie sind mein *guilty pleasure*. Und das *Hotel zur Bleiche* ist ein außergewöhnlich schönes Hotel. Das Schweizer Wirtschaftsmagazin *Bilanz* hat die *Bleiche* im Jahr 2022 zu einem der 100 besten Ferienhotels Europas gekürt. Bestückt mit Antiquitäten, geschmückt mit einer exzellenten Küche, vor allem aber mit dem alten, rot vertäfelten Waschhaus, aus dem die Landtherme gezimmert wurde.

Ich könnte an dieser Stelle viele Seiten mit Kalenderblatt-Weisheiten füllen: dass wir die wichtigen Dinge im Leben nicht kaufen können; dass Glück keine solche Kulisse braucht; dass die Eintrittskarte zu schönen Erlebnissen weit günstiger zu haben ist. Ich liebe Freibäder und habe einige meiner besten Stunden auf Monobloc-Stühlen vor diversen Kiosken verbracht. Den Familienurlaub vor der Landtherme haben wir in Hamburg verlebt, übernachtet haben wir in einem Hostel in St. Pauli. Eine seltene, mehrtägige Schneefront hatte die Stadt in ein Winterwunderland verwandelt. Meine Söhne formten winzige Schneemänner, die sie Jimmy und Johnny jr. nannten und auf einen Stromkasten setzten, wo sie im rot-gelb-grünen Licht der Ampel die Nacht überlebten. Am nächsten Morgen strahlte die Sonne über den Elbstrand. Der Sand sah, mit Schnee vermengt, unwirklich hell aus. Schöner als jeder kunstvoll dekorierte Luxusruheraum natürlich.

Aber es wäre auch gelogen, wenn ich behauptete, den Reiz von viel Geld nicht nachvollziehen zu können. Geld ist ein Tauschmittel – und wir können es gegen ziemlich angenehme Dinge tauschen: eine Plüschdecke nach dem Saunagang, ein Kaminfeuer am Pool, das bis tief in die Nacht brennt, einen doppelten Espresso, der an den Frühstückstisch gebracht wird. Vor allem aber können wir Geld, wenn der Betrag stimmt, gegen das Gefühl eintauschen, besonders zu sein; so besonders, dass sich nach dem Essen für uns die Käsekammer öffnet, in der von zwei Affineuren, also Käsekennern, zwölf Sorten arrangiert wurden; so besonders, dass eine Schriftstellerin, die mit einem Stipendium bezahlt im Hotel wohnt, eigene Lesungen für uns veranstaltet; so besonders, dass Dutzende Servicekräfte zu unseren Diensten stehen.

Um 11 Uhr am zweiten Tag soll die »Anwendung« stattfinden, die zu meinem Winterarrangement in der Landtherme gehört. Gemeinsam mit anderen Wartenden sitze ich in einem neuen Raum, auf neuen bequemen Sofas, bis wir abgeholt und in den zweiten Stock der Wellnesswelt geführt werden, der wiederum zahllose Räume beherbergt, diesmal mit Badewannen, Holzzubern und Massageliegen ausgestattet. Es ist eine Prozession, die mich an die Serie »Downton Abbey« denken lässt, die das Leben der britischen Adelsfamilie Grantham und ihrer Bediensteten erzählt.

An diesem Morgen tragen die gehobenen Schichten Bademäntel, jeder und jede wird von einer Quelve, wie man die SPA-Mitarbeiterinnen hier nennt, begleitet. In meinem privaten Baderaum, getäfelt mit dicken groben Holzplanken, ist das Wasser bereits eingelassen, Kamillenblätter schwimmen obenauf, die Quelve lässt Milch und Honig hineinfließen.

Den Nachmittag über versinke ich zwischen Aufgüssen mit Hagebutte und Hafer. Ich lese, schreibe, die Welt draußen ist längst weggedimmt. Ich bin außerordentlich zufrieden.

»Das haben wir uns verdient«, sagt ein anderer Gast, als wir nach dem Saunagang draußen in der Januarkälte dampfen.

»Ich glaube, wir haben einfach großes Glück«, sage ich.

»Das sowieso«, bestätigt er. Große Einigkeit. Amen.

Später werde ich im Internet lesen, dass es etliche Gäste gibt, die auch an solch einem Paradies etwas auszusetzen haben. Manche stört, dass Kinder im Außenpool baden dürfen, obwohl es für sie doch einen »separaten« Badebereich gibt. Andere sind empört, dass »Gäste mit Hunden zugelassen werden«. Dann wieder wird ein fehlendes Fischmesser bemängelt. Es wird sich über »schwafelnde Putzfrauen« beschwert, darüber, dass »Laken und Decken« zu viel »Knistergefühl« hatten. Ein, wie ich lerne, verräterisches Zeichen dafür, dass sie schon oft gewaschen wurden. »Hier wäre etwas mehr Weichheit angebracht. « Ein Kunde schreibt nölig: »Der WOW-Effekt blieb aus.«

Ich finde das verrückt. Aber neben der Erkenntnis, dass es offensichtlich Menschen gibt, die das Negative mit der Lupe suchen, offenbart sich in diesen Kritiken, dass sich jeder Luxus abnutzt und man mit der Zeit auch einen besonderen Ort wie die Landtherme gewöhnlich finden kann. Noch so eine Kalenderweisheit. Ich weiß.

Später frage ich Sebastian, der im Familienurlaub seit jeher in solchen Herbergen residiert, ob sich der Standard verschiebt und man all den Luxus und Komfort gewöhnlich findet.

»Ja«, antwortet er unverzüglich, »relativ schnell. Ich

glaube, man freut sich immer weniger.« Manche seiner Familienmitglieder, die in der Regel in Fünf-Sterne-Hotels reisen, würden sich einreden, dass sie dieses Niveau natürlich nicht brauchten, jederzeit auch bescheidener reisen könnten. »Aber wenn es dann nicht mehr dieser Standard ist, ist man doch eher enttäuscht.«

Ich will wissen, ob er Luxus wie eine Droge erlebt, die man in immer krasserer Dosis brauche, um überhaupt noch etwas zu spüren.

»Ja, voll«, sagt Sebastian. Und noch etwas sei eine Konsequenz dieser permanenten Fünf-Sterne-Umsorgung: Wem immer alles abgenommen würde, wer ständig von freundlichen Dienstleistern signalisiert bekäme, dass jedes Bedürfnis angemessen und erfüllbar sei, dem fehle auf Dauer die »Resilienz«, so nennt es Sebastian, die Fähigkeit, mit kleinen Widrigkeiten im Alltag umzugehen. Es sei für niemanden angenehm, auf der Straße angepöbelt, in der übervollen Bahn beiseitegeschoben, im Büro kritisiert zu werden. »Aber die allermeisten Menschen eignen sich mit der Zeit eine Art und Weise an, wie sie damit umgehen.«

Dieses dicke Fell wächst in der Komfortzone nicht besonders gut, beobachtet Sebastian. Viele Vermögende würden deshalb, wenn sie doch einmal mit alltäglichen Mühen oder Kritik konfrontiert seien, unangemessen heftig reagieren. »Sie haben einfach keine emotionale Erfahrung damit, mit Ablehnung umzugehen.«

Das klingt tatsächlich so, als sollte man die ultimative Sorglosigkeit, die mich in der *Bleiche* verzückt, wie alle Suchtmittel am besten in Maßen genießen.

Was denkst du, Sebastian: Wäre das Glück maximiert, wenn man solche Luxusaufenthalte verlosen würde?

»Das ist eine schöne Vorstellung, dass sich jeder solch

ein Luxushotel für ein, zwei Tage gönnen könnte und nicht die Reichen für Wochen. Dann ist es wirklich etwas Besonderes. Denn eigentlich ist es ja total schön, einfach mal gut behandelt zu werden.«

Beim Dinner am Abend wünsche ich mir tatsächlich ein paar mehr Gäste herbei, die das Ganze hier als den Hauptgewinn empfinden, der es ist. An manchen Tischen wird geschwiegen. An anderen mit Mühe recht einsilbig so etwas wie Konversation betrieben. »Wie hast du geschlafen?« – »Geht so.« – »Ist in diesem Jahr EM oder WM?« – »EM.« – »Die A2 ist eine unheimlich staulastige Strecke.« – »Stimmt.« Und so weiter.

Auch am Morgen im SPA liegt ein paar Ruhesessel vor mir ein Paar, das gelangweilt wirkt. Sie spielt ein Handy-Game, er liest irgendetwas auf dem Tablet. Romantisch wirkt das nicht. Aber immerhin verstecken sie ihre Lektüre nicht schamhaft, so wie ich. Ich habe den Schutzumschlag eines der Bücher, die mich in der *Bleiche* begleiten, entfernt. Es ist mir peinlich. Dabei hat der Autor Millionen Exemplare seiner Werke verkauft. Das zweite, das ich dabeihabe, leider mit bedrucktem Cover, halte ich stets so, dass niemand im Vorübergehen den Titel lesen kann. Dabei ist es ein absoluter Topseller, angeblich soll es weltweit 80 Millionen Mal verkauft worden sein. Und das Versprechen, das beide Bücher machen, passt auch gut hierher. Zumindest, wenn es einen reizt, zum Stammgast zu werden. Die Bücher heißen: *Werden Sie reich mit der Kraft Ihres Unterbewusstseins* und *Think and Grow Rich*. Es sind zwei der Werke, die mir während meiner Recherche empfohlen wurden, auch von Vermögenden; zwei der Werke, die belegen sollen, dass jeder viel Geld verdienen kann, wenn nur der Wille stimmt.

Vor allem Napoleon Hills Buch *Denke nach und werde*

reich aus dem Jahr 1937 ist so etwas wie die Bibel dieser Bewegung. Es verspricht, in ein paar Schritten den Weg zu Reichtum zu weisen. »Sie bekommen ein perfektes System zur Selbstanalyse an die Hand, das Ihnen rasch offenbart, was zwischen Ihnen und dem ›ganz großen Geld‹ steht«, so die selbstbewusste Ankündigung. Basierend auf den Erfahrungen von 500 Superreichen lüfte Hill »das Geheimnis des finanziellen Erfolgs«. Was dann doch relativ schlicht klingt: Reichtum, verkündet Hill, sei einzig eine Frage der Geisteshaltung, des Willens. Wer reich werden will, müsse vor allem in sich selbst den unbedingten Wunsch nach Reichtum wecken, müsse sich »reich denken«, »mit einer Entschlossenheit, die an Obsession grenzt«.[1]

Diesen Grundgedanken zerlegt er in seine berühmten Schritte zum Reichtum. Angefangen bei »Setzen Sie sich im Kopf ein genaues finanzielles Ziel!« über »Bestimmen Sie, was Sie im Gegenzug leisten wollen!« bis zu »Legen Sie ein genaues Datum fest, an dem Sie den angestrebten Betrag besitzen wollen! Notieren Sie all das.« Und dann das Finale. »Lesen Sie sich zweimal am Tag laut vor, was Sie aufgeschrieben haben – einmal kurz vor dem Schlafengehen und einmal gleich nach dem Aufstehen. Stellen Sie sich beim Lesen möglichst plastisch und überzeugend vor, das Geld bereits zu besitzen.«[2]

Zack. Ganz einfach. Für die, die dennoch skeptisch sind, bemüht Hill das Schicksal seines Sohnes, um den, wie er findet, endgültigen Beweis dafür zu führen, dass die Kraft der Gedanken alles bewirken könne. Und hier wird es so grotesk, dass ich kaum glauben kann, dass Hills Buch auch im Jahr 2024 noch auf den Bestsellerlisten auftaucht.

Das Kind sei »ohne Ohren zur Welt« gekommen, schreibt Hill. »Der Arzt äußerte die Einschätzung, dass er sein Leben lang taubstumm bleiben könnte.«[3] Hill entschied, sich damit nicht abfinden zu wollen und stattdessen seinem Sohn das »dringende Anliegen« einzuimpfen, eines Tages »zu hören und normal zu sein«. Mehr noch, er weckte in ihm die Idee, dass er anderen Menschen etwas voraushaben könnte, dass seine fehlenden Ohren ein Vorteil wären. Zum Beispiel, wenn er, wie sein älterer Bruder, eines Tages auch Zeitungen austragen würde. Er könnte dann viel mehr Trinkgeld als dieser erhalten, wenn die Kunden sähen, »dass er auch ohne Ohren ein cleverer und fleißiger Junge war«.[4]

Hill lobt sich, seinen tauben Sohn nicht auf eine Schule für Hörgeschädigte geschickt zu haben. Er erlaubte ihm auch nicht, Gebärdensprachen zu lernen. Beides hätte dem unbedingten Willen, hören zu können, im Wege gestanden. Na ja, und eines Tages, als das Kind fast erwachsen war, nahm es – so Hills Legende – ein elektrisches Hörgerät in die Hand, das es schon mal erfolglos ausprobiert hatte. Diesmal aber schaltete der Junge es ein, »und plötzlich – wie durch ein Wunder – wurde sein lebenslanger Wunsch, normal zu hören, wahr!«.[5] Napoleon Hills Moral von der Geschichte: »Ich bin mir ganz sicher: Wäre es meiner Frau und mir nicht gelungen, ihm die richtige Einstellung zu vermitteln, er wäre sein Leben lang taubstumm geblieben.«[6]

So einfach ist das also? Egal, ob es ums Hören oder den wirtschaftlichen Erfolg geht? Alles hängt am festen Glauben und an der stetigen Wiederholung der eigenen Ziele?

So einfach ist das, verspricht Napoleon Hill in seinem Weltbestseller.

So einfach ist das, verheißt auch Joseph Murphy, eine Art Gründungsguru dessen, was seit einiger Zeit unter #manifestation Social-Media-Trend ist. »Manifestation« meint eine Art magisches Denken, den Glauben daran, dass Dinge geschehen, weil wir sie durch das Aussprechen bestimmter Gedanken, »Affirmationen« genannt, beschwören. »Reichtum in Hülle und Fülle« sei einfach erreichbar, so Murphy. Man müsse nur morgens und abends etwa fünf Minuten lang Sätze wie diesen wiederholen: »Ich schreibe in mein Unterbewusstsein jetzt die Idee des Göttlichen Reichtums ein. (…) Ich bin geboren, um zu gewinnen.«[7]

So einfach ist das, beteuern ihre zahllosen Erben, die Motivationscoaches der Gegenwart. Der eine verspricht, dass man bei ihm lernen könne, »Wie ich nur drei Millionen in drei Monaten gemacht habe. Ohne Arbeit«. Der andere zieht, wie schon so viele vor ihm, zu ein paar billigen Beats und mit freudig sprühender Pyro in irgendeinen Saal in irgendeiner Kleinstadt ein und haut ein paar wundersame Weisheiten raus: *»Try to reach the moon, when you fail you'll land on a star!«* Oder eben »Millionär ist ein Mindset, eine Art zu denken«.

Und damit wären wir wieder bei Napoleon Hill. Faszinierend, das alles. Ein Kaninchenbau, in dem man über Wochen versinken kann; in dem man aber auch jede Menge Geld lassen kann, wie das »ZDF-Magazin Royale« in einer Recherche über die Reichtums-Coaches gezeigt hat. Tausende Euro zahlten Kunden in der Hoffnung, einen Weg zum goldenen Gral gewiesen zu bekommen, der dann aber, Überraschung, so golden gar nicht ist. Offensichtlich machen die Millionärs-Mindset-Verheißungen vor allem die reich, die sie verkaufen.

Die zweite Botschaft aber, die sich in all diesen Büchern, Vorträgen und Posts verbirgt, ist die, dass Reichtum allein eine persönliche Entscheidung ist, dass die Verteilung von Vermögen einer natürlichen, einer gerechten Ordnung folgt: Wer reich ist, hat es sich verdient, weil sein Wunsch groß, sein Wille stark war. Wer arm ist, auch, denn er oder sie hat es nicht anders gewollt. Diese Lehre ist schon in Napoleon Hills Klassiker angelegt. Wie der Wind ein Schiff nach Westen oder Osten treibe, hebe die Kraft der eigenen Gedanken die einen empor und ziehe die anderen nach unten, schreibt er. »Millionen Menschen glauben, dass sie auf unerklärliche Weise zu Armut und Misserfolg ›verdammt‹ sind und nichts dagegen tun können. Dabei sind sie selbst die Urheber ihres ›Missgeschicks‹, denn ihr negativer Glaube wird vom Unterbewusstsein aufgenommen und in sein physisches Gegenstück übersetzt.«[8]

Ganz ähnlich klingt es bei Joseph Murphy: »Gedanken des Überflusses erzeugen Überfluss, Gedanken des Mangels erzeugen Mangel. Das ist der Grund, warum die ›Reichen immer reicher und die Armen ärmer werden.‹«[9]

Für alle, die es immer noch nicht begriffen haben, druckt der Verlag Hills Merksätze auf umrahmte Schmuckseiten: »Für Erfolg braucht man keine Ausrede, für Misserfolg gibt es keine«, steht da. Oder: »Armut wie Reichtum entstehen im Kopf.«

9. Die natürliche Ordnung – Der Glaube an das Millionärs-Mindset

Vor mir liegt ein grünes Arbeitsheft. Darauf ein Eine-Million-Dollar-Schein, in dessen Mitte ein Porträt des Buch-Autors zu sehen ist, darunter sein Name: Zitelmann. Auch eine Botschaft, sich selbst an den Platz zu montieren, den sonst Legenden der US-Geschichte wie Benjamin Franklin oder George Washington innehaben. *Anleitung zum Reichwerden* heißt das Buch, das Rainer Zitelmann geschrieben hat. Es ist ein Teil seiner »Master-Class«, zu der noch ein Video und ein DIN-A1-Poster mit dem Slogan »Schluss mit der Durchschnittsexistenz« gehören. 690 Euro soll man überweisen. Im Gegenzug teile Zitelmann, der »weltweit bekannteste Reichtumsforscher, wie es auf der Werbeseite heißt, in einem großen Paket sein komplettes Wissen, was auch dich in einen vermögenden Menschen verwandeln kann«. Als Testimonials darunter, einen strahlenden Zitelmann neben sich, die Milliardäre Hans-Peter Wild, Theo Müller und Dirk Roßmann.

Da ist es wieder: das Versprechen, den Weg zum Reichtum weisen zu können. Und auch die Überzeugung, dass nicht »Glück, Zufall, Erbschaften oder soziale Ungerechtigkeiten der Grund sind, warum manche Menschen sehr viel reicher sind als andere«, findet sich bei Zitelmann bereits im Vorwort. Den Schlüssel zu seinem Reichtum habe er woanders gefunden. Aber wo? Zeit, Rainer Zitelmann zu treffen.

Wer einen glühenden Verteidiger der Ungleichheit sucht, einen Anwalt der Superreichen, der landet über kurz oder lang auf der kleinen Dachterrasse von Rainer Zitelmann.

Später wird er mich und meinen Kollegen Jochen Breyer noch kurz durch die große schöne Wohnung darunter führen, die er gerade zugekauft hat. Ein Handwerkerteam renoviert sie. Bald soll sie bezugsfähig sein. Das Dachgeschoss wird dann endgültig zu dem, was es ohnehin schon weitgehend ist: sein Büro oder, besser gesagt, die Homebase seines großen Projekts. Im Regal reihen sich Zitelmanns Bücher, übersetzt in über 30 Sprachen. In der Küche hängt eine Weltkarte, in der viele, viele Nadeln stecken. Jede steht für eines der Länder, in die ihn seine Tourneen der letzten Jahre geführt haben.

Zitelmann ist ein engagierter Kämpfer für den Kapitalismus. Seine Mission ist es, zu beweisen, dass den Reichen in der öffentlichen Meinung unrecht getan wird, und dem aus seiner Sicht allzu populistischen Wunsch nach Gleichheit in der Gesellschaft, die er »Kommunismus-Sehnsucht« nennen würde, entgegenzutreten. Um sein Ziel zu erreichen, hält er Vorträge, schreibt Bücher (rund 30 sind es inzwischen), lässt sie, meist auf eigene Kosten, übersetzen, um sie dann in der ganzen Welt vorzustellen. Er habe, so Zitelmann, als Jugendlicher nur zwei Spiele gemocht: »Monopoly« und »Risiko«, der Klassiker, bei dem man mit kleinen Plastikarmeen Staat um Staat besetzt. »Genau dieses Spiel setze ich heute im wirklichen Leben fort«, so Zitelmann. »Ich will als Autor und Publizist weltweit bekannt werden, also quasi ein Land nach dem anderen für mich, meine Bücher und meine Botschaften erobern.« 30 Länder will er in diesem Jahr schaffen. Sein Mitarbeiter schickt mir ein Video, einen Zusammenschnitt von Zitelmanns Tour.

»Dr. Dr. Zitelmann«, ruft ein Moderator zum Auftakt. Man hört Applaus und sieht, wie sich Menschen in einem großen Saal erheben. Dann, schnell geschnitten, folgt man

Zitelmann auf Bühnen und in Fernsehstudios in die USA, nach China, Südkorea, Vietnam, Paraguay und Brasilien. Oft trägt er ein weißes Shirt: *I LOVE CAPITALISM*, steht darauf. Für die armen Menschen in der Welt sei Kapitalismus wichtig, hört man ihn sagen, der Weg zu Wohlstand. Stimme denn die Phrase »Lieber arm und gesund als reich und krank?«, hört man ihn fragen. Und sich selbst die Antwort geben: »Ich bin lieber reich und gesund, und genau das wünsche ich Ihnen auch allen.« Dann schließt der Film mit den Aufnahmen, die Zitelmann auch so gern in den sozialen Medien zeigt: Bilder, die ihn beim Gewichtestemmen zeigen, oben ohne, mit angespanntem Oberarmmuskel. Ein Tausendsassa, so die Botschaft des Clips. *Strong enough for his mission*. Doppel-Dr. Doppel-Bizeps. »Einfach Zitelmann« steht auf seinem Trainingsshirt.

Rainer Zitelmann ist inzwischen Mitte sechzig. Wer seine Biografie liest, staunt, wie viele Leben in eines passen. Geboren als eines von vier Kindern einer linken evangelischen Pfarrerfamilie, in der das Streben nach Geld, zumindest nach viel Geld, als verpönt galt, war er schon früh Politikfan. Mit acht las er im Grundgesetz, in seinem Zimmer stand ein »Bürotisch«, und auf seiner Adler-Schreibmaschine tippte er einen Fan-Brief an Willy Brandt, der ihm auch antwortete. Obwohl ihm ein Freund empfohlen habe, die eigene Biografie weniger eitel zu schildern, zitiert Zitelmann aus einer Nachricht seiner Mutter: Atemlos seien die Eltern angesichts ihres Rainers gewesen. »Es existierte kein Ratgeber, der uns helfen konnte, mit einem überbegabten Kind in der Familie den normalbürgerlichen Alltag zu bestehen.«[1]

Als Teenager war Zitelmann Kommunist. Er gab die linke Schülerzeitung *Yeah* heraus (darin die zum Gruß geballte

Faust und die Worte: »Einen Finger kann man brechen, fünf Finger sind eine Faust! Vereint sind wir stärker!«), gründete eine »Rote Zelle« an seiner Schule und war ein extrem theoriefestes Mitglied des Kommunistischen Jugendverbandes Deutschlands. Nach dem Abitur studierte er Geschichte, im Rücken 1000 DM, die ihm seine Eltern pro Monat überwiesen, im Kopf bald ein neues Weltbild: Nach und nach, schreibt Zitelmann, »folgte in meinen 20ern die Wandlung vom Linken zu einem demokratischen Rechten oder Nationalliberalen«[2].

Als solchem missfiel ihm, dass Adolf Hitler von Linken unbelegt, wie er fand, als »Marionette des Großkapitals« beschrieben wurde. Atemlos las er alles, was zu Adolf Hitler zu finden war, und kam zu dem Schluss, dass dessen wirtschaftspolitische Vorstellungen vielfach antikapitalistisch seien. »Hitler. Selbstverständnis eines Revolutionärs«, nannte Zitelmann seine Doktorarbeit. »Es lag schon ein provokatives Element darin, dass ich weitgehend auf moralische Bewertungen verzichtete«, schreibt er.[3] Aber Historiker sollten verstehen, nicht bewerten. *Summa cum laude*, urteilte sein Professor, schreibt Zitelmann und zitiert ihn mit ähnlichen Worten wie die der Mutter: »Herr Zitelmann ist ohne Zweifel der begabteste Student, der mir in meiner 20-jährigen Lehrtätigkeit untergekommen ist.«[4]

Fünf Jahre arbeitete Zitelmann danach an der Freien Universität. Er gab Sammelbände über den Nationalsozialismus heraus, veröffentlichte Buchbesprechungen in Serie und wechselte schließlich folgerichtig als Cheflektor der Verlage Ullstein und Propyläen in die Buchbranche. Dort verlegte er nicht nur das *Guinness-Buch der Rekorde*, sondern auch politische Thesen-Bände, wie das Buch des ehemaligen Berliner Innensenators Heinrich Lummer *Asyl. Ein mißbrauchtes Recht.*

Zeitbombe unserer Gesellschaft, das des FDP-Mannes Werner Bruns *Tatort Wohlfahrtsstaat. Missbrauch sozialer Leistungen. So wird der Staat betrogen* oder das des umstrittenen FPÖ-Mannes Jörg Haider, *Die Freiheit, die ich meine*, der seine Partei auf einen extrem rechten Kurs gebracht hatte. All das, schreibt Zitelmann, machte ihn, den ehemaligen Jungkommunisten, zum Lieblingsfeind der Linksextremen, die schließlich, im Jahr 1993, sein Auto verbrannten – ein, wie es im Bekennerschreiben hieß, »metallischroter 3er-BMW«.

In ähnlicher Geschwindigkeit geht es Station um Station weiter: Zitelmann wechselte zum Springer-Verlag, wurde Ressortleiter und Autor, warnte vor einem rot-rot-grünen Linksruck, einer »DDR-light«, wurde FDP-Mitglied, galt dort als Teil des national-liberalen Flügels und löste schließlich mit einem Appell in der *Frankfurter Allgemeinen Zeitung* die größte Aufregung seines Lebens aus, wie er schreibt. Darin sprach er sich dagegen aus, den 8. Mai 1945 einseitig, wie er fand, als Tag der Befreiung zu charakterisieren, denn damit würden Vertreibung und neue Unterdrückung im Osten des Landes relativiert. Die *Zeit* nannte den Text »widerlich«.

Für Zitelmann kündigte sich mit diesem Disput der bislang vorletzte Twist in seinem Leben an, der, der ihn schließlich zum »Reichenforscher« und »-versteher« machen sollte. »Alles begann«, schreibt er, »mit einem Gespräch mit dem CSU-Politiker Peter Gauweiler und mit dem Entschluss, reich zu werden«.[5] Denn Gauweiler habe ihm geraten: »Querköpfe so wie Sie und ich müssen ordentlich Geld verdienen, um frei unsere Meinung vertreten zu können.«[6] Ein Schlüsselerlebnis sei das gewesen, schreibt Zitelmann. Er, dessen Konten so oft im Minus waren, fasste den Plan, Millionär zu werden.

Aber wie? Zitelmann schreibt, dass er spontan beschloss, dass es die Immobilienbranche sein sollte, die ihn reich machen sollte. Ein guter Riecher. Und so lernte er im abendlichen Nebenjob als Versicherungsvertreter zunächst das Verkaufen. Dann legte er los und vermittelte Immobilien, insbesondere im Osten, insbesondere als Steuersparprodukt. Es war schließlich die Hochzeit der »Sonder-Afa«, der Sonderabschreibung. Zitelmann akquirierte Kunden, wo er konnte. Er fragte seinen Zahnarzt, ob Steuern sparen für ihn ein Thema sei. Er verkaufte Abschreibungsobjekte an seinen Steuerberater und einen befreundeten Bundestagsabgeordneten, und er griff selber zu. Er investierte, Steuervorteil inklusive, zunächst in kleine vermietete Wohnungen in Potsdam, Pankow oder Berlin-Mitte. Stolz listet er auf, welchen Gewinn er damit machen konnte. 228000 Euro allein mit der Immobilie in Mitte. 2,2 Millionen mit einem Paket aus 15 Wohnungen. Und, einer seiner Coups: vier Millionen Euro mit einem Mehrfamilienhaus, das er 2004 gegen den Rat von Bekannten im ach so verrufenen Neukölln gekauft hatte.

Eine Zeit lang liefen Business und Journalismus parallel. Zitelmann baute bei der *Welt* eine der ersten Immobilienseiten auf. Dann aber, im Oktober 2000, ging er »All-In«. Er kündigte bei Springer und gründete die »Dr. ZitelmannPB. GmbH«, eine Positionierungsberatung für Immobilienfirmen, so erklärt er den Namen, eine PR-Agentur. Sein Businessplan, betont er, umfasste gerade mal eine halbe DIN-A4-Seite – darauf die Kosten, sein Gehalt, eine Mitarbeiterin für den Anfang, Miete, Reinigung etc.: 35000 DM. Die Einnahmen: 10000 Mark pro Kunde und Monat, 70000 zu Beginn. »Die Gewinnmarge war also von Anfang an sehr hoch«, schreibt Zitelmann. »In den 15 Jahren, bis ich die

Firma verkaufte, lag sie in der Spitze bei 63 Prozent, im Schnitt bei 48 Prozent.«[7]

Endlich war er in einer Welt angekommen, in der er sich auch politisch wohlfühlte. Während sich der Journalismus für ihn immer viel zu links anfühlte, freute er sich, dass bei Testwahlen in der Immobilienbranche FDP und CDU/CSU auf 60 bis 70 Prozent kamen.

Zitelmann akquirierte wie ein Weltmeister. Während der Woche reiste er viel, führte 100 Gespräche mit Neukunden pro Jahr. Getreu dem Business-Spruch-Klassiker *Work hard, play hard* gestaltete er seine Wochenenden so: »Meist besuchte ich nachts, so von Mitternacht bis etwa vier Uhr früh Diskotheken«, auch mit fünfzig noch, wie er betont. »Ich ging erst zwischen vier und fünf Uhr früh schlafen, stand dennoch um acht Uhr wieder auf und war nicht müde.«[8] Er schrieb an Texten, stemmte Gewichte und ging sonntags in die Kirche.

Das Vaterunser zu sprechen ist ihm wichtig. Und ähnlich, wie sich der Gläubige damit zu seinem Gott bekennt, lernte Rainer Zitelmann in Seminaren und Büchern von Reichtum-Coaches, sich auch dem Wunsch nach Vermögen zu verschreiben. Er las, natürlich, *Denke nach und werde reich* von Napoleon Hill. Er las auch *Die Macht Ihres Unterbewusstseins* von Joseph Murphy. Er besuchte die Seminare von Investment-Guru Bodo Schäfer, zum Beispiel: »Durchbruch zum finanziellen Erfolg«. Er lernte, seine Ziele zu visualisieren, die Geldsumme, die er mal besitzen wollte, zu notieren. »Ich nahm allen Mut zusammen und schrieb in meinen Aktenordner: 10 Millionen.«[9] Er lernte, dass Reichtum im Kopf entstehe und er sein Unterbewusstes neu »programmieren« müsse: auf das Streben nach Reichtum hin.

Von nun an schrieb er sich an jedem Silvesterabend auf, wie viel er im folgenden Jahr verdienen wollte, später, wie groß sein Vermögen beim nächsten Jahreswechsel sein sollte. Aber damit nicht genug. Hinzu kam die tägliche Übung. Er nutze da eine bestimmte Technik, sagt Zitelmann im Interview für unsere Dokumentation »Milliardenspiel«. Autogenes Training, Entspannungsübungen. Er programmiere sich im Zustand des autogenen Trainings bestimmte Ziele in sein Unterbewusstsein ein. Er beschreibt, dass er eine Art Formel genutzt habe: Er habe laut ausgesprochen, wie viel Geld er am Ende des Jahres besitzen wolle und sein Unterbewusstsein aufgefordert, ihm zu zeigen, wie er das Ziel erreiche.

Da sind wir wieder inmitten der Erzählung von der natürlichen Ordnung. Reich wird, wer reich sein will. Und, diese zweite Bedingung ist Rainer Zitelmann wichtig: Wer sich klar sei, warum er reich sein wolle. Bei ihm seien es drei Motive, die ihn, der doch schon mehr Geld habe, als er je ausgeben könne, antrieben, noch mehr anzuhäufen. Es sei das Streben nach Freiheit und Sicherheit, die Gründe, die die meisten nennen. Außerdem wolle er sich und anderen etwas beweisen. Geld mache seinen Erfolg sichtbar und messbar, schreibt Zitelmann, ähnlich wie Pokale und Titel im Sport. Reichtum ist also der Leistungsnachweis des Unternehmers und Investors.

Dass er auch sein drittes Motiv für das Streben nach Reichtum offen benennt, beeindruckt und befremdet gleichermaßen. Sein Geld soll ihm helfen, sehr schöne, sehr junge Frauen, für die er seit jeher ein Faible habe, rumzukriegen. »Mir war früh bewusst, dass ich mich im Alter nicht alleine auf Charme und Aussehen würde verlassen können, sondern dass ich als vermögender Mann eindeutig attraktiver wäre.«[10]

Doch nun zurück zum Wesentlichen, schließlich sind wir nun angekommen in dem Moment, da sein Lebensweg in die für diesen Text entscheidende Kurve ging, dem Moment, in dem er vom Unternehmer zum Wissenschaftler wurde und entschied, die Superreichen und unseren Blick auf sie zu untersuchen. Auch ihm war aufgefallen, wie miserabel die Forschungslage lange war, was echten Reichtum angeht. Er beschloss, diese Lücke zu füllen und die Biografie und Persönlichkeit von Menschen zu untersuchen, die ein mindestens »zwei- oder dreistelliges Millionenvermögen« besitzen, darunter einige Milliardäre, echte Superreiche. Er nutzte sein Netzwerk, hangelte sich von Kontakt zu Kontakt und schaffte es schließlich, 45 Interviews zu führen. Anonyme Gespräche, deren Auswertung er als Doktorarbeit an der Universität Potsdam einreichte und später unter dem Titel »Psychologie der Superreichen. Das verborgene Wissen der Vermögenselite« veröffentlichte. Es sind spannende Einblicke.

Zitelmanns Superreiche, bis auf eine Person männlichen Geschlechts, sind in der Mehrheit über sechzig, viele aus der Immobilienbranche. Sie weisen überraschende Gemeinsamkeiten auf: Die meisten sind gebildet, aber keine akademischen Überflieger. Ihren Ehrgeiz bewiesen viele eher im Leistungssport. Etliche erzählten von einer Kindheit und Jugend an privaten Schulen und Universitäten, davon, dass ihnen dort das Leben der noch wohlhabenderen Kinder gefallen hätte. Ein Befragter, dessen Eltern Lehrer waren, meinte allen Ernstes: »Vielleicht will man ja gerade, wissen Sie, dem Elend der Eltern entfliehen.«

Spannend ist, dass Zitelmann in den Reihen seiner Befragten tatsächlich etliche findet, denen das Unternehmerische, vor allem die Lust am Verkaufen, angeboren oder früh anerzogen worden zu sein scheint. Erstaunlich viele hatten schon als Schüler und Studenten Geschäfte laufen. Sie verkauften alles: von Kosmetikartikeln bis zu Wohnwintergärten, von gebrauchten Felgen bis zu geschlossenen Fonds, von selbst gezüchteten Tieren bis zu Autowaschanlagen. Viele beschrieben, sie hätten schon früh den Wunsch gehabt, selbstständig zu sein, oder ihn gleich zu Beginn ihrer Karriere entdeckt, weil sie sich als Angestellte im Unternehmen unwohl fühlten, gutes Gehalt hin oder her. »Dann habe ich im ersten Jahr, nach zwölf Monaten, dreimal so viel verdient wie der Bundeskanzler. Das hat richtig Spaß gemacht«, sagt einer. Aber der Weg bis an die Spitze großer Unternehmen sei dann doch zu lang und zu zäh gewesen.

Ob auch Zitelmanns Vermögende schon in dem Rabbit-Hole der Mindset-Coaches waren, weiß ich nicht. Aber ich staune, als ich lese, dass Zitelmann mit seinem autogenen Training und der Programmierung seiner Reichtumsziele ins Unterbewusste nun wirklich nicht allein ist: Die allermeisten der Interviewten setzen sich Summen als Ziel, viele stellen sie sich bildlich vor, schreiben sie auf.

Da ist ein Vermögender, der sich schon früh ein Auto aus dem Ferrari-Prospekt ausgeschnitten hat und sich das Bild jeden Tag anschaut. Ein anderer, noch recht jung, berichtet, dass sein Ziel lange die 100 Millionen gewesen seien. Da das in greifbarer Nähe sei, habe er jetzt die Latte noch mal höher gehängt und über seiner Tür die Zahl 1 000 000 000 angebracht, eine Milliarde. »Ganz dick und fett. Das zeige ich auch jedem.« Ein Dritter ließ sich von einer Feng-Shui-Beraterin in seinem Haus eine »Reichtumsecke« einrichten, wo er jeden Tag dafür betet, dass er seine finanziellen Ziele erreicht. Ein weiterer Vermögender versucht es über Visionen. »Ich habe mich in hohe Zahlen reingedacht«, zitiert ihn Zitelmann. »Millionen, Milliarde. Billionen, Trilliarde. Und dann habe ich mich in dieses Wort ›Trilliarde‹ reingesteigert. Jeden Tag x-mal habe ich darüber nachgedacht.«[11]

Als der *Spiegel* 2017 über Zitelmanns Studie berichtete, sah er darin einen Beleg dafür, dass es so etwas wie eine Persönlichkeit der Reichen gebe. »Anders als Normalbürger halten viele von ihnen ihre Ziele nicht nur schriftlich fest, sondern überprüfen die Fortschritte regelmäßig«, heißt es in dem Artikel. Und: »Es gibt unter den finanziell Erfolgreichen Gemeinsamkeiten, die sich meist schon in der Jugendzeit zeigen, es gibt Persönlichkeitsmerkmale, die oft unter ihnen anzutreffen sind. Reichtum ist nicht nur Zufall.«[12]

Zitelmann hat seine Interviewpartner einen bekannten Persönlichkeitstest machen lassen: den Big-Five-Test, der die Persönlichkeit eines Menschen in fünf Dimensionen beschreibt. Die Superreichen seien demnach eher offen für Neues, ehrgeizig, ausdauernd und diszipliniert, optimistisch und risikobereit. Bei Krisen oder Niederlagen blieben sie ruhig und gelassen, so Zitelmann. Sie sähen sich nicht als Opfer, wehrten sich vielmehr dagegen, die Schuld für Misserfolg bei anderen zu suchen. Einer sagt: »Alles, was passiert, außer schwere Krankheiten – und da könnte man sich noch drüber unterhalten –, hat man sich ja selber eingebrockt.«[13]

Zitelmanns Fazit: »Es spricht viel dafür, dass Verhaltensmuster und Persönlichkeitseigenschaften, die in dieser Arbeit beschrieben wurden, Voraussetzungen dafür sind, außerordentlich reich zu werden.«[14] In seiner Kolumne für das Magazin *Focus* wird er noch deutlicher: »Reiche Menschen werden reich, weil sie anders handeln als andere. Und sie handeln anders, weil sie anders denken, Entscheidungen treffen und reagieren als die meisten Menschen.«[15] Es ginge, betont er, also nicht primär darum, dass man ›Glück hat‹ im Leben, sondern vor allem um bestimmte Persönlichkeitsmerkmale.

Als ich den Big-Five-Persönlichkeitstest mache, komme auch ich bei den Kategorien Offenheit und Optimismus, Risikobereitschaft und Lust auf Neues auf sehr hohe Werte, auch Gewissenhaftigkeit und Disziplin sind überdurchschnittlich ausgeprägt – wie bei vermutlich Millionen von Menschen in Deutschland. Die aber alle nicht reich sind. Auch wird die Zahl der Menschen sehr groß sein, die viel Geld in Coachings investieren, die brav jeden Tag an Millionen denken, das Geld erspüren, es sich bildlich vorstellen, den Reichtum also »manifestieren«, wie Instagram auf zahllosen Accounts fordert, und die trotzdem wie die allermeisten Menschen in Deutschland kein nennenswertes Vermögen haben. Aber sie tauchen in den Anleitungen zum Reichsein in den Denke-dich-reich-Bibeln natürlich nicht auf.

Es gibt diese eine Story, die in keinem Porträt über den ehemaligen Bundeskanzler Gerhard Schröder fehlen darf, sie geht so: Anfang der 1980er-Jahre kam Schröder gemeinsam mit ein paar anderen politischen Frischlingen aus der Bonner Kneipe *Provinz*, gegenüber dem Bundeskanzleramt gelegen. Schröder rüttelte am Zaun und schrie den Satz, der ihn seitdem begleitet: »Ich will hier rein!« Dass ihm das gelang, ist bekannt. Und trotzdem ist offensichtlich, wie absurd es wäre, aus dieser Anekdote zu schlussfolgern, dass der, der das Kanzlerwerden manifestiert, indem er am Zaun des Kanzleramts rüttelt, am Ende auch einzieht. Aber genau auf diesem dann doch sehr niedrigen Beweiskraft-Niveau bewegen sich die Reichtum-Gurus. Sie missachten das, was die Forschung »Survivorship Bias« nennt: die Verzerrung zugunsten der Überlebenden, der Erfolgreichen.

Das berühmteste Beispiel stammt aus dem Zweiten Weltkrieg. Damals wollte das US-Militär die Überlebenschancen der Kampfpiloten verbessern. Sie untersuchten deshalb die Flieger, die von den Einsätzen zurückkamen, und brachten zusätzliche Panzerungen an den Stellen an, an denen sie die meisten Einschusslöcher fanden. Leider steigerte ihre Arbeit die Überlebensrate der Kampfpiloten nicht. Ein Mathematiker machte sie schließlich auf ihren fatalen Denkfehler aufmerksam: Sie konzentrierten sich nur auf die Überlebenden. Wesentlich aber wäre gewesen zu wissen, wo die Maschinen getroffen wurden, die nicht zurückkehrten. Erst dann hätte man eine sinnvolle Aussage darüber machen können, wo man die Flieger am besten panzert.

Saubere Studien brauchen eine Kontrollgruppe. Nur wenn auch erhoben wird, was mit den Gescheiterten, den Nicht-Erfolgreichen geschieht, sind die Ergebnisse brauchbar. Man müsste also auch wissen, wie viele Menschen am Zaun des Kanzleramts gerüttelt haben und nicht Kanzler wurden. Man müsste fragen: Wie groß ist die Gruppe derer, die brav alle Regeln der Reichtums-Ratgeber befolgen, insgesamt? Und wie viele von ihnen werden tatsächlich reich?

Der einzelne Reiche, der einzelne Kanzler ist auf jeden Fall keine gute Quelle. Denn wie etliche Studien zeigen, sind wir nicht gut darin, unser eigenes Tun, unsere eigenen Leistungen seriös zu bewerten. Wir überschätzen uns und unterschätzen die anderen, wie Bernd Kramer, Redakteur der *Süddeutschen Zeitung*, in seinem Buch *Erfolg – Ein moderner Selbstbetrug* zeigt. Überdurchschnittlich viele Studentinnen und Studenten, so liest man, halten ihre Leistungen für überdurchschnittlich gut. Überdurchschnittlich viele Professorinnen und Professoren glauben von sich, überdurchschnittlich gut zu lehren. Überdurchschnittlich viele Autofahrerinnen und Autofahrer (97 Prozent) glauben, dass sie zu der besseren, der umsichtigeren Hälfte der Verkehrsteilnehmer gehören.

Kurios wirkt der Glaube des Menschen an die eigene Überlegenheit, die eigene Genialität in Studien, in denen Gewinner und Verlierer nach dem Zufallsprinzip per Los bestimmt wurden. Besonders eindrücklich zeigt das eine berühmte Studie des US-amerikanischen Sozialpsychologen Paul Piff: das Monopoly-Experiment.

Piff ließ seine Probanden Monopoly-Partien gegeneinander spielen, und das mit ganz besonderen Regeln. Per Zufall wurde ein Spieler zum Armen, der andere zum Reichen bestimmt. Der reiche Spieler hatte doppelt so viel Geld wie der arme, beim Zug über »Los« bekam er das Doppelte, er durfte mit zwei Würfeln würfeln, ganz offensichtlich kein faires Match. Logisch, wer warum gewinnt. Und trotzdem »vergaßen« etliche der reichen Spieler ihre Vorteile schnell. Als die Forscher sie nach der Partie befragten, sprachen sie viel über ihre Strategien, darüber, wie es ihnen gelungen war, Grundstücke zu kaufen, den anderen in die Knie zu zwingen. Über ihre immensen Startvorteile redeten sie nicht.

Kommen wir, das alles im Hinterkopf, noch einmal auf das vermeintliche Mindset der Millionäre zurück. Es klingt plausibel, dass die Eigenschaften, die Rainer Zitelmann bei den Hochvermögenden gehäuft entdeckt hat, dabei helfen, ein Unternehmen aufzubauen und sich hochzubeißen. Aber eine Reichtumspersönlichkeit? Das scheint doch drei Nummern zu groß. Dazu kommt, dass andere Forschende in ihren Studien eine gewaltige Einschränkung machen: Das *rich personality profile*, wie sie es nennen, fanden sie nur bei

Selfmade-Reichen. Erben dagegen hatten denselben Mix aus Eigenschaften wie nicht reiche Menschen.

Zitelmann hatte sie aber bei seiner Befragung gleich ganz ausgeklammert. Da man von Erben nicht lernen könne, welche Eigenschaften man braucht, um reich zu werden, habe er sich auf Menschen konzentriert, die ihr Vermögen im Wesentlichen selbst aufgebaut hätten.

Wer sich Daten zu Superreichen ansieht, auf den wirkt das, na ja, etwas verwegen. Die Schweizer Bank UBS veröffentlicht jährlich eine Analyse der weltweiten Milliardärsvermögen. 2023 vermeldete sie eine Art Zeitenwende. Erstmals hatten die untersuchten Milliardäre mehr Geld geerbt als durch eigenes Unternehmertum erwirtschaftet. Benjamin Cavalli, verantwortlich für die Betreuung der ganz großen Vermögen bei der UBS, sagte, er erwarte, dass sich diese Entwicklung in den nächsten 20 Jahren fortschreiben werde. Man vermute, dass in dieser Zeit mehr als 1000 Milliardäre geschätzte 5,2 Billionen Dollar an ihre Kinder vermachen würden.

Das *New York Magazine* verortet uns in der Epoche der *Nepo-Babies*. Das Wort, das sich aus *nepotism*, also dem englischen Wort für »Vetternwirtschaft«, und, nun ja, *baby* zusammensetzt, bezeichnet den Nachwuchs, der seine Karriere auch den herausragenden Startbedingungen aus Netzwerk, Nachname und Geld der Eltern zu verdanken hat. Vor allem in Hollywood fallen die Nepo-Babys auf. *»She has her mother's eyes. And agent«*, titelte das *New York Magazine*. »Sie hat die Augen ihrer Mutter und deren Agentin.« Die Beispiele im Text dazu: zahllos. Schauspieler und Rapper Jaden Smith, Sohn von Will und Jada Smith. Sängerin Lily Allen, Tochter des Comedian Keith Allen und der Produzentin Alison Owen. *Emily in Paris*-Star Lily Collins, Tochter von

Genesis-Schlagzeuger und Sänger Phil Collins. Model und Schauspielerin Lily-Rose Depp, Tochter von Johnny Depp und Vanessa Paradis. Brooklyn Beckham, Hailey Bieber *and so on.*

Wir sind, was Vermögen angeht, schon seit Jahrzehnten Nepo-Baby-Country. Das Deutsche Institut für Wirtschaftsforschung schätzt, dass jedes Jahr bis zu 400 Milliarden Euro vererbt werden.

Als der Journalist Christian Rickens für seinen Report die Vermögen der 100 reichsten Deutschen analysierte, fand er »selbst bei wohlwollender Auslegung lediglich 34«, die »ihr Vermögen mit der Gründung eines eigenen Unternehmens verdient« hatten. »Die übrigen zwei Drittel sind vor allem deshalb so reich, weil sie ein Familienunternehmen oder Anteile daran geerbt haben.« Und, fügte er hinzu: Bis auf acht hätten alle diese »schwerreichen Pionierunternehmer das offizielle Rentenalter von 65 Jahren bereits überschritten«[16], würden also in nicht allzu ferner Zukunft die nächste Generation zu Erben machen.

Man müsste also am besten schon sehr, sehr früh beginnen, das richtige Mindset zu entwickeln. Wer weiß schon, was unser Unterbewusstsein zu erreichen vermag? Wer es wirklich will und ganz fest daran glaubt, dem gelingt es vielleicht, sich als Spermium oder Eizelle zu manifestieren und im goldenen Moment bei einem vermögenden Paar mit Kinderwunsch aufzuschlagen. Das scheint momentan der sicherste Weg zu großem Reichtum zu sein.

10. *With a little help from my friends –* Die Berater der Superreichen

Wenn sehr reiche Menschen über ihren Alltag reden, tauchen in allen Gesprächen an irgendeinem Punkt ganz selbstverständlich Professionen auf, von deren Existenz Nicht-Reiche in der Regel gar nichts ahnen, deren Bedeutung für den Bestand, ja die Vermehrung eines Vermögens aber gar nicht hoch genug einzuschätzen ist.

Es geht um die zentralen Berater, die »Family Officer«, die »Wealth Manager«, die Menschen, die von Vermögenden in manchen Gesprächen als Teil der Familie beschrieben werden, als enge Vertraute; manchmal vielleicht sogar die engsten, vermutete eine Vermögende, mit der ich redete, bissig, weil sie sich um das kümmern, was manchem das Nächste ist: das viele Geld. Sie gehören zu den wenigen, die ins Herz des Vermögens blicken können, die wissen, wie viel da ist, welches Geld wo investiert wurde, welche Konstruktion aus welchem Grund gewählt wurde, ja sogar, auf welchem Weg man versucht hat, Vermögen vor der Steuer, dem Gläubiger oder der Ex-Frau zu verbergen.

In einer britischen Studie nannten sich manche von ihnen *knights of wealth*, »Ritter des Vermögens«, manche beschrieben ihren Job eher als *social worker of the rich*, als »Sozialarbeiter der Reichen«. Vielleicht könnte man sogar so weit gehen zu sagen, dass die Existenz dieser Menschen die Wohlhabenden von den Reichen trennt, dass ihr Auftauchen so etwas ist wie ein Initiationsritus für tatsächlich Vermögende. Menschen, die zum Beispiel nach einem Verkauf von Firmenanteilen plötzlich über Millionen verfügten, beschreiben, wie das die Berater magisch anzog. In einem solchen Fall flatterten Dutzende »mit Füller handgeschriebene Briefe feiner Privatbanken und exklusiver Vermögensverwalter ins Haus«, ist im *Spiegel* zu lesen.[1]

»Die Rolle der Vermögensverwalter im Hintergrund wird oft unterschätzt«, schreibt Heike Buchter, Finanzjournalistin der *Zeit*, in ihrem Buch *Wer wird Milliardär?*. »Denn dass Reiche zu Superreichen und Superreiche zu Mega-Milliardären werden, liegt nicht zuletzt an ihnen.«[2]

Auch Sebastians Familie hat natürlich ein Family-Office, ein ziemlich großes sogar. Er schaut dort regelmäßig vorbei, wenn er in der Stadt ist, kann anrufen, wenn er Beratung braucht, Rechtsbeistand, was auch immer. Mehrere Menschen arbeiten dort für die Familie. Er beginnt aufzuzählen: »Investmentmanagement, Steuerberatung, Real Estate« und so weiter.

Ich habe mein erstes Family-Office an einem warmen Herbsttag vor sechs Jahren besucht. Am Mainkai in Frankfurt war das. Ich war zu Gast bei der Vermögensverwaltung Focam, die dort in einem der wenigen unzerstörten und erhaltenen Patrizierhäuser der Stadt residiert, in der Vitrine Porzellankunst, auf dem Kaminsims eine goldene Uhr. Gründer Christian Freiherr von Bechtolsheim, der in der Presse inzwischen den Spitznamen »Schatzmeister der Millionäre« trägt, empfing mich damals im Entree, gekleidet in einen grauen Anzug, dazu eine altrosafarbene Krawatte und ein passendes Einstecktuch.

Baron von Bechtolsheim ist ein Nachfahr der Fugger, einer der reichsten Familien des Mittelalters, bis ins Jahr 1200 lässt sich sein Stammbaum zurückverfolgen. Er macht kein Geheimnis daraus, dass diese Tradition, dieser Name ihm bei seinem Weg durchaus geholfen haben. Wesentlicher wird aber wohl sein, dass Bechtolsheim jemand ist, den man sehr gern um sich hat, dem man vermutlich getrost das anvertraut, was Superreiche ausmacht: das Vermögen, aber mehr noch, all die Sorgen und Wünsche, die daran hängen.

Bechtolsheim, der BWL und Psychologie studiert hat, war einer der frühen Vögel der Branche. Er arbeitete zunächst bei mehreren Banken, bis er in den 1990er-Jahren einen Trend bemerkte. Statt das Kapital – wie in Deutschland lange üblich – von einer Bank verwalten zu lassen, wünschten sich viele reiche Familien eine direktere, eine umfassendere Betreuung für sich und ihr Vermögen. Es begann der Boom der Family-Offices in Deutschland, und Bechtolsheim war auch dank des Kapitals von Andreas Jacobs, des Erben des milliardenschweren Kaffee-Unternehmens, dabei.

Weltweit soll es, einer Studie der Business School INSEAD aus dem Jahr 2020 zufolge, mittlerweile rund 7000 Family-Offices geben. Demnach habe die Branche allein zwischen 2017 und 2019 um 40 Prozent zugelegt und soll nun insgesamt sechs Billionen Dollar verwalten. Doppelt so viel wie alle Hedgefonds zusammen.

Es gibt »Multi-Family-Offices«, die sich um das Geld mehrerer Superreicher kümmern, und »Single-Family-Offices«, der Gipfel der Exklusivität, die nur die Gelder einer Familie umsorgen. »Fast alle der erfolgreichsten deutschen Unternehmerfamilien betreiben inzwischen eigene Family-Offices«, schreibt das *Manager Magazin*. Eine ganze Reihe davon sei nach der Finanzkrise entstanden, »die das schon zuvor arg begrenzte Vertrauen der Reichen in ihre Banker nachhaltig zerrüttete«.[3]

Focam betreut mehrere Familien. Der Wirtschaftsdienst *Forbes* schätzt den Wert der *Assets under management*, also das Kundenvermögen, das Baron von Bechtolsheim mit seinem Team verwaltet, auf zwei Milliarden Euro.

Bechtolsheim, der ein großartiger Gastgeber ist, führte mich damals nicht nur durch die beeindruckende Frankfurter Villa, nahm mich nicht nur mit auf eine Ausfahrt durch den im Herbstlicht atemberaubend schönen Wald, den er sein Eigen nennt, er erklärte auch geduldig die Basics seines Business. »Unser Family-Office ist ein Büro, das sich um sämtliche Belange einer Familie oder Einzelperson kümmert. Wir betreuen Vermögen« – und zwar so intensiv, dass sich sein Fünf-Sterne-Service erst ab einer deutlich zweistelligen Millionensumme lohnt, wie er sagte. Klassischerweise beginnt diese Betreuung kurz nach der Geburt eines großen Vermögens, nach einem *Cash-Event*, wie es in der Branche heißt, einem »Liquiditätsereignis«, etwa weil ein Unternehmen oder Anteile verkauft oder große Summen vererbt oder verschenkt wurden.

»Wir helfen dann, das Vermögen zu strukturieren«, sagt von Bechtolsheim. Um zu zeigen, was das heißt, malte er damals eine kleine Torte auf ein Blatt Papier und teilte sie in renditeträchtige Stücke: ein Kuchenstück Immobilien, eines Staatsanleihen, eines Unternehmensbeteiligungen, eine Tranche Cash, ein bisschen »alternative Investments«, Private Equity, Hedgefonds, und für Feinschmecker bietet Focam auch an, ein Stück der Torte in Ländereien zu stecken, vielleicht sogar einen Wald. Das Family-Office beschäftigte eigens Förster, die Wälder auf der ganzen Welt danach untersuchten, ob sie als Geldanlage taugten. In Finnland, Neuseeland und Uruguay hatte Focam schon Geld der Kunden investiert. Denn der deutsche Wald, bedauerte Baron von Bechtolsheim, sei längst zu teuer, ein Liebhaberobjekt. Schade, hatte er doch bei unserer Spazierfahrt durch seine 300 Hektar noch so für die Anlageklasse Forst geworben. »Wald zu besitzen ist ein wunderbares Gefühl, weil man hier die Verfügung darüber hat«, hatte er gesagt. »Man möchte gern Dinge, die man als schön empfindet, besitzen.«

Weit weniger romantisch, dafür aber verfügbar, war die zweite Investmentform, in die Bechtolsheim mich hineinschnuppern ließ. Zwei Fondsmanager waren zu Gast im Focam-Büro. Ihr Ziel sei es, die Geldanlage zu automatisieren, sagten sie. Ihr Algorithmus könne die Weltlage in Ampelsignale umrechnen. Bei Grün kaufte der Computer Anteile, bei Rot stoppte er. »Wir sind emotionslos gesteuert«, pries einer der Manager das Prinzip an. Keine Krise, kein »konventioneller Krieg« würde die Anlage-Ampel aus dem Takt bringen. »Wir haben keine Emotionen. Unser gesamtes Set-up, unser Algorithmus ist rein quantitativ.«

Gut 9 Prozent Rendite hatte der Stolz der Manager, das gefühllose Handelsprogramm, seit Jahresbeginn erwirtschaftet. »Mit der Performance, die Sie gebracht haben, sind wir wirklich zufrieden«, lobte von Bechtolsheim damals. Mit Grund: Es war die Zeit, in der Normalsparer von ihren Banken, wenn überhaupt, nur Miniatur-Zinsen angeboten bekamen.

Während der Stunden im Family-Office lupfte auch der große Gastgeber Baron von Bechtolsheim nur einen Zipfel des Vorhangs, hinter dem sich seine Welt normalerweise verbirgt. Verständlicherweise. Sein wichtigstes Asset, sein Kapital, ist Diskretion. Von Bechtolsheim nennt keine Kundennamen, alle Akten, sagt er, lägen in Panzerschränken, nicht mal alle Mitarbeiter hätten Einblick. Dabei, so ist zu lesen, trifft er Bewerber bis zu zwanzig Mal, bevor er sie einstellt. Ein Leck, da gleichen sich Vermögensverwaltung und Kernkraft, wäre ein Super-GAU, der allergrößte anzunehmende Unfall.

Seit dem Besuch bei von Bechtolsheim habe ich einiges versucht, um den Vorhang weiter zu lüften. Ich war in anderen Family-Offices zu Gast. In manchen stand nicht mehr als der Schreibtisch einer Assistentin, in anderen betreuten Dutzende Menschen das Geld einer Familie. Manche organisierten vor allem den Alltag der Vermögenden. Familientreffen. Reisen. Andere waren extrem professionell gemanagte Investmentgesellschaften, die Milliarden in Firmenbeteiligungen und Fonds steckten. Dritte sahen ihre wesentlichen Aufgaben eher in der Rolle eines Familienpsychologen, eines Mediators, der zwischen den Generationen vermittelt, Strategien für die Nachfolge entwickelt, Familienregeln erarbeitet. »Es ist relativ früh die Erkenntnis gereift, dass einer der größten Faktoren für den Erfolg oder Misserfolg bei der Entwicklung großer Vermögen die Frage ist, wie stabil die Familiensphäre ist«, sagte mir ein Family-Officer.

Ich scrollte durch das Ranking der größten Single-Family-Offices, das das *Manager Magazin* im Januar 2024 erstmals veröffentlichte. Auch dort sind natürlich Andreas Bornefelds Daten eingeflossen. Man habe sich für diese Liste entschieden, weil die verschwiegene Branche immer wichtiger würde, immer professioneller, heißt es in dem Text. »Noch vor wenigen Jahren dominierten langjährige Ex-Controller aus den jeweiligen Familienunternehmen die Family-Offices«, heute dagegen kümmern sich häufiger Asset-Management-Profis »um die Sicherung und Mehrung des stattlichen Reichtums. Statt langjährige Vertraute zu wählen, mandatieren die Unternehmerdynastien Headhunter für die Personalsuche.«[4]

Aus dem Text erfuhr ich auch, welch ultimatives Luxusprodukt ein eigenes Family-Office ist. Eine bis zwei Millionen Euro pro Jahr kommen für den Betrieb schnell zusammen. Ökonomisch sinnvoll sei der Aufbau erst ab einem hohen dreistelligen Millionenvermögen, zitiert das *Manager Magazin* den Family-Officer Stefan Kamm, der lange den inzwischen verstorbenen Milliardär Heinz Hermann Thiele beriet. Aber welche Anschaffung im Luxussegment wird ausschließlich nach ihrer Sinnhaftigkeit bewertet? »Manche Leute legen aus Statusgründen Wert auf ein eigenes Single-Family-Office«, sagte Kamm dem *Manager Magazin*. »Oder sie wollen den direkteren Zugriff, den eigene Angestellte ermöglichen.«[5]

Ich sammelte Anekdoten: wie die von der weitverzweigten Milliardärsfamilie, die in ihrem Family-Office eine 24-Stunden-Hotline hat, gedacht für echte Notlagen. Dann aber, so wird mir erzählt, feierte einer der Junioren der Familie seinen Geburtstag, eine Riesenparty, stilecht am Strand von Sylt. Eines Nachts, gegen zwei Uhr, habe es bei der Hotline geklingelt. Am Apparat der »Notfall«: Die Kippen gehen aus. Der Alkohol auch. Er habe keinen Bock, Nachschub per Taxi zu organisieren. Das Family-Office solle liefern, und zwar in einer halben Stunde. Oder die Geschichte der Vermögensverwalterin Marlena Sonn, die der *New Yorker* in dem großartigen Text »The Getty Family's Trust Issues« aufschrieb. Sonn war von zwei der Erbinnen des Getty-Vermögens angeheuert worden, ihre Millionen zu verwalten. Junge Frauen, ihren Instagram-Accounts zufolge künstlerisch aktiv, achtsam Tieren, dem Klima und unterdrückten Minderheiten gegenüber. Eine der Schwestern likte Tweets des linken Demokraten Bernie Sanders wie diesen: »*Billionaires get richer & pay less in taxes while millions are unemployed, kids go hungry, veterans sleep on the street. We must stand up to the billionaire class and create an economy for all, not just a few.*« Über Jahre habe man sich hervorragend verstanden, die Vermögensverwalterin Sonn sei wie eine Mutter gewesen, sagte eine der Erbinnen dem *New Yorker*. Man nannte sich in Nachrichten »*Babe*«, unterschrieb mit »*Love you*«.

Sonn, die im Stadtteil Queens als Tochter koreanischer Einwanderer ohne viel Geld groß geworden war, ging jedes Quartal mit den Schwestern Hunderte Seiten durch, auf denen deren Millionen-Investments zusammengefasst waren, quasi der Arbeitsnachweis des geerbten Geldes. Sie organisierte aber auch viele Dinge, die ihr seltsam vorkamen, aber angeblich notwendig waren, der Steuern wegen. Die Flüge zum Beispiel, vier Mal im Jahr, immer vor den Sitzungen ihres Trusts, raus aus Kalifornien, wo die Schwestern lebten. Das sollte verhindern, dass das dortige Steuerrecht galt. Oder das Briefkasten-Büro am Flughafen von Reno, im steuergünstigen Nevada, aus dem angeblich ein anderer Trust gemanagt wurde.

Nach sieben gemeinsamen Jahren zerstritt man sich. Eine der Schwestern warf Sonn vor Gericht vor, sie hätte für ihre Dienste zu viel Geld gefordert, die Gettys »gezwungen«, ihr hohe Boni zu zahlen. Sonn setzte zu einem ungewöhnlichen Gegenangriff an. Wohl wissend, dass Indiskretion ihr Aus in der Vermögensverwalter-Welt bedeuten würde, packte sie aus und beschuldigte die Gettys und ihre Berater, einen »dubiosen Steuer-Vermeidungsplan« zu verfolgen, mit dem bis zu 300 Millionen Dollar Steuern gespart werden sollten. Vielleicht hatte Kendalle, die eine der Getty-Schwestern, mit ihrem Like nur den ersten Teil von Sanders' Statement gemeint: »*Billionaires get richer & pay less taxes.*«

Ich hörte von Privatärzten, die angestellt wurden, und

von Banklizenzen, die sich Family-Offices bestimmter Vergünstigungen wegen verschafften. Und ich besuchte Konferenzen, auf denen sich die Fachleute austauschten. Es ging dort um Steuerliches, logisch, der Geist der Getty-Schwestern wehte auch hier. Dazu später mehr. Aber vor allem war ich überrascht, auf welche Art und Weise manche Vorträge auch erstaunlich Intimes, Innerfamiliäres abhandelten. Ich lernte, wie man Misstrauen und Ablehnung, wie man Stolz und Liebe den eigenen Kindern gegenüber rechtlich verbindlich ausdrücken kann, welche vielfältigen vertraglichen Möglichkeiten die Elterngeneration über den Tod hinaus hat, um über das Vermögen in das Leben ihrer Kinder hineinzuregieren. Oder, wie es der Leiter einer Konferenz ausdrückte: »Eine ganz zentrale Frage« sei doch, ob die nächste Generation frei über das Vermögen verfügen könne oder ob »die Kinder, wie wir es salopp sagen, geknebelt werden« sollen. Als die »Knebel« dann im Vortrag präsentiert werden, erahnt man, dass in manchen Familien viel Geld auch ein Quell der gegenseitigen Verletzung sein kann.

Da wird zum Beispiel der Fall einer Mutter präsentiert, die Teile ihres Vermögens zu Lebzeiten an ihre Tochter verschenken wollte. Klug, der Steuer wegen und auch, weil das Kind in frühen Jahren mit dem Geld vielleicht noch mehr bewegen, mehr aufbauen konnte, als wenn gewartet würde, bis die Mutter verstorben wäre. Nun hatte die Mutter aber die Sorge, dass die Tochter vielleicht vor ihr sterben könnte und das geschenkte Vermögen dann an den Vater des Kindes ginge, von dem die Mutter sich im Schlechten getrennt hatte. Lösbar, mit dem schicken Knebel »Rückforderungsklausel«, die gehöre, erfahre ich, in jeden guten Schenkungsvertrag. Denn so könne der Schenker Bedingungen formulieren, unter denen er, bitte schön!, sein Geschenk zurückhaben möchte. Der Tod des Kindes wäre in diesem Fall das Extrem. Aber wo man schon mal dabei ist, erfahre ich, »kann man natürlich noch weitere Dinge dort reinschreiben und sagen: Na gut, wenn das Kind ohne Ehevertrag heiratet oder wenn es sich sonst komisch verhält, in eine Sekte eintritt oder drogenabhängig wird, dann kann ich zurückfordern.«

Der nächste Knebel: Man solle sich, sagt der Berater, nun eine Mutter mit zwei Kindern vorstellen. Dem einen Kind traue sie viel zu, dem anderen leider eher wenig. Zu allem Überfluss sei das »Problemkind« auch noch kinderlos. Was würde mit dem Erbe passieren, fragte sich die Mutter, wenn das »Sorgenkind« eines Tages stirbt? »Wo fällt das Vermögen dann eigentlich hin? Vielleicht setzt das Kind dann irgendwen zum Erben ein, und genau das wollte die Mutter nicht haben.« Er riet ihr zweierlei: Sie könne »unter Auflage« schenken, dem Kind also sagen: Mein Lieber, du bekommst deinen Teil des Vermögens nur, wenn du gleichzeitig ein Testament machst, in dem steht, dass nach deinem Tod alles an deinen Bruder fällt, das Musterkind. Oder man schreibt einen Erbvertrag, in dem steht, dass, wenn das Problemkind stirbt, die »zugewendeten Gegenstände«, Immobilien also oder Unternehmensanteile, an das Geschwisterkind oder dessen Nachfahren fallen. »Man greift in die Zukunft ein. Der Vertrag stellt sicher, dass das Vermögen dann später in die Linie« der Familie geht, in der die Mutter es haben will, sagt der Berater. So lässt sich elterliche Liebe auf Generationen ungleich verteilen, denke ich und frage mich, wie glücklich Kind 2 wohl über diesen vertraglichen Misstrauensbeweis ist.

Da geht es schon weiter. Knebel: »Wiederverheiratungsklausel«. »Ich kann im Testament wählen, dass, wenn ein

Ehegatte sich neu verheiratet, er das, was er geerbt hat, verliert«, erfahre ich. Früher sei dieser Passus, auch »Zölibatsklausel« genannt, sehr verbreitet gewesen, heute, in Zeiten, da die »wilde Ehe« selbst in Dynastien akzeptiert wird, eher ein Auslaufmodell.

Ich höre, dass es klug sei, ein Kind, das man für unternehmerisch begabter hält, mit Sonderstimmrechten auf Lebzeiten auszustatten, sodass es sich gegenüber den Geschwistern immer durchsetzen könne, auch wenn allen das Vermögen zu gleichen Teilen vermacht würde. Und so weiter und so fort. Ich denke an *Succession*, die HBO-Serie, in der sich die Nachkommen des Medien-Moguls Logan Roy im Ringen um die Liebe und das Erbe des Vaters nach allen Regeln der Kunst das Leben zur Hölle machen. Vielleicht ist der Plot gar nicht so satirisch überhöht, wie er scheint.

Auch die finnische Soziologin der Superreichen, Hanna Kuusela, hat einen Aufsatz zu den Serien veröffentlicht, die sie »Familien-Nachfolge-Dramen« nennt. Sie schreibt, dass sich in ihnen der große Werte-Widerspruch zeige, der sich in vielen vermögenden Familien inzwischen zu einem tiefen Konflikt auswächst. Da ist auf der einen Seite der Wille der Familie, als abgeschlossene, auf Erbfolge ausgerichtete Gemeinschaft zu wirken. Und auf der anderen Seite so etwas wie der öffentliche Glaube an die freie Entfaltung des Einzelnen, an die Meritokratie.

Und dann schickte mir eines Tages ein Vermögender die Telefonnummer eines Mannes, der einer der ganz erfahrenen Family-Officer in Deutschland war, über viele Jahre für Familien tätig, die ein Milliardenvermögen besaßen. Wir telefonierten. Ich erfuhr: Er war ausgestiegen und bereit zu reden. Ohne Namensnennung, aber auf Band. Wir trafen uns in einer Stadt in Bayern, in einem Restaurant-Traum aus Holz. Der Mann, ein guter Erzähler, nahm mich mit in die Welt hinter dem Vorhang.

Headhunter hatten ihn für die Family-Office-Branche gewonnen. Ein Sprung in eine andere Dimension für ihn, der zwar immer gut verdient, dessen Alltag aber nichts mit dem seiner neuen Arbeitgeber zu tun gehabt hatte. »Wenn man die Vermögensinhaber fragt, würden die sagen, ihr Lebensstandard ist ganz normal«, beginnt er seinen Bericht. »Aber er ist natürlich exorbitant hoch. Oft hat man mehrere Häuser, verschiedene Fahrzeuge und Flugzeuge. Man schickt seine Kinder auf tolle Schulen und Universitäten. Es gibt schon Ausgaben, die bemerkenswert sind.«

Zum Beispiel?

»Hobbys. Kunstsammler, die Kunst einkaufen ohne Ende. Oder Oldtimer. Es gibt Vermögende, die einfach einen Oldtimer nach dem anderen kaufen und ganze Garagen füllen, alle zugelassen. Da habe ich schöne Ausfahrten mitgemacht.«

»Dann gibt es viele Angestellte. Das Family-Office, das richtig Geld kostet, weil da braucht man Spezialisten, die verdienen alle sechsstellig im Jahr. Darüber hinaus Personal, eigentlich für alle Dienstleistungen, die man sich vorstellen kann. Einen Arzt, einen Sanitäter, Leute, die für den Einkauf zuständig sind, denen man sagt: ›Die Kinder müssen mal wieder schick eingekleidet werden. Wir haben da eine Veranstaltung. Könnt ihr euch darum kümmern, dass die einen Smoking bekommen?‹ Dazu: ein Fahrer und ein Ersatzfahrer. Leute, die die Küche bedienen. Und Leute, die sich um Haus und Hof kümmern. Und wenn es mehrere Häuser sind, dann um die Häuser und die Höfe.«

Wie viele Angestellte hatten die Familien, die Sie erlebt haben, so grob?

»Ich würde mal sagen: pro Familienmitglied drei bis fünf, manchmal auch mehr. Das sind Kosten, die müssen alle wieder hereingewirtschaftet werden durch die Rendite auf ein großes Vermögen.«

Das Reinwirtschaften, die Rendite, das war auch sein Job. Das Spezialgebiet des Mannes waren Immobilien-Investments. So wie meine Kinder früher vor dem Schreiben des Wunschzettels den Lego-Katalog durchblätterten, scannte er die reale Welt. Was soll es als Nächstes sein – ein Krankenhaus? Ein Kindergarten? Ein Hotel? Ein Wohnblock? Büros? Oder doch lieber ein Seniorenheim? Dabei hantierte er allerdings mit einem Budget, für das man sich vermutlich das ganze Legoland hätte kaufen können. »Es ging um Kapitalanlagen, die nur Sinn machen, wenn sie eine bestimmte Größenordnung haben«, sagt er. »Das heißt also, Immobilien unter fünf Millionen Kaufpreis brauchte man sich überhaupt nicht anzuschauen. Die klassische Immobilie, in die ich investiert habe, lag so zwischen zehn und 25 Millionen. Aber es gibt auch Immobilien, bei denen ich mitgewirkt habe, die 30, 40 Millionen Euro schwer waren. Normalerweise ging es bei den Investments um das Big Picture, das große Bild. Das Ziel: Wie stelle ich das Familienvermögen so auf, dass es allen Schwankungen standhält?«

Aber es habe auch Momente gegeben, in denen ein Vermögender einfach aus dem Bauch heraus auf ein besonders dickes Lego-Paket tippte und sagte: »Das will ich haben!«

»Einmal ist ein Vermögensinhaber, mit dem ich sehr eng verbandelt war, durch eine Straße in einer großen deutschen Stadt gelaufen.« Eine schöne Straße, in einem Viertel, das heute sehr begehrt ist. »Ich vermute, er war ein bisschen angeschickert.« Dem Mann gefiel sehr, was er sah. »Und irgendwie war die Emotionalität so groß, dass er sich entschlossen hat: Das muss gekauft werden. Wider alle Empfehlungen. Das war mein Auftrag. Wir sind dann losmarschiert und haben die Häuser erworben, sehr teuer erworben, weil natürlich die Besitzer erst mal zum Verkauf gebracht werden mussten. Aber wir haben es geschafft, den ganzen Straßenzug gekauft.«

Nur weil er da zufällig vorbeigekommen war?

»Ja. Wie früher bei Monopoly. Er hat sich entschlossen: Diese Straße will ich kaufen. Und wir haben das dann umgesetzt.«

Inzwischen hat der erhitzte Immobilienmarkt die damals horrenden Summen zu Schnäppchen schmelzen lassen. Sogar der Lustkauf hat sich rentiert. Innerhalb von sieben Jahren, so hat es ein Team um den Wirtschaftshistoriker Moritz Schularick errechnet, haben die reichsten 10 Prozent durch die steigenden Preise für Wohn- und Geschäftshäuser sagenhafte 1,5 Billionen Euro Vermögen hinzugewonnen. »Der Immobilienboom macht die Reichen reicher«, kommentierten die Forscher ihre Zahlen.[6]

Und nicht nur der. Wer ausreichend Vermögen mitbringt und es von gut bezahlten Leuten pflegen lässt, dem stehen alle Spielarten der Kapitalvermehrung zur Verfügung. Jochen Butz, Geschäftsführer von HQ Trust, dem Family-Office der Milliardärsfamilie Quandt, zählt im Gespräch mit der *Wirtschaftswoche* auf, welche Anlageklassen er für besonders lukrativ hält: »Private Equity, Private Debt, Immobilien, Infrastruktur.«

Ob der Normalanleger sich davon etwas abschauen könne?

Eher nicht. »Um in diesen Segmenten mitzuspielen, braucht es schon ein großes Vermögen«, so Butz.

»Das ist das Unfaire am Kapitalmarkt«, sagt der Fondsmanager Andreas Beck, der rund eineinhalb Milliarden Euro verwaltet, im Interview mit *Zeit Online*. Seine Taktik lässt sich grob so zusammenfassen: Er »deponiert« das Geld breit gestreut in Normalphasen, um dann in Krisenzeiten zuzuschlagen und Renditechancen zu nutzen. »Die Strategie funktioniert nur für vermögende Menschen«, sagt Beck. Sein Fazit ist wortgleich mit dem der Wirtschaftshistoriker: »Deswegen werden die Reichen immer reicher.« Dann zitiert der Fondsmanager, zumindest sinngemäß, den Kommunisten Bertolt Brecht: »Ist am Anfang genügend Geld da, ist das Ende meistens gut.«

So ist es auch bei Sebastian. Einmal im Jahr, sagt er, werden Dividenden auf sein privates Konto überwiesen, ein Anteil am Firmengewinn, je nach Jahrgang in der Höhe eines Geschäftsführergehalts eines mittleren Unternehmens. Ein ordentlicher Anfang, den die Vermögensverwalter der Familie in der Tat Jahr für Jahr zu einem renditemäßig guten Ende führen.

Wie bei einem Menü darf Sebastian bei seinen Besuchen im Family-Office ankreuzen: Wie viel Staatsanleihen will er? Wie viel soll in Private Equity gehen? Wie viel in Aktien? Es gebe, sagt er, eine Standardempfehlung der Berater, ausgelegt auf Stabilität und ordentliches Wachstum.

Habt ihr als Familie vorher gemeinsam entschieden, welche Grundsätze euch wichtig sind?, frage ich. In welche Firmen, in welche Branchen euer Geld fließen soll und in welche nicht?

»Nein«, sagt Sebastian. Die Anlagestrategie sei »komplett losgelöst von allen gesellschaftlichen Aspekten, einfach nur ein risikogewichtetes Investment«. Er habe nach einiger Zeit ein paar Änderungen eingefordert, weil ihm zum Beispiel nicht mehr wohl damit gewesen sei, in Immobilienfonds und Rohstoffe zu investieren. Die Berater hätten dann eben mehr Geld in Staatsanleihen gesteckt.

Aber sein Unbehagen habe das nicht ganz gelindert. »Ich habe eigentlich die starke Überzeugung, dass es einen Unterschied macht, wie und wo das Geld angelegt ist. Es ist nicht neutral. Es ist auf jeden Fall besser eingesetzt in Windparks als in Exxon-Aktien.«

Wirfst du dir und deiner Familie vor, dass ihr da so lange gar nicht drauf geachtet habt?

»Mir selbst: ja. Den anderen habe ich das nicht vorgeworfen. Ich hätte mir gewünscht, dass wir früher umgesteuert hätten.« Erst vor Kurzem habe seine Familie entschieden, mehr auf die sogenannten ESG-Kriterien achten zu wollen, Qualitätssiegel für besonders ökologische und soziale Investments und solche für Firmen mit guter Unternehmensführung. »Da arbeiten wir jetzt dran.«

Habt ihr denn eine Renditevorgabe?

»Es gibt eine Benchmark«, sagt Sebastian, die auch immer erreicht worden sei. Selbst in Niedrigzinszeiten hätten sie eine Rendite erzielt, die »immer größer als das jeweilige Weltwirtschaftswachstum« gewesen sei, auf jeden Fall größer als marktüblich. »Das liegt nicht an einer besonders brillanten Anlagestrategie«, vermutet er. »Auch wenn das Team schon sehr gut ist. Sondern daran, dass man ab einer gewissen Größe des Vermögens diese Möglichkeiten hat. Das ist schon krass, wie viel mehr Rendite man dadurch machen kann.«

Er sagt: »Das ist eine Machtfrage, eine wirtschaftliche Machtfrage, ab wann man den Zugang zu diesen Renditen hat.«

Seine Familie hat ihn, ohne Frage. Er sieht, wie sein Vermögen in der Hand der Verwalter wächst. »Aber das Absurde ist«, sagt er, »dass ich immer merke, dass es mir selbst und auch einigen der Familienmitglieder so ziemlich egal ist. Das sind große Beträge, die sind investiert, da arbeiten Leute für uns, um ein, zwei Prozent mehr Rendite zu machen als Vergleichswerte. Und mir und einigen in der Familie scheint es nicht wirklich wichtig.« Es sei eine Loslösung, eine seltsame Loslösung der Vermögensverwalter, die sich anstrengen und davon ausgingen, dass der Familie eine Profitmaximierung das Allerwichtigste sei, weil das nun mal die gängige Handlungsanweisung für Family-Offices sei: Schützt und mehrt das Vermögen.

Er erlebt also all diese hoch qualifizierten Mitarbeiter, die sich um sein Geld mühen und eine gute Arbeit machen wollen. Aber er empfände, so formuliert er hart, »zwar Wertschätzung der Arbeit, aber Desinteresse an dem eigentlichen Resultat. Vielleicht weil da schon eine Sättigung ist? Weil es zu große Zahlen sind? Ich weiß es nicht.«

Sebastian schaut zu mir rüber. »Das muss jetzt sehr verwirrend für dich klingen.«

Ich nicke. In der Tat.

Und ich denke an den Mann auf der anderen Seite. Meinen Informanten, den ehemaligen Family-Officer, der ein so ganz anderes Bild von den Erwartungen der Vermögenden zeichnete. Er sagte, er habe immer den dringenden Auftrag verspürt, das Geld mehren zu müssen, er habe nie erlebt – egal, wie viele Millionen oder Milliarden Euro die Menschen, die er betreute, besaßen –, dass einer ihm offen gesagt hätte: »Lass gut sein. Ich habe längst genug.« Im Gegenteil: Er erlebte große Unterschiede zwischen den Selfmade-Reichen, also denen, die das Vermögen teils mit Risiko selbst erarbeitet hatten, und denen, denen es per Schenkung oder Erbschaft übertragen worden war. »Die hatten oft Ängste«, sagte er, »Ängste vor dem Totalverlust des Vermögens, Ängste davor, dass sie eines Tages dastehen könnten wie Sie und ich.«

Dabei seien die Ecken, in denen die Reichen die Monster vermuten, die ihr Vermögen fressen wollten, oft ähnliche gewesen. Da war zum einen die Angst vor dem Monster unter dem Bett, also vor denen, die man ganz nah an sich und das Vermögen heranließ. »Viele befürchteten, an die falschen Berater zu geraten. Sie hatten Sorge, beschissen zu werden, abgezockt zu werden, und waren sehr vorsichtig, sehr kritisch, wen sie einstellen.«

So klar, so nachvollziehbar.

Das zweite Monster aber, von dem er erzählte, überraschte mich dann doch. Wenn man die Debatten der letzten Jahre verfolgt, scheint es eines zu sein, wofür es unermesslich viel Fantasie bedarf, um daran zu glauben: »Die andere große Sorge ist die vor dem Vermögensverlust durch politische Einflüsse«, sagte der Mann.

Vor welchen politischen Entwicklungen hatten die Familien Angst, wenn sie einen Totalverlust befürchteten?

»Na ja, Enteignung. Es geht letztendlich um das Gespenst der Enteignung, der Vermögenssteuer im weitesten Sinne.«

Ist das eine große Angst?

»Ja, eine ganz große Angst.« Er bestärkte, betonte: »Eine ganz große Angst. Auch die vor einer übermäßigen Besteuerung, gegen die man sich nicht wehren kann. Deswegen werden in Family-Offices ja auch viele, viele Berater beschäftigt, um Konstruktionen zu gründen und aufrechtzuerhalten, die steuersparend das Vermögen von einer Generation in die nächste transferieren.«

Was würde passieren, wenn die Politik sagen würde: Wir

führen die Vermögenssteuer wieder ein oder eine Vermögensabgabe? Was wäre da los?

»Es gibt sicher ein paar, die dazu bereit wären, mehr abzugeben. Aber ich vermute, dass durchs ganze Land ein Riesenaufschrei gehen würde und ein Teil der Vermögenden alle Hebel in Bewegung setzen würde, damit das nicht passiert.«

Ich dachte an das überzeugte Bekenntnis, das ich in etlichen Gesprächen mit den Vermögenden gehört hatte: dass der größte Vorteil am vielen Geld sei, dass es unabhängig mache, frei. Was die Berater erzählten, passte dazu in vielen Fällen nicht.

Sie berichteten von den Knebeln, die man den eigenen Kindern verabreicht, aus Angst, sie könnten die Falsche heiraten, falsche Entscheidungen treffen, sich falsch entwickeln. Sie erzählten von der großen Angst vor Monstern, die das Vermögen bedrohen könnten, die auf der eigenen Payroll und die im Parlament. Es fiel mir schwer, beides zusammenzubringen. Und offensichtlich ging es nicht nur mir so, sondern auch dem, der viel näher dran war.

»Ich habe immer gedacht: Ich möchte nicht mit diesen Menschen tauschen«, sagte der Family-Officer.

Warum nicht?

»Das ist kein angenehmes Leben, glaube ich. Man sieht sehr viele angstbesetzte Menschen.«

Trotz des vielen Geldes? Man kann sich doch Sicherheit leisten, das schönste Umfeld, eine Jacht, die besten Restaurants. First Class im Flieger …

»Das ist doch Normalität, wenn man damit aufgewachsen ist. Wenn wir Normalverdiener morgens satt zur Arbeit gehen und ab und an in den Urlaub fahren, schreien wir deshalb auch nicht jeden Tag hurra. Und genauso ist es, wenn Sie damit aufgewachsen sind, im Privatflieger zu fliegen, immer in den schönsten Hotels zu sein und nie mit dem Rucksack im Schlafsaal eines Hostels absteigen zu müssen. Das ist Normalität und nichts, was Sie zufrieden macht. Nein, die Angst war trotzdem immer da, und die dominiert.«

Ich glaubte ihm. Ich kenne aber auch die Studien, die belegen, dass Geld beim Glücklichwerden doch nützlich zu sein scheint. Lange glaubte man, dass dies nur bis zu einer Einkommensgrenze von 90 000 Dollar pro Jahr gälte. Die Nobelpreisträger Daniel Kahneman und Angus Deaton hatten 2010 in einer Studie gezeigt, dass Menschen jenseits dieser Summen nicht glücklicher wurden, wenn sie mehr Geld hatten. Mittlerweile liegt die Latte neuerer Daten höher: Auch wer 150 000 oder 300 000 Dollar im Jahr verdiente, berichtete in der Regel, dass mehr Geld das Glück mehre.

»Geld ist zwar nicht das Geheimnis zum Glück, aber es hilft«, kommentierte der Psychologe Matthew Killingsworth die neuen Daten. Und auch das Deutsche Institut für Wirtschaftsforschung hat festgestellt, dass die »allgemeine Lebenszufriedenheit« mit dem verfügbaren Vermögen zunimmt. Die höchsten Werte erreichen Millionäre. Allerdings deuten die Untersuchungen auch an, dass es ab einer gewissen Summe doch eine Sättigung zu geben scheint. Für die Probanden, die eine halbe Million Dollar verdienten, konnten auch die US-Forscher keine Glückssteigerung bei höherem Einkommen mehr feststellen. Und wie es um das Glücksgefühl extrem Reicher steht, wissen wir – Sie ahnen es – mangels Daten nicht.

Zu Hause höre ich noch einmal das entschiedene Fazit des Beraters ab. Je länger er im Dienste der großen Vermögen gestanden habe, desto sicherer sei er sich gewesen, dass er tatsächlich nicht hätte tauschen wollen, hatte der Berater noch mal überlegt. »Ich bin glücklich mit dem, was ich mir selber erarbeitet habe. Ich bin glücklich, dass meine Kinder in normaleren Verhältnissen aufgewachsen sind.«

Nach unserem Gespräch erwische ich mich trotzdem an manchen Abenden bei dem Gedanken, ob es nicht doch schön wäre, wenigstens für ein paar Stunden tauschen zu können und vielleicht ausnahmsweise auch einmal die Dienste eines Family-Office beanspruchen zu dürfen. Es sind die Abende, an denen trotz vieler Stunden Arbeit die Liste der Dinge, die zu tun sind, immer noch viel zu lang ist: die Spülmaschine voll; die Wäsche mit den Sportsachen der Kinder für den nächsten Tag noch nicht aufgehängt; die Buchung der Dienstreise noch offen und die Planung für den Familienbesuch an Ostern sowieso. Und der nächste Tag ist auch noch längst nicht organisiert. Wer geht einkaufen? Wer holt den Kleinen vom Sport ab und kopiert dem Großen die Unterlagen für die Praktikumsbewerbung? Wer ruft bei der Bank an wegen der Idee, endlich mal mit einem ETF was fürs Alter zu sparen? Wer macht das alles in einer Family ohne Office?

An diesen Abenden, das räume ich ein, da werde ich manchmal doch ein bisschen neidisch.

11. Wir Neider

Ich sitze am Steuer eines Mietwagens und fahre – langsam, aber stetig – durch das Kölner Villenviertel Marienburg, damit Kameramann Mateusz von der Rückbank ein paar Bilder der großzügigen Straßenzüge gelingen. Das Viertel hier, bestehend aus einer Handvoll Wohnstraßen, ist die Kölner Insel des Vermögens. Zwei Häuser werden gerade online zum Verkauf angeboten, eines für rund 3,5 Millionen Euro, eines für 4,5. An vielen Klingelschildern stehen keine Namen, sondern nur die diskreten Vermerke »Wohnung 1«, »Wohnung 2«, »Wohnung 3«. Ein Blick durch die Zäune zeigt: Was anderswo der VW, ist hier der Porsche, solider Standard. Vor einer Neubauvilla parkt er gleich zweimal.

Gleich werden wir für unsere Dokumentation »Milliardenspiel« das Filmset in einer der Villen, dem Family-Office von Thomas Bscher, einem der reichsten Kölner, aufbauen.

Am nächsten Tag soll es dann weitergehen. Das Wochenende mit Hans-Peter Wild, Mr. Capri Sun, steht an. Alles ist geplant: die Anreise nach Salzburg, der Abflug am Privatflugterminal, der Besuch im Rugby-Stadion. Ich bin gespannt auf das Spiel und darauf, was ihn bewogen hat, diesen Club zu kaufen. Vor allem aber interessieren mich seine Antworten auf all die Fragen zu Vermögen und Verantwortung. Wie ist es, mehr zu haben, als man jemals wird ausgeben können? Warum hat ausgerechnet er es zu diesem Reichtum gebracht, und kann es aus seiner Sicht grundsätzlich jeder in Deutschland schaffen? Wie ist der Umgang mit Vermögenden in diesem Land? Wie erlebt er die Debatte über *die* Reichen? Und: War die Steuer ein Grund für ihn, in die Schweiz zu ziehen?

Ich habe Hans-Peter Wilds Biografie *Mr. Capri-Sun* gelesen und seitenweise Artikel über ihn. Ich habe seiner Assistentin meine Ausweiskopie für die Flugabwicklung geschickt. Hotelzimmer und Zugtickets sind gebucht, die Kinder übers Wochenende bei Freunden untergebracht. Da stoppt eine Nachricht die Fahrt. Hans-Peter Wild hat es sich noch mal anders überlegt. Nur mein Kollege Jochen Breyer und Mateusz Smolka mit seiner Kamera dürften an Bord. Ich nicht. Seine Begründung: Er hätte von meinem Buch über die deutsche Erbengesellschaft gehört und vor allem die Kritik von Rainer Zitelmann daran gelesen.

Sie erinnern sich? Mr. *I LOVE CAPITALISM*, der Mann mit den vielen Berufen, der nach Karrieren als Historiker, Lektor, Redakteur und Immobilienunternehmer nun Reichtumsforscher und Autor ist. »Neidbuch über die Erben in Deutschland«, hatte der seine Rezension überschrieben. Der Vorwurf: Das Buch, in dem ich mich damit befasse, wie sich Deutschland verändert, wenn Jahr für Jahr 250 bis 400 Milliarden Euro vererbt werden, sei zwar gut geschrieben, würde aber an »niedere Instinkte« appellieren, »an den Neid«.[1]

Seinen Beleg findet Zitelmann direkt am Anfang des Buches, als ich beschreibe, was einer der Impulse für meine Recherche-Reise durch die deutsche Erbenrepublik war: das Erleben, dass viele meiner Freunde, Anfang dreißig wie ich, plötzlich mit dem Geld der Eltern und Großeltern »mehr oder weniger verschämt« Immobilien kauften, die ihr »Monatsbudget ohne diese Hilfe vernichtet hätten«. Statt mich still für meine Freunde zu freuen, wie Zitelmann es getan hätte, versuche ich herauszubekommen, welche

Folgen es für eine Generation hat, wenn die Frage, wer wie lebt, wer was besitzt, in großem Maße davon abhängt, wer erbt und wer nicht.

Der Erste, den ich traf, war Lars, freier Komponist und Vater von drei Kindern. Die Familie lebte seit Kurzem in einer geräumigen 165-Quadratmeter-Wohnung in einem sanierten Backsteinaltbau in allerbester Berliner Lage. Wunderschön war die Wohnung. Die offene Wohnküche mit dem langen Holztisch, die freigelegten Wände, die zweite Ebene, die sich problemlos in die meterhohen Räume fügte, drum herum ein parkartiger Gemeinschaftsgarten. Sich so etwas aus eigener Kraft zu erarbeiten, ist in vielen Jobs inzwischen schwierig bis unmöglich. Für Lars, den freien Künstler, allemal. Sein Vater hatte die Wohnung weitestgehend gekauft. Lars war Erbe – wie die meisten seiner Nachbarn auch. Ich schrieb in meinem Buch: »Lars sagt, er kenne inzwischen diesen Blick in den Augen seiner Freunde, wenn er sie durch die Räume führt. Ich bin sicher, dass auch ich vorhin so schaute: ein bisschen unentspannt, ein bisschen angestrengt. Neidisch eben.«[2]

Neidisch wie Lars' enger Freund, der ähnlich viel verdiente wie Lars, aber nun weiter in seiner zu kleinen Mietwohnung hockte und Kajüten in die Räume zimmerte, um den Kindern etwas Privatsphäre zu verschaffen. Neidisch wie der Kumpel des Nachbarn, ein Tischler, der beim Ausbau viel geholfen hatte, beim Einweihungsfest nach ein paar Gläsern zu viel aber pöbelte: »Das ist doch hier das Besserverdienenden-Ghetto! Lange wird es nicht dauern, bis ihr uns andere rauswerft!«

Ich bekannte mich im Text zu meinem und deren Neid und schrieb, quasi entschuldigend: »Offensichtlich ist es hart, cool zu bleiben, wenn die einen mit dem Geld der

Eltern etwas kaufen, wonach man selber sich verzehrt. Und es ist noch härter, gelassen zu bleiben, wenn es nicht um Luxusgüter wie ein schnelles Auto und die Reise ins Skiresort geht, sondern um etwas, das jeder braucht: ein Zuhause.«[3]

Rainer Zitelmann kritisierte diesen und weitere Absätze in seiner Besprechung. Mein Neid sei so stark, dass ich ihn nicht hätte verschweigen können. Schlimmer noch: Aus meinen Zeilen spreche die Gewissheit, dass ich nicht allein sei mit meinen »Neidgefühlen gegen Reiche und Erben«.[4]

Diese Worte hatte nun, fast zehn Jahre später, Hans-Peter Wild zum Anlass genommen, mich von der Teilnehmerliste für den Trip zu streichen. Ich würde mich also damit begnügen müssen, das gedrehte Reisetagebuch im Nachhinein im Schnittraum anzuschauen.

Aus einem Flieger hatte er mich noch nicht katapultiert, aber ich kenne natürlich den Vorwurf des Sozialneids wie vermutlich jeder, der sich mit großen Vermögen und deren Verteilung befasst. Aus Interviews und Politikerstatements. Aus Leserbriefen und Internetkommentaren. Meist wird der Vorwurf begleitet von seinen ewigen Buddys, der »Neiddebatte« und der Warnung vor einer »Neidgesellschaft«. Sogar Familienmitglieder seufzten, als sie von dieser Recherche erfuhren: »Was soll das denn? Da werden die Leute doch nur neidisch.«

Und es stimmt ja auch. Während ich in die Welt der Superreichen eintauche, ihren Besitz taxiere, immer wieder die Preise ihrer Spitzenweine, ihrer Autos, ihrer Häuser und Jachten recherchiere, habe ich aller Faszination und Irritation über die astronomisch hohen Summen zum Trotz ein ungutes Gefühl im Bauch, eine innere Stimme im Ohr, die sagt: Lass das doch! Was soll denn das? Gönn es ihnen doch! Die Flasche Wein zum Dinner für 2000 Euro. Den Bugatti für 3,5 Millionen. Die Nacht in der Suite für 17000. Irre, das alles. Aber wem schadet es? So wesentlich ich es finde, die Dimension, die der Reichtum angenommen hat, präzise zu schildern, so kleinkariert scheint es mir gleichzeitig, Preisschilder an den Konsumalltag anderer Menschen zu kleben.

Und ich kenne die Argumentation vieler Vermögender, die sagen: Genau das ist doch der Grund, warum wir uns zurückziehen, nicht über unseren Besitz reden, ihn nicht zeigen. Genau das ist doch die Ursache dafür, dass wir Debatten um unser Vermögen meiden, weil sie zwangsläufig beim Neid landen, diesem Gefühl mit maximal schlechtem Image, einer der sieben Todsünden. Kurzlebiger Neid mag sich noch darauf berufen können, Ansporn zu sein, Ehrgeiz zu erwecken. Aber wenn sich Neid lange hält, droht er ausschließlich bitter zu werden, das Herz zu verengen, die Mundwinkel nach unten zu ziehen. Viele Vermögende berichten, dass sie diesen Neid in Deutschland als besonders ausgeprägt empfinden. Einer fährt seine teuren Autos lieber in Dubai aus, da gebe es Applaus vom Straßenrand. Andere begründen ihren Umzug in die Schweiz oder die USA auch damit, dass man in diesen Ländern entspannter mit dem Besitz der anderen umginge.

Der Reichtumsforscher Rainer Zitelmann nahm das zum Anlass, um eine Art internationales Sozialneid-Ranking zu erstellen. Nachdem er seine Befragung der Superreichen veröffentlicht hatte, seien es Ärger und Neugier gewesen, die ihn angetrieben hätten, weiterzuforschen und herauszufinden, wie weit Neid und Vorurteile gegen Vermögende verbreitet sind.

Geärgert hatte er sich darüber, dass Reiche seiner Meinung nach immer wieder unwidersprochen Opfer von Beleidigungen würden. Da war das Foto von einer Demonstration in Berlin, auf der ein Protestler ein Plakat hochhielt, auf dem stand: *Kill your landlord*, »Töte deinen Vermieter«. Da waren die Plakate der Linkspartei, auf denen diese forderte, aus Miethaien Fischstäbchen zu machen (aber, wie Zitelmann beklagt, dazu schwieg, dass die Haie in diesem Verarbeitungsprozess zu Tode kommen würden). Und da war die Kolumne des Publizisten Jakob Augstein, die er anlässlich eines erneuten Datenleaks zu Steueroasen geschrieben hatte. Augsteins Überschrift lautete: »Zur Hölle mit den Reichen«.

Zitelmann war aufgebracht. »Ähnliche Hetzparolen gegen andere Minderheiten wären zu Recht auf Empörung gestoßen, aber wenn sich der Hass gegen reiche Menschen richtet, scheint das für die Medien kein Grund zur Aufregung zu sein.«[5] Er begann zu recherchieren und fand sich in der nächsten Forschungswüste wieder. Es gab zwar allerhand Studien zu der Frage nach Vorurteilen gegenüber Migranten, Homosexuellen oder Frauen. Aber zu den Einstellungen gegenüber Vermögenden und der Bedeutung von Sozialneid fand er so gut wie nichts. Zitelmann beschloss, das zu ändern. Er beauftragte Meinungsforschungsinstitute wie Allensbach in Deutschland oder Ipsos MORI in den USA, Großbritannien und Frankreich, diese Daten zu erheben. 750000 Euro habe er insgesamt für repräsentative Befragungen wie diese ausgegeben, schreibt er in seiner Biografie. *Die Gesellschaft und ihre Reichen* nannte er sein Buch. Eine Studie über »Neid und Vorurteil«, wie der *Spiegel* schrieb.

Und tatsächlich schlug Zitelmanns Neidbarometer in Deutschland besonders heftig an. Ein Drittel der Menschen hier seien Sozialneider, urteilt Zitelmann. Übertroffen nur noch von den Franzosen. Unter Briten und US-Amerikanern seien dagegen nur 20 Prozent neidisch. Allerdings, und das ist eines der erstaunlichsten Ergebnisse seiner Befragung, hätten junge Amerikaner einen wesentlich kritischeren Blick auf Superreiche als ihre Eltern und Großeltern.

Wie aber hatte Zitelmann den Neid vermessen – ein Gefühl, das doch meist recht vage ist und somit schwer zu quantifizieren? Zudem ist Neid, wie Forscher sagen, »sozial unerwünscht« und somit nichts, was man geradeheraus erheben könne, weil viele die Frage »Sind Sie neidisch?« unehrlich verneinen würden.

Zitelmann suchte also nach drei Hilfsfragen, die den Neid messen sollten, und fand die folgenden: »Ich fände es gerecht, wenn die Steuern für Millionäre stark erhöht würden, auch wenn ich dadurch persönlich keinen Vorteil hätte.« – »Ich wäre dafür, die Gehälter von Managern, die sehr viel verdienen, drastisch zu kürzen und das Geld an die Angestellten der Unternehmen zu verteilen, auch wenn diese vielleicht nur ein paar Euro im Monat mehr bekämen.« Und: »Wenn ich höre, dass ein Millionär mal durch ein riskantes Geschäft viel Geld verloren hat, denke ich: Das geschieht dem recht.« Sozialneider, definierte Zitelmann, seien Menschen, die zwei der drei Fragen mit »Ja« beantworten. Ganz einfach.

Diese Neider, so seine Daten, hielten Reiche auch vermehrt für egoistisch, rücksichtslos, materialistisch oder gierig. Nicht-Neider dagegen lobten Vermögende häufiger für ihren Fleiß, ihre Intelligenz, ihren Wagemut oder ihr visionäres Denken. Sozialneider, so Zitelmann, würden eher bejahen, dass Reiche nur so viel hätten, weil es in der Gesellschaft ungerecht zugehe. Zudem sei Sozialneid unter Geringverdienern und wenig Gebildeten sehr viel verbreiteter als unter Akademikern, die selbst viel Geld hätten. »Wer geringe Aussichten hat, selbst reich zu werden, sieht die Reichen negativ und Reichtum selbst eher als Ergebnis struktureller Faktoren«, schreibt Zitelmann.[6] Am wohlwollendsten sei der Blick auf Millionäre unter denjenigen, die angaben, mindestens einen persönlich zu kennen.

Upward classism nennt Zitelmann seinen Befund, die Diskriminierung von Reichen als »eine beneidete Minderheit«[7] sei in den unteren Gesellschaftsschichten stark verbreitet. Schon jetzt, schreibt Zitelmann, seien Vermögende Sündenböcke. Die Hälfte der befragten Deutschen in seiner Studie bejahte die Aussage »Superreiche, die immer mehr Macht wollen, sind schuld an vielen Problemen auf der Welt, z.B. an Finanzkrisen oder humanitären Krisen.«[8] Das beunruhige ihn auch deshalb, »weil wir aus der Geschichte wissen, dass negative Vorurteile und Stereotype die Basis dafür sind, dass in gesellschaftlichen Krisensituationen Minderheiten als Sündenböcke ausgegrenzt, vertrieben, verfolgt und ermordet werden«. Und weiter: »Die Geschichte zeigt, dass Gruppen mit hohem Status häufig zu Zielen von Genoziden werden. In Zeiten von sozialer Unruhe und Bedrohung werden beneidete soziale Gruppen zum Ziel schwerster Attacken, bis hin zum Versuch ihrer Massenvernichtung.«[9]

Heidewitzka. Das sind ordentliche verbale Großkaliber.

Als wir uns für die Dreharbeiten für die Dokumentation »Milliardenspiel« wiedersehen, ist Zitelmanns zweite Wohnung fertig renoviert und wunderschön geworden. Ein Altbautraum – Holzböden, hohe Decken, im Salon ein raumhohes und -langes Bücherregal, an der Stirnseite, ausgestellt auf etlichen Regalbrettern: die Übersetzungen von Zitelmanns Büchern. Ein privates Museum. Er sei stolz auf seine Werke, deswegen stünden sie hier so prominent, sagt Zitelmann. Dann zählt er vollständig auf: »Taiwan, Vereinigte Staaten, Mongolei, Saudi-Arabien, Iran, Tschechien, Italien, Spanien, China, Korea, Mongolei, Nigeria. Ich glaube, das war Bosnien, Portugal, UK, Japan, Bulgarien, Polen, Russland, Schweden, Polen, Türkei, Indien, Vietnam, Rumänien, Italien, Brasilien, Schweden und Holland.«

Noch ist die Wohnung, abgesehen von den Büchern, so gut wie leer. Ein Sofa, ein Esstisch, viel mehr steht noch nicht drin. Diese Leere scheint eine zeitgemäße Form des Luxus zu sein. Auch in der Kölner Villa von Thomas Bscher war sie zu besichtigen. Denn abgesehen von den zwei Schreibtischen und der Sitzecke im Erdgeschoss und der Pokalsammlung in der oberen Etage gab es viel leere Fläche.

Aber zurück zu Zitelmanns Furcht – dass reiche Menschen eines Tages als Sündenböcke ausgegrenzt, vertrieben, verfolgt, ermordet, ja »Ziel schwerster Attacken, bis hin zum Versuch ihrer Massenvernichtung« werden könnten.

Sehen Sie das wirklich als potenzielle Gefahr?

»Heute oder morgen natürlich nicht«, antwortet Zitelmann. Aber da er Historiker sei, habe er eben einen anderen, einen weitreichenden Blick auf das Geschehen, einen, der die Geschichte immer mitdenkt. Und in der Geschichte habe es eine Verfolgung des Bürgertums, der Reichen eben schon gegeben, sei es in Russland, in China oder in Kambodscha.

Aber sieht er dieses Risiko wirklich im Hier und Jetzt, in Deutschland?

Zitelmann führte aus, dass man ja nicht abwarten müsse, bis das Schlimmste passiere. Er sei der Meinung, dass man sehr sensibel sein müsse, dass man frühzeitig vor bestimmten Tendenzen warnen müsse. Und diese Tendenzen, die man als »Anti-Reichen-Stimmung« bezeichnen könne, sähe er durchaus. Nicht nur auf Demo-Plakaten und in Meinungskolumnen, sondern auch, so argumentiert er, verpackt in der Forderung, massiv die Steuern zu erhöhen, auch das sei eine moderate Form des Reichen-Bashings. »Ich sage Ihnen«, schließt Zitelmann in dem Interview vor der Kamera, »in meinem Bekanntenkreis sind überwiegend Unternehmer, und ich kenne fast keinen, der nicht übers Auswandern nachdenkt, und zwar ernsthaft nachdenkt wegen dieser Stimmung, weil sie sagen: Ich fühle mich nicht willkommen, ich fühle mich nicht wertgeschätzt.«

Eine Klage, die beim ersten Hören überrascht, die ich aber mittlerweile aus etlichen Gesprächen kenne. Aber gehen wir noch mal ein paar Schritte zurück, an den Anfang der Argumentationskaskade, zum Neid. Zitelmann hatte ja in seinem Fragebogen drei Prüfsteine für Sozialneid entworfen. Bei zweien davon stutze ich. Könnte man den Wunsch nach höheren Steuern für Millionäre und die Zustimmung zu der Kappung von Managergehältern nicht auch ganz anders lesen – als Ausdruck eines Unbehagens über die große Ungleichheit zum Beispiel? Immerhin verdient ein DAX-Vorstand inzwischen im Schnitt das 50-Fache eines durchschnittlichen Angestellten in seinem Unternehmen. In den 1980er-Jahren war es noch das 14-Fache. Zitelmann selbst zitiert Wissenschaftler, die überzeugt sind, dass es nicht ganz einfach sei, zwischen berechtigter Empörung und Neid zu unterscheiden, da in beiden Fällen (wirkliche oder vermeintliche) Ungerechtigkeiten angeprangert würden.

Auch Katja Corcoran, Sozialpsychologin und Professorin an der Universität Graz, erforscht den Neid und versucht sich an so etwas wie einer Ehrenrettung. Ihr Punkt eins: Neid ist normal. »Eine Gesellschaft ohne Neid ist für mich kaum vorstellbar«, sagt Corcoran. »Wir sind soziale Wesen und vergleichen uns automatisch mit anderen.«[10] Neid »hilft uns dabei, uns zu verorten, er lässt uns nach etwas anderem streben«[11] und unterscheidet sich dadurch dann eben doch von seinem miesepetrigen Bruder, der Missgunst. Punkt zwei: Kombiniert mit dem Präfix »Sozial-« würde aus dem Neid sogar eine Art Waffe, ein Vorwurf, den insbesondere Menschen, die mehr hätten, erheben würden, um andere zum Schweigen zu bringen, ein Totschlagargument. »Neid hat ja viel mit Hierarchien und Statusunterschieden zu tun«, so Corcoran. »Beim Sozialneidvorwurf gilt immer: Man darf sich nicht aufregen, wenn ein anderer etwas hat, was ich vielleicht auch gerne hätte. Das schützt natürlich den, der es hat.«[12]

Für die Sozialpsychologin ist der Neidvorwurf also in erster Linie ein cleverer Konter im Gespräch, ein Vorwand. Aber macht sie es sich damit nicht zu einfach?

Die Vehemenz, mit der viele Vermögende über den deutschen Neid klagen, ist beeindruckend und deckt sich mit Zitelmanns Neidbarometer. Da ist zum Beispiel Hans-Peter Wild. Er sagte im Interview vor der Kamera: »Das ist eine Neidkultur in Deutschland.« Schon sein Vater habe ihn, wie erwähnt, früh mit aller Deutlichkeit davor gewarnt, dass der Neid der anderen das größte Problem in seinem Leben sein würde.

Das größte Problem, das das Leben bereithält? Ein – zumindest in meinen Ohren – überraschender Superlativ. Aber *true*, würde Wild, der die USA, den *American Way of Life* der deutschen Neid-Leitkultur entgegensetzt, vielleicht entgegnen. Im Interview erzählt er von einem Moment, in dem ihm das klar geworden sei. Er habe mit seinem neuen Wagen an einer Tankstelle in den USA gehalten, ein schöner großer Mercedes, den er sich geleistet hatte. Ein Afroamerikaner habe sich erkundigt, was er tun müsse, um sich auch so ein Auto erlauben zu können. Er habe sich nach diesem Entree, geprägt von Respekt und Bewunderung, mit dem Mann prima unterhalten. Wie andere Vermögende auch äußerte Wild im Gespräch die Sorge, dass in Deutschland ein teures Auto eher zerkratzt würde.

Und selbst wenn das in der Pauschalität überzogen ist, ist da natürlich auch etwas dran. Nach dem x-ten Interview drehen sich meine Gedanken in einer Art Neidkarussell. Fährt es vorwärts, sage ich mir: Stimmt schon, das mit dem Neid. Die Deutschen zeichnen sich nicht dadurch aus, dass sie jemandem gut etwas gönnen können. Geht die Runde rückwärts, denke ich: Wie bequem ist es, wenn man Hunderte oder Tausende Millionen hat, jede Frage nach Fairness als »Neid« zu verbrämen. Gut, dass Sebastian kommt, bevor mir ganz und gar schwindlig wird.

Es ist unser viertes Treffen, Stunde acht und neun der Aufnahmen. Inzwischen habe ich mich einigermaßen daran gewöhnt, dass Sebastian, Miteigentümer eines Milliardenunternehmens, meine Wohnung betritt. Manchmal trödelt eines der Kinder zu Hause noch rum, wenn sie wissen, dass er kommt. Zu gern möchten sie mal einen sehen, der so viel Geld hat. Aber bei mir sind Aufregung und Scheu vergangen. Ich weiß, dass ich alle Themen offen ansprechen kann, und er, meist sogar ganz gern und überlegt und bedacht, antwortet auf all die Fragen, die er sich sonst allenfalls selbst stellt.

Reden wir also über das Problem mit dem Neid, ein Thema, das wird ganz schnell klar, über das er an diesem Tag nun wirklich nicht zum ersten Mal nachdenkt. Wie auch?

»Es gibt ihn auf jeden Fall«, sagt er, »privat und gesellschaftlich. Neid ist vorhanden, ich glaube sogar, es gibt sehr viel Neid. Aber«, setzt er an und zögert einen Moment, »ich finde es halt selbstverständlich.«

Warum?

»Sozialneid entsteht, wenn man sieht, dass andere etwas haben, was man sich selber wünscht, und man das nicht hat oder haben kann. Und deshalb entwickelt man negative Gefühle gegenüber dieser Person, die das hat, was man nicht hat. Ich finde das, wie gesagt, verständlich. Neid ist dann nicht das Problem, sondern eher ein Symptom. Und wir beschweren uns über das Symptom. Vielleicht ist das ein bisschen schräger Vergleich: Aber ist es nicht so, wie wenn ich jetzt getrunken habe und dann Kopfschmerzen bekomme und mich über die Kopfschmerzen beklage? Anstatt zu überlegen: Wo kommen die denn her? Wo kommt der Neid denn her?«

Woher kommt er denn?

»Mein Erbe zum Beispiel ist ein krasser Ausdruck von Ungleichheit. Das hat man einfach, per Zufall, und andere nicht.« Wenn jetzt alle Menschen das Gefühl hätten, dass auch ihnen ein gutes Leben zustünde, fährt er fort, und eine gewisse Rest-Ungleichheit nicht mit der Geburt, sondern durch unterschiedliche Leistungen und Anstrengungen entstünde, gäbe es bestimmt weniger Neid. »Wenn es so wäre, dass man sieht, da hat sich einer reingehängt im Job, und deshalb kann er sich jetzt einen etwas besseren und schöneren Urlaub leisten, könnten sich mehr Leute für ihn freuen.« Aber ein Vermögen wie das seiner Familie, sagt Sebastian, das sei doch längst losgelöst von solchen Faktoren.

Es ist die flammendste Rede, die er bislang gehalten hat. Und während er redet, kann ich nicht anders, als mir vorzustellen, wie er sie an ganz anderer Stelle wiederholt. Daheim.

Kennst du das Klagen über die Neidgesellschaft aus deiner Familie?

»Ja, das kenne ich.«

Was sagst du dann? Wiederholst du dieselben Worte wie eben?

»Ich versuche Diskussionen. Ich frage: Wo kommt der Neid denn her? Und ob er auch existieren würde, wenn die Lebens- und Konsumverhältnisse nicht so komplett unterschiedlich wären.«

Was ist die Reaktion?

»Einmal kam eine Antwort, von einem Cousin, die hat mich ziemlich geärgert. Sie lautete: ›Ich bin tolerant und erwarte auch Toleranz von anderen.‹«

Das meint?

»Das meint, dass wir, die wir oben in der Vermögenshierarchie stehen, tolerant gegenüber anderen Lebensentwürfen sind und dass die anderen auch tolerant uns gegenüber sein sollen.«

Ich stutze. Habe ich das richtig verstanden? Die Armen sollen also zu den Vermögenden sagen: Wir tolerieren euren Reichtum, weil ihr auch unsere Armut toleriert? Als wären Reichtum und Armut persönliche Lebensentscheidungen?

»In der Art, ja. Für mich ist das eine furchtbare Art und Weise, auf die verschiedenen Lebensbedingungen zu schauen. Aber es ist natürlich extrem hilfreich, um sich dieser Diskussion nicht stellen zu müssen, um sie wegzuschieben. Erstens fokussiert man sich auf das Symptom, und zweitens sucht man den Fehler bei den anderen. Die Neiderzählung ist eine sehr beruhigende Erzählung für Vermögende, total wertvoll, um sich einzureden, dass alles in Ordnung ist und dass nicht Strukturen das Problem sind, sondern die, die neidisch sind.«

Ich denke an Lars, den Erben, mit dem dieses Kapitel begann. Er weiß, warum seine Freunde, die so hohe Mieten zahlen, ihm sein Eigentum neiden. Er ahnt, warum manche »Bonzen, verpisst euch!« auf die Mauern sprayen, warum der Tischler bei der Einweihungsfeier die Nerven verlor. Das Wissen aber macht es nicht einfacher, souverän den Moment zu meistern, in dem der Besitz des einen konkret auf den Neid des anderen prallt. Lars hatte gesagt, er sähe oft in den Augen seiner Freunde, wie sie rechnen würden, wenn sie zum ersten Mal die Wohnung sähen.

Wie teuer war das wohl? Wie hat er es bezahlt? Dann säßen sie sich schweigend gegenüber. Die einen, weil sie nicht wagten zu fragen. Und Lars? Der sagte mir: »Ich fühle mich total bescheuert, weil ich weiß: Ich habe dieses Geld im wahrsten Sinne des Wortes nicht verdient. Ich schäme mich. Und dann finde ich diesen verdrucksten Umgang auch wieder verlogen.«[13]

In Sebastians Fall geht es um weit mehr als um 150 Quadratmeter in sehr guter Lage. In der Theorie hat er den Sozialneid gedanklich seziert, seine Ursachen, seine Symptome. Aber was folgt daraus in der Praxis, im Alltag? Wie verhält man sich als Vermögender, wenn man spürt, mein Gegenüber ist neidisch, verletzt oder wütend, weil ich so viel mehr habe?

»Auf persönlicher Ebene ist es schwierig, wie man damit umgeht«, sagt Sebastian.

Sein Weg ist es, diese Situationen zu vermeiden – auch indem er massives Downgrading betreibt. Seine Wohnung ist keine mit Dachterrasse und frei stehender Badewanne. Es ist eine Mietwohnung für 1000 Euro warm, zwei Zimmer, 45 Quadratmeter, kleiner Balkon. »Ich brauche zum einen nicht mehr und hätte sonst Sorge, dass es Freunden unangenehm sein könnte oder dass sie denken, das ist zu viel.« Im Urlaub war er auf einer Radtour, und auch seine Freizeit organisiert er so, dass immer der mit dem geringsten Budget den Standard setzt. »So versuche ich mich von diesen Situationen fernzuhalten«, sagt er. »Auch aus strategischen Gründen. Ich habe immer das Gefühl, dass es für mich, aber auch für die andere Person unangenehm ist, wenn man sagt: ›Hey, lass uns doch in das teure Restaurant gehen, ich zahl einfach für dich.‹ Wenn man das macht, müsste man erst eine gute Art und Weise haben, darüber zu reden. Das ist nicht eingeübt.«

Vielleicht banal, aber ich denke in diesem Moment an Abende mit Freunden, die Nicht-Deutsche sind und unter denen es üblich ist, dass einer bezahlt, entweder mit großer Geste oder zurückhaltend am Tresen. Es gibt nicht ohne Grund Alman-Scherze, also Deutschen-Witze, die darum kreisen, wie eine Rechnung im Café auf die letzte Stelle hinter dem Komma genau geteilt wird. Es scheint, als wären wir relativ schlecht darin, andere einzuladen, großzügig zu sein, zu genießen, ohne vorher oder nachher zu berechnen, was der gute Augenblick wen genau gekostet hat. Offenkundig fehlt uns schon in diesen Alltagsmomenten der Modus, um mit finanziellen Unterschieden gut umzugehen.

Sebastians Strategie ist ehrenwert und vielleicht auf lange Sicht für alle die schonendste. Aber hat sie nicht auch zur Folge, dass er als Vermögender die Regeln bestimmt? Was, wenn ein Freund sehr gern in ein *fancy* Restaurant ginge und Sebastian derjenige wäre, der es ihm ermöglichen könnte? Was, wenn ein anderer davon träumt, mal in einer Suite in Venedig aufzuwachen? Was, wenn er doch eine Wohnung mit Dachterrasse nähme, von der aus auch seine Freunde dann einen tollen Blick hätten?

Sebastians zwei Leben – auf der einen Seite das als Mittelschichtsmensch in den Dreißigern, mit Mietwohnung und Radurlaub, auf der anderen Seite das familiäre Luxusleben mit teurem Skiurlaub, feinsten Restaurants und Anteilen an einem der wertvollsten deutschen Unternehmen – lassen sich in der Regel sortenrein trennen. Aber was, frage ich ihn, passiert, wenn beide Sphären aufeinandertreffen und die Normalo-Freunde, allen gemeinsamen Abenden in der Pizzeria zum Trotz, dann doch mit Sebastians großem Reichtum und dem ganz anderen Lifestyle konfrontiert werden?

Sebastian lacht, ein wenig nervös. »Das ist noch nicht vorgekommen«, sagt er. »Ich habe, seitdem ich nicht mehr zu Hause wohne, Freunde so gut wie nie in Kontakt gebracht mit der Familie, mit meinem Umfeld.« Ab und zu führe er mal mit ein paar Leuten in das große und schöne Ferienhaus seiner Verwandten, sagt er. Das sei, so sein Eindruck, für seine Freunde okay, mehr noch, sie würden sich freuen, mit ihm an einem so schönen Ort Urlaub machen zu können. Aber wie es wäre, wenn er Freund oder Freundin am Wochenende mit ins Luxushotel nähme? Oder nach Hause, wo permanent das Personal herumschwirrt? »Da würde ich mir große Gedanken machen«, sagt Sebastian, weil er nicht wisse, wie er das, was seine Freunde dann sähen, im Gespräch einfangen solle. »Ich habe kein Template im Kopf, wie man diese Unterhaltungen gut führt«, sagt er – und meint: keinen Plan, keine Vorlage, keine Idee.

Es ist ein Befund, der sich in den vielen Jahren, in denen ich mich nun schon mit Menschen über ererbtes und erarbeitetes Geld unterhalte, als sehr robust erwiesen hat: Über Geld zu reden ist – vor allem in Deutschland – ein Tabu, sei es in der Familie, sei es im Freundeskreis, sei es unter Kolleginnen und Kollegen. Den allermeisten fällt es schon schwer, offen darüber zu sprechen, wer wie viel verdient. Weitaus schwerer ist es, auszusprechen, wer wie viel besitzt, fast unmöglich, wenn es dabei um Summen geht, deren Dimension märchenhaft scheint. In den Gesprächen mit Sebastian war die schlichteste Frage die, die ich mich lange nicht zu stellen traute: Wie viel Geld ist denn bereits auf deinem Konto? Um welche Summen geht es? Als ich es schließlich doch tat, antwortete er zunächst ausweichend, dann aber präzise – auch wenn er im selben Moment darum bat, die Zahl nicht zu veröffentlichen. Dann sagte er etwas, was mich überraschte: So direkt und eindeutig hätten ihn Freunde noch nie nach einer Zahl gefragt.

Kann es also sein, dass nicht in erster Linie der viel bemühte Sozialneid das Miteinander zwischen Vermögenden und dem Rest erschwert, sondern die mangelnde Fähigkeit, gut über Geld zu reden? Von beiden Seiten? (Bleibt die Frage, ob das, wenn eine bestimmte Vermögensdistanz überschritten ist, überhaupt gelingen kann. Aber lassen wir die erst mal beiseite.)

Rainer Zitelmann hatte in seiner Untersuchung herausgefunden, dass Menschen, die Millionäre persönlich kennen, weitaus weniger hart über Reiche urteilten. Ein Hinweis darauf, dass es natürlich auch in diesem Fall vor allem ein Mittel gibt, das uns immun gegen Vorurteile macht: wenn die anonyme Gruppe *der* Reichen oder *der* Armen Gesichter und Namen bekommt, wenn ich mit einem oder einer von ihnen Fußball schaue, beim Späti sitze oder im *Hotel zur Bleiche* speise, wenn ich fragen darf und Antworten bekomme, wenn ich – Achtung, Pathos! – versuche, zumindest ein paar Schritte in den Schuhen des anderen zu gehen. Ich bin überzeugt, dass das keine ganz einfache Aufgabe ist.

Marlene Engelhorn, eine Erbin, die ein Buch mit dem schlichten Titel *Geld* geschrieben hat, erzählt, wie schwer es ihr gefallen sei, das Schweigen, das ihr Vermögen umgibt, zu brechen. »Über Geld spricht man nicht. Geld hat man.«[14] Das sei ein zentraler Glaubensgrundsatz in ihrer Familie gewesen. Als sie beschlossen habe, dennoch mit Freundinnen über ihre Millionen zu reden, habe sie gemerkt, dass niemand der Beteiligten einen Schimmer hatte, wie so ein Gespräch gut funktionieren könne. »Wer fängt an und wie? Was sagt man und wie? Wie viel gibt es zu reden?« Sie schreibt: In beiden »Lagern brodelt ein Süppchen aus Vorurteilen«. Es gilt: »Arme Menschen werden oft beschämt, verteufelt, romantisiert oder verkitscht bemitleidet. Reiche Menschen werden oft überhöht, verachtet, romantisiert und verklärt. Beide werden auf Geld reduziert.«[15]

Gar nicht so einfach, im gemeinsamen Gespräch einen Ausgang zu finden, wenn man sich in diesen festen Kategorien erst einmal eingemauert hat. Obwohl ich Sebastian nun schon so oft gesehen, so lange mit ihm gesprochen habe, fällt es mir schwer, das viele Geld, von dem ich weiß, auch nur für Augenblicke zu vergessen, nicht jede seiner Antworten damit in Verbindung zu bringen, Charakterzüge zu entdecken, die unabhängig von den Milliarden seiner Familie existieren.

Ich ahne also, wie viel auch Nicht-Reiche zu der Sprachlosigkeit beitragen. Und dann wäre da noch das zweite, viel größere Hindernis, das ernsthaften Gesprächen über Geld – sei es beim Späti oder in einem guten Restaurant – im Wege steht: Ich weiß gar nicht, ob die Mehrheit der Vermögenden überhaupt ein Interesse daran hätte.

12. Exkurs: Mäuschen, sag mal piep oder Ein Päckchen von Theo Müller

Im Garten meines Hauses lebt ein Kater, rot getigert, gerader Gang. Wenn ich aus dem Fenster schaue, kann ich ihn beobachten, wie er über die Garagendächer des benachbarten Hofes stolziert, sich auf der Mauer rekelt, die Pfoten leckt. Ein schönes Bild. Bis er mit dem sadistischen Spaß beginnt, der offenkundig in keinem Katzenleben fehlen darf: Er hockt im Gras und versetzt einer Maus einen Schlag mit der Pfote. Er lässt sie auf die Beine kommen, schnappt zu, nimmt sie ins Maul, bevor sie doch wieder entkommen darf. Eine epische Qual, statt sein Opfer einfach zu erlegen. Warum unser schöner Nachbarskater das treibt? Dazu liest man viel Unentschlossenes: Jagdtrieb, klar, Training, sicher. Aber auch: Zeitvertreib. Dem kleinen Kerl ist langweilig und das zappelnde Beutetier spannender als der ewig gleiche Blick runter von den Garagendächern. Warum ich diese zoologische Episode hier erzähle?

Ganz einfach: Je länger meine Recherche dauert, desto häufiger habe ich (zumindest in melodramatischen Momenten) das Gefühl, genau so eine Maus zu sein. Eine Maus, die man laufen lässt und springen, sich wenden und drehen, zappeln und bangen. Weil es ganz amüsant ist, der Maus bei all diesen Anstrengungen zuzuschauen? Weil es erfüllend ist, die eigene Überlegenheit zu spüren? Aus Langeweile? Vielleicht egal. Es ist ja nur eine Maus, die man am Ende doch, wie von vornherein beabsichtigt, erlegt. Dieses Mouse-Feeling ereilt mich immer wieder, wenn nach Wochen und Monaten des Fragens und Wartens und Redens, nachdem alle Themen eingeschickt, alle Vorhaben erklärt, alle Bedingungen erfüllt sind, dann doch ein immer wieder überraschendes »Nein« eines Vermögenden kommt.

Natürlich ist es üblich und absolut in Ordnung, dass Journalisten Absagen kassieren. Jeder soll entscheiden, ob und mit wem er redet. Klar, bei Menschen in politischen Ämtern gilt der Grundsatz, dass sie sich den Fragen stellen sollten, sich verantworten müssen. (Und man könnte darüber streiten, ob dies nicht auch für Menschen gilt, die mehrere Hundert Millionen Euro besitzen, Immobilien, in denen Hunderte leben, Firmen, in denen Tausende arbeiten, ob also Geld ab einer gewissen Größenordnung keine Privatangelegenheit mehr ist. Aber lassen wir das mal beiseite.) An die klaren und offenen Neins, auch an die unentschlossenen Vielleichts bin ich gewöhnt, aber nicht an diese Katz-und-Maus-Spielchen.

Da war ja nicht nur Hans-Peter Wild, der mich von der Flugliste strich, die Kollegen aber in seinem Privatjet mit nach Paris nahm. Auch Hasso Plattner, der Gründer von SAP, scheint es zu mögen. Plattner gehört zu den ganz wenigen Deutschen, die sich der von Warren Buffett und dem Ehepaar Gates gegründeten Bewegung *The giving pledge* angeschlossen hat. Ein Schwur der Superreichen, einen Großteil ihres Vermögens im Laufe ihres Lebens abzugeben. Ein Vorbild.

Viele Wochen waren seit meinem ersten Schreiben vergangen, als sein Medienberater überraschend mitteilte, dass Plattner zu einem Interview bereit sei, ja mehr noch, er würde überlegen, sich mit mir in Potsdam – seiner neben den USA zweiten Heimat – an einigen der für ihn wichtigen Orte zu treffen. Wir schalteten uns online zu einem freundlichen Vorgespräch zusammen, in dem Plattner nicht nur mit viel Vergnügen an einer klaren Meinung etliche Fragen zu seinem Vermögen beantwortete, sondern auch schon konkrete Vorschläge für Orte machte, an denen wir uns treffen könnten.

Zum Beispiel im Museum Barberini. Das Haus ist eines der vielen wertvollen Geschenke, die Plattner der Stadt Potsdam gemacht hat. Dort stellt er auch seine französischen Impressionisten aus – Plattner, der erst seit Anfang der 2000er-Jahre sammelt, besitzt die größte Kollektion des französischen Malers Claude Monet in Europa außerhalb Frankreichs. 2019 hat er dessen Bild »Getreideschober« für über 100 Millionen Euro ersteigert. Vielleicht würde er aber auch durch das Hasso-Plattner-Institut führen, das Forschungszentrum für Systemtechnik, das er gestiftet hat. Vielleicht sei sogar ein Blick in den Sitz seiner Stiftung, eine Bilderbuch-Villa mit Seeblick, möglich oder eine Runde auf seinem alten Segelboot. Wir verblieben so, dass das Treffen in Potsdam auf jeden Fall während Plattners nächstem Aufenthalt in Deutschland stattfinden sollte.

In den folgenden Wochen tauschte ich mich regelmäßig mit seinem Berater aus. Es ging um Terminfragen, letzte Formalitäten also, als sich plötzlich, um eine Metapher aus der Lebenswelt des Segelfans Plattner zu nutzen, der Wind drehte. Der Berater sagte bedauernd ab. Ein Artikel in einer Lokalzeitung habe Plattner verärgert. Es habe nichts mit mir zu tun. Aber er habe entschieden, in Deutschland sein Profil als Vermögender nicht noch sichtbarer zu machen. Im besten Mausestil schrieb ich noch Briefe, bat um ein erneutes Gespräch. Aussichtslos.

Der Pokal für die beste Katze aber geht in die Schweiz, an Theo Müller. Der Sohn eines schwäbischen Molkereibesitzers hat eine dieser unternehmerischen Wirtschafts-Wundergeschichten geschrieben und aus einem Familienbetrieb mit vier Angestellten den Großkonzern »Unternehmensgruppe Theo Müller« gebaut, Heimat der Müllermilch und des Joghurts mit der Ecke. Rainer Zitelmann hat in einem seiner Bücher aufgeschrieben, was man von Müller lernen könne. Dessen Erfolgsgeheimnis sei, dass er aus dem austauschbaren, preisgünstigen Produkt »Milch« eher hochpreisige Markenwaren gemacht habe. Zitelmann zitiert Müller: Mit einem Markenprodukt wie etwa dem »Joghurt mit der Ecke« könne er etwa sechs- bis siebenmal mehr verdienen als mit einem Standardprodukt, wie es etwa die H-Milch ist, die jeder herstellen könne.

Auf gut drei Milliarden Euro wird das Vermögen geschätzt, das Müller mit dieser Strategie aufbauen konnte. Geld, das er auch über den Tod hinaus zusammenhalten will. Anfang der 2000er-Jahre wanderte er in die Schweiz aus. Ins »Exil«, wie er es nennt, trieb ihn nach eigenen Angaben der dringende Wunsch, eine etwaige Erbschaftssteuer zu vermeiden. »Ich verlasse dieses Land und gehe dorthin, wo ich mich so organisieren kann, dass für mich – ohne zu mauscheln – weniger oder keine Erbschaftssteuer anfällt, zum Wohle meines Unternehmens und der gesamten Volkswirtschaft«, sagte er.[1] »Solche Fälle können mir den Joghurt verleiden«, ätzte der damalige Bundeskanzler Gerhard Schröder in der *Bild*-Zeitung. Und er, der ja auch für die Steuergesetze zuständig war, forderte eine Art Volkszorn-Pranger. Man solle ein Verhalten wie das von Müller »gesellschaftlich ächten«.

Das ist natürlich schon recht populistisch, wenn man bedenkt, dass Theo Müller sich an geltendes Recht gehalten hat, auf das Gerhard Schröder als Bundeskanzler dann doch einen gewissen Einfluss hatte. Und das ist einer der Punkte, über den ich gern mit Theo Müller gesprochen hätte, egal ob in der Schweiz oder in Luxemburg, wo seine Holding inzwischen ihren Sitz hat. Und auch er schien überraschenderweise nicht abgeneigt.

Über seinen Assistenten ließ er mir als Antwort auf meine Interviewanfrage ein kleines Päckchen schicken, darin ein Brief und ein Buch. »Herr Müller hat sich mit Ihrer bisherigen Arbeit beschäftigt«, las ich. Und weiter: »Er ist sehr gerne bereit, Ihnen ein Interview zu geben – nachdem Sie beiliegendes Buch gelesen und verinnerlicht haben.«

Ich nahm den tannengrünen Band in die Hand. Der Titel: *Die Gemeinwirtschaft. Untersuchungen über den Sozialismus*, knapp 500 Seiten plus Anhang, zweite, umgearbeitete Auflage, veröffentlicht im Jahr 1932 von Ludwig Mises.

Der Wirtschaftswissenschaftler von Mises war einer der zentralen Vordenker des radikalen Liberalismus, ein wichtiger Vertreter der Österreichischen Schule. Als Sohn wohlhabender Eltern machte er schon früh mit seiner Geldtheorie auf sich aufmerksam. Seine Forderung: Alles Geld, das in Umlauf kommt, müsse durch Goldreserven gedeckt sein. Dann könnte auch das Monopol des Staates zum Gelddrucken gebrochen werden, und Geld könne, wie jedes andere Gut auch, von Privaten hergestellt und gehandelt werden. Auch weil von Mises als Jude im zunehmend antisemitischen Österreich der 1920er-Jahre eine Universitätskarriere erschwert wurde, hielt er ein Privatseminar ab, das als eine der Keimzellen der neoliberalen Lehre gilt, also der Idee, dass der Staat in die Wirtschaft möglichst wenig einzugreifen habe, dass er bestenfalls Polizei, Justiz und Armee als Wahrer von Sicherheit und Privateigentum stellen und ansonsten den Kräften des Marktes ihren Lauf lassen sollte.

Was man über von Mises' Liberalismus-Seminar, an dem auch Friedrich von Hayek teilnahm, liest, klingt recht vergnüglich: Man saß erst über Stunden in von Mises' Büro zusammen, bevor dann in Restaurants und Wiener Kaffeehäusern bis in die Nacht weiterdiskutiert wurde.

Nach dem Zweiten Weltkrieg war von Mises auch Gründungsmitglied der Mont Pèlerin Society, dieses legendären Clubs aus Wissenschaftlern, Unternehmern, Politikern und Journalisten (hier ergibt die männliche Form Sinn, denn Frauen waren damals nicht dabei), die sich zum Ziel gesetzt hatten, die Welt nach wirtschaftsliberaler Logik zu organisieren. Eine Art Mega-Thinktank. Heute gilt das Mises Institute, das seine Witwe mitbegründete, als Ort extremen libertären Denkens, das unter anderem der Tea Party den intellektuellen Unterbau geliefert hat. Es war also eine durchaus ungewöhnliche Bedingung für ein Interview, die Theo Müller da gestellt hatte, aber was soll's. Die Katze schreibt die Regeln. Ich las also.

The last knight of liberalism, der »letzte Ritter des Liberalismus«, wie ihn seine Kollegen nannten, ficht in dem Buch einen wortreichen Kampf gegen den Sozialismus. Natürlich gelingen ihm Dutzende Wirkungstreffer. Ich teile, teilte schon immer seine Ablehnung der Planwirtschaft, seine Furcht vor der Herrschaft von Beamten, die in so einem System Bedarf und Lohn und Preis per Dekret festlegen würden. Die Ballung von Reichtum, so Mises, sei im Kapitalismus das Ergebnis einer Volksabstimmung der Konsumenten und damit schützenswert, jegliche Verteilung eine Art Sünde gegen diese natürliche Ordnung. Und man ahnt beim Lesen, dass sich die Anekdote, die in keinem Mises-Porträt fehlen darf, tatsächlich so zugetragen haben könnte: »Ihr seid alle ein Haufen Sozialisten«, soll er nämlich seinen marktliberalen Verbündeten entgegengeschmettert haben, bevor er aus dem Raum stürmte.

Tja, und dann sind da die vielen Passagen im Buch, in denen von Mises' Menschenbild so gar nicht liberal, so gar nicht freiheitlich wirkt, sondern er vielmehr von einer Art natürlichen Hierarchie der Menschen schwadroniert. Da warnt er vor der aus seiner Sicht großen Schwäche der Demokratie, dass sie nämlich die Sorgen der »Weniger-bemittelten« zu ernst nehmen, ihre Probleme durch Verteilung von Gütern zu lösen versuchen könnte und so zu etwas degenerieren würde, das Mises »Ochlokratie« nennt. Das klingt erhaben, ist aber eigentlich eine Beleidigung. »Ochlokratie« meint »Pöbelherrschaft«, also den (demokratischen) Sieg derer, die Mises für dessen nicht würdig erachtet, schreibt er doch: »Daß die Menschen nicht gleichwertig sind, daß es unter ihnen von Natur aus Führer und Geführte gibt, daran kann auch durch demokratische Einrichtungen nichts geändert werden.«[2]

Na ja. Und auch, welchen Platz in dieser Ordnung Frauen einzunehmen haben, ist für Mises unstrittig: »Die Verschiedenheit der Geschlechtscharaktere und des Geschlechtsschicksals läßt sich ebensowenig wegdekretieren wie die sonstige Verschiedenheit des Menschen«, schreibt er und: »Daß die Frauen in der Betätigung politischer Rechte vielfach behindert sind, daß ihnen Stimmrecht und Ämterfähigkeit versagt werden, mag wohl als Kränkung ihrer persönlichen Ehre erachtet werden, hat aber kaum darüber hinaus Bedeutung.«[3] Von Mises' großer Einsatz für die Freiheit beschränkt sich am Ende also doch auf einen eher kleinen Teil der Bevölkerung.

Ich notiere mir, auch darüber mit Theo Müller sprechen zu wollen. Vor allem aber über seine Warnung, die sich in dem Vorwort findet, das er gemeinsam mit einem Unternehmensberater verfasst und von Mises' Text vorangestellt hat. »Wir leben heute in einer Zeit, in der in beängstigender Weise die Parolen des Sozialismus wieder auferstehen«, man stünde »am Vorabend einer neuen sozialistischen Bedrohung«, schreibt Müller und hofft, dass auch seine Neuauflage von Mises' *Die Gemeinwirtschaft. Untersuchungen über den Sozialismus* mithelfen werde, zu verhindern, dass wir »Zeugen eines erneuten Niedergangs werden müssen«[4].

Gern hätte die Maus erfahren, worauf diese Ängste der Katze gründen. Welche Parolen meint Müller genau? Was genau bringt ihn dazu, sich am Vorabend einer »sozialistischen Bedrohung« zu fühlen? Bei welchem Steuersatz beginnt aus seiner Sicht »Enteignung«? Und was meint er, wenn er schreibt, dass die deutsche Erbschaftssteuer Eigentum gefährde?

Ohne von Mises post mortem übermäßig kritisieren zu wollen: Die Lektüre seiner Abhandlung ist zwar phasenweise hochinteressant, zieht sich aber auch wie einhundert Jahre altes Kaugummi. Und so atme ich durchaus erleichtert auf, als ich endlich am pathetischen Ende angelangt bin: »Wer das Leben dem Tode, die Glückseligkeit dem Leid, den Wohlstand der Not vorzieht, (...) muß auch ohne Einschränkungen und Vorbehalte das Sondereigentum an den Produktionsmitteln wollen.«[5]

Verstanden, denke ich und antworte Müllers Assistenten pflichtschuldig, meinen Teil der Abmachung erfüllt zu haben und mich nun sehr auf das Gespräch zu freuen. Nichts. Ich frage nach. Wieder nichts. Ich rufe an und werde abgewimmelt: »Ich habe es ihm weitergeschickt«, sagt der Assistent unwirsch am Telefon, »und wenn er will, wird er sich melden.«

Müller will nicht. Und so bleiben die oben genannten Fragen ungestellt, genau wie eine, die ich doch sehr gern losgeworden wäre: Was treibt einen sicherlich viel beschäftigten Multimilliardär an, auf eine Interviewanfrage hin ein Päckchen mit dem Werk eines toten libertären Ökonomen verschicken zu lassen, Leseauftrag inklusive, und ein Gespräch anzukündigen, das er offenkundig nie führen wollte? Nichts als die Lust am Machtspiel?

13. Gut reden über sehr viel Geld

Gut, dass es auch die anderen gibt. Nicht nur Sebastian, sondern auch Menschen wie Thomas Bscher. Direkt nach dem ersten Klingeln lässt er das eiserne Tor zu seiner Villa in Köln-Marienburg aufspringen. Ein paar Schritte über den Kies, schon sieht man ihn, elegant gekleidet, das Hemd mit Manschettenknöpfen verziert, dazu ein Jackett, das graue Haar am Hinterkopf stets ein wenig in Bewegung. Er wartet lächelnd, die Hand zur Begrüßung ausgestreckt. Der 72-Jährige ist ein Gentleman, ein ausgesprochen höflicher Gastgeber.

So war es auch schon am Vortag in einem seiner Häuser, dem *Cumberland* am Berliner Kurfürstendamm, als Bscher geduldig durch die Räume führte, über uns der märchenhafte Kronleuchter, unter unseren Füßen der Boden, leicht brüchig, weil noch original von 1911, vor uns die ehemaligen Aufzüge, umgewidmet zu Weinkühlschränken, denn Bscher hat das denkmalgeschützte Haus für viele Millionen Euro zu einem Restaurant umbauen lassen. (In dem der teuerste Wein übrigens knapp 2000 Euro die Flasche kostet, ein Masseto aus dem Jahr 2017.)

So war es in dem Kölner Gewerbegebiet, als Bscher das Tor zu der unscheinbaren Garage öffnete, hinter dem sich, verborgen unter einer Schutzplane, ein wahrer Schatz versteckte: ein Bugatti-Oldtimer aus dem Jahr 1932, ein bildschöner Wagen. (Der aber leider die Garage so gut wie gar nicht mehr verlässt. Er schaue nur selten vorbei, sagte Bscher, ausgefahren habe er das gute Stück schon lange nicht mehr. Schade eigentlich, denn der Bugatti sei sicher so viel wert, wie er einst beim Kauf für ihn hingelegt habe, schätzt Bscher, rund eine Million Dollar.)

Und so war es auch beim Streifzug durch sein Reich in Berlin-Charlottenburg, als er all die denkmalgeschützten Prachtbauten vorführte, die er mit viel Liebe zum Detail, aber auch dem nötigen Investitionskapital gekauft und renoviert hat: das schmucke weiße Eckhaus Kurfürstendamm, Ecke Schlüterstraße, in dem der Maler Otto Dix für ein paar Jahre sein Atelier hatte und in das nach Bschers aufwendiger Sanierung Luxusläden wie Gucci einzogen; der prächtige neobarocke Palast namens *Commerzbank-Haus* auf einem fast 2000 Quadratmeter großen Grundstück ein paar Straßen den Ku'damm weiter runter und, natürlich, sein in Berlin besonders erregt diskutierter Einkauf: die Schlüterstraße 45, eines der Berliner Häuser, das auf so unwahrscheinliche Art Dauerzeuge der Geschichte war, dass all die Tragik, all das Wechselhafte fast zu einer Nachbarschaftsstory zusammenschnurrt.

In den frühen 1930er-Jahren war hier das Studio der jüdischen Modefotografin Yva, die auch Helmut Newton, der damals noch »Neustädter« hieß, ausbildete. Ein Stolperstein erinnert heute an ihre Ermordung durch die Nazis, die in dem Haus Anfang der 1940er-Jahre wiederum die Reichsfilmkammer einrichteten. Im Keller lagerten sie beschlagnahmte Kunst, im Filmvorführraum begutachtete Goebbels die produzierte Propaganda. Es war sicher kein Zufall, dass die Briten nach dem Krieg genau in diesen Räumen ihre Spruchkammer zur Entnazifizierung von Vertretern der Medienberufe und der kulturellen Elite einrichteten. Ein Gremium, das entschied, wer Täter und wer Mitläufer war, wer weiterarbeiten durfte und wer geächtet wurde. Gustaf Gründgens sprach hier vor, Heinz Rühmann, Wilhelm

Furtwängler und Axel Springer. In den Wirtschaftswunderjahren schließlich zog in die Schlüterstraße das Künstlerhotel *Bogota* ein, ein Ort, der schnell als »Institution« galt. Ein Hotel mit Aura, aber immer weniger Kunden. Dann, Anfang der 2000er, kam und kaufte Thomas Bscher. Er kündigte dem *Bogota* wegen Mietschulden. Es gab einen Aufschrei in der Kulturszene, die von »Verrohung« (Hanna Schygulla), »Tragödie« (Lars Eidinger) und »Geschichtsvergessenheit« (Ulrich Matthes) sprach. Heute ist das Haus sorgsam renoviert, unten werden hippe Hoodies verkauft, darüber ist das Headquarter eines internationalen Anbieters für möblierte Apartments und eine Immobiliengesellschaft.

Was Thomas Bscher auf diesem Spaziergang auch erzählte, war, wie nützlich sehr viel Geld bei Nachbarschaftsstreitigkeiten sein kann. Eines Tages sei nämlich einer seiner besten Mieter, die Edelmarke Gucci, auf ihn zugekommen und habe sich über ein Gewerbe im Nebenhaus beschwert: die *Flamingo Bar*, ein Bordell. Und was tat Bscher? Beschwerden ans Amt schreiben? Nee. Er kaufte das Haus, machte den Laden dicht und schaffte Gucci die unerwünschte Nachbarschaft vom Hals.

Thomas Bscher ist also bereit, über Geld zu reden, genau wie Sebastian, genau wie Conrado Dornier, der Nachkomme der großen Flugzeugdynastie, genau wie Thomas Strüngmann, der mit einem zweistelligen Milliardenvermögen auf einem der vorderen Plätze der Reichenliste des *Manager Magazins* steht, und all die anderen, von denen in diesem Text noch zu lesen sein wird.

Sie ließen alle Fragen zu, antworteten geduldig und akkurat, auch weil sie überzeugt davon sind, dass es – gerade in einer Zeit, in der sich viele nur noch voller Empörung verachten – notwendig ist, miteinander zu reden. Nutzen wir also diesen Moment an Bschers Schwelle, um das ausdrücklich anzuerkennen, mit allem Respekt. Denn auch Thomas Bscher hat natürlich überlegt, ob er ein Gespräch über seine vielen Millionen wirklich führen will, auch er weiß, wie schwer es ist, dass so ein Gespräch trotz der monetären Welten, die zwischen uns liegen, gelingen kann. Aber er duckt sich nicht weg, sondern öffnet die Tür zu seiner Villa, führt durch die fast leeren Räume bis nach oben in ein ganz besonderes Zimmer, den Pokalraum, den er mit den vielen Erfolgen während seiner Karriere als Hobbyrennfahrer gefüllt hat. Längs und an beiden Stirnseiten reihen sich Dutzende Trophäen auf mehreren Regaletagen. Legendäre Rennen wie Le Mans und die 1000 Kilometer von Monza sind dabei.

Bscher spricht in diesem Raum das Offensichtliche aus: Er liebe es zu gewinnen, sagt er. »Niederlagen sind nichts Schönes.« Sie gehörten zum Leben dazu, natürlich. »Aber Niederlagen sollten nach Möglichkeit nicht zu häufig passieren.« Er lacht.

Thomas Bscher kommt aus einer Familie, die seit Generationen reich ist. Sein Großvater Robert Pferdmenges war Bankier und Berater von Bundeskanzler Konrad Adenauer. In Bschers Viertel ist sogar eine Straße nach ihm benannt. Der Familie gehörten Anteile der Privatbank Sal. Oppenheim, in ihren besten Zeiten die größte Europas, und an der Colonia-Versicherung, auch die war mal ein großer Player. Auch Bscher ist Jachtbesitzer, aber er liebt es stilecht und segelt. Gerade hat er sich ein neues Boot bauen lassen. Auf Bildern der Werft sieht man das Schmuckstück, gut 20 Meter lang, innen minimalistisch ausgestattet, mit Eichenmöbeln und Leinenbezügen. Gerade hat es eine seiner Jungfern-Regatten überstanden, den Maxi Yacht Rolex

Cup vor Sardinien. Auch bei solchen Renommee-Rennen hat Bscher schon Pokale gewonnen. Er mag halt keine Niederlagen. Und genau darauf, auf den großen eigenen Einsatz, den Biss, führt er am Ende auch sein Vermögen zurück.

»Das Erbe ist da«, sagt er, »ich hatte einen guten Start ins Leben. Das ist gar keine Frage. Aber das ist nicht das, was ich im Leben verdient habe. Das habe ich alles selber verdient.«

Er verweist auf seine Karriere als Präsident der Edelmarke Bugatti, auf seine Zeit als Kunsthändler, als er gemeinsam mit seiner damaligen Frau eine große Galerie aufbaute, die inzwischen Bschers Tochter leitet, auf die Immobilienkäufe. Und es ist ja in der Tat ein beeindruckender Lebenslauf mit beachtlichem Ertrag. Ein Besitz, der in Berlin, hier in Köln, in der Garage im Gewerbegebiet und auf den Fotos der Pracht-Jacht-Rennen sichtbar ist. Und trotzdem taucht Thomas Bscher auf all den halb offiziellen Reichenrankings gar nicht auf. Seine Millionen gehören zu den vielen, die in den gängigen Statistiken unter den Tisch fallen. Das liegt unter anderem daran, dass Bschers Familie die großen Unternehmensanteile schon vor langer Zeit verkauft hat. Die Anteile an Sal. Oppenheim zum Beispiel gab die Familie in den 1990er-Jahren ab. Ein gutes Timing übrigens, stürzte die Privatbank doch eine Dekade später nach 220 Jahren Firmengeschichte spektakulär und skandalös ins Nichts. Die Anteile an der Colonia Versicherung verkaufte die Familie schon 1989 für damals drei Milliarden DM.

Was danach geschah, kann selbst Datensammler Andreas Bornefeld nicht einmal schätzen, wie bei allen sehr reichen Menschen, deren Vermögen nicht in Bilanzen auftaucht, nicht in Anteilen an Firmen steckt, sondern, wie in Bschers

Fall, seit Langem privat verwaltet wird, zum Beispiel aus einer Villa in Köln-Marienburg.

Thomas Bscher hat inzwischen unten im Salon auf einem seiner schwarzen Vintage-Ledersessel Platz genommen. Draußen fährt der Rasenmähroboter seine Bahnen. Es kann losgehen mit der basalsten, aber wie ich inzwischen weiß, nicht eben einfachsten aller Fragen.

Herr Bscher, wie reich sind Sie denn? Im Internet hatte ich auf einer Infoseite für Vermögensverwalter eine Zahl dazu gefunden. Da stand, Bscher sei der reichste Kölner und besäße 1,4 Milliarden.

»Das ist völliger Quatsch, totaler Blödsinn«, kommentiert Bscher die Summe ganz entschieden, fügt dann aber an: Der reichste Kölner sei er vielleicht tatsächlich.

Aber es dürften ja schon, wenn man allein an die Immobilien in Berlin dächte, mehrere Hundert Millionen sein …

»Das ist schon richtig«, sagt Thomas Bscher.

Mehrere Hundert Millionen also. Eine sehr vage Größenordnung, aber immerhin.

Macht Geld glücklich, Herr Bscher?

»Ich glaube, nein«, sagt er.

Was gibt Ihnen das Geld dann?

»Nichts. «

Nichts? Wirklich? Ein paar Hundert Millionen, die einem nichts geben? Offenkundig denkt auch Bscher noch einmal nach. Dann ergänzt er seine erste überraschende Antwort: »Ich finde es wichtig, dass man etwas Schönes gestaltet«, sagt er, »Geld gibt einem zwei Sachen. Die erste: Es gibt Unabhängigkeit, das ist der wichtigste Punkt. Das Einzige, wofür viel Geld wirklich was bringt. Sie sind von keinem abhängig, ein schönes Gefühl. Zweitens gibt es die Möglichkeit, was zu tun.«

Die wissenschaftliche Definition von Kapital sei ganz einfach »Geld für Investitionszwecke«. Der Kapitalist (also er) »ist nicht durch viel Geld mehr oder weniger Kapitalist. Der Kapitalist ist einer oder jeder, der Geld investiert«, führt Bscher aus. Es brauche eine bestimmte Ballung von Kapital, »sonst haben Sie kein ausreichendes Wachstum bei gegebenen Investitionschancen und Risiken«. Deshalb, sagt er, seien uns zum Beispiel die USA bei neuen Technologien überlegen. Denn dort investierten einfach mehr Menschen in vollkommen neue Geschäftsfelder, auch weil sie die Verluste in jedem Fall von der Steuer absetzen könnten. »Der Staat kann den privaten Investor nicht ersetzen«, sagt Bscher und meint also: Die Ungleichheit sei keinesfalls ein Fehler des Systems, sondern notwendiger Treibstoff, damit es funktioniert. Im Kapitalismus, so seine Argumentation, brauche es zwangsläufig Superreiche, die ausreichend Vermögen haben, um es dann in Unternehmen, Häuser oder was auch immer zu investieren.

Aber, um mal ganz platt zu fragen: Ist es denn gerecht, dass Sie so viel haben und die anderen so wenig?

Um klarzumachen, für wie abseitig er diese Frage hält, erzählt Thomas Bscher eine Geschichte. Man solle sich doch gedanklich nach Somalia versetzen, sagt er, »eines der ärmsten Länder. Nehmen wir an, da gibt es einen Steve Jobs, der das nächste Apple erfindet.« Ein Unternehmen, das dieselbe Erfolgsstory schriebe wie das Apple, das wir kennen, nur eben »im Staate Somalia«. Was würde passieren? Der somalische Steve Jobs »hätte in ganz kurzer Zeit 95 Prozent der nationalen Assets von Somalia«, also fast das gesamte Vermögen. Extrem ungerecht, so Bschers Subtext. »Jetzt können Sie ihm das wegnehmen. Gar kein Problem. Was haben Sie davon? Der Staat würde das Geld ausgeben oder umverteilen, und im Ergebnis wäre das Land nach kurzer Zeit so arm wie zuvor.«

Durch meinen Kopf rattern sofort so viele Fragen, dass ich kaum mehr mitkomme. Habe ich diese Somalia-Geschichte nicht schon mal irgendwo gelesen? Ist sie eine Art Evergreen unter den Ungleichheit-ist-kein-Problem-Argumenten? Und trägt das Beispiel? Käme es nicht auch darauf an, was Somalia mit dem Geld, das der somalische Steve Jobs abgeben würde, macht? Schulen bauen oder Waffen kaufen? Vermutlich bringt es aber auch relativ wenig, über abwegige somalische Fallstudien nachzudenken, wenn man doch über die deutsche Realität reden kann. Also: Einigen wir uns darauf, dass die Ungleichheit der Vermögen auch eine notwendige Triebkraft des Kapitalismus ist, bleibt doch die Frage: In welchem Ausmaß ist Ungleichheit hinnehmbar?

Herr Bscher, 50 Prozent der Deutschen, also die ärmere Hälfte, besitzt – was glauben Sie – wie viel Prozent des Gesamtvermögens?

»Ich kenne diese Statistiken«, sagt Bscher und reagiert auf die Zahl 1,4 Prozent mit einem lang gedehnten, etwas genervten »Ja«.

Dann entgegnet er: »Und wenn die jetzt zehn, 20 Prozent kriegen, was passiert dann?« Er gibt sich die Antwort selbst: »Dann haben Sie 20 Prozent mehr Konsum, das ist eine kurze Blase.«

Na ja, man könnte es auch so sehen: In erster Linie hätte die ärmere Hälfte der Bevölkerung auch einen Anteil am Vermögen. Die Menschen hätten ein bisschen mehr Sicherheit im Leben. Ein besseres Leben. Sie könnten vielleicht auch etwas aufbauen, investieren, so wie Thomas Bscher es für sich beansprucht.

»Wenn die Menschen das entsprechend in dieser Richtung benutzen würden, dann haben Sie recht«, sagt Bscher. »Tun sie das? Weiß ich nicht.«

Das klingt jetzt so, als würden die Leute mit dem Geld nicht umgehen können.

Soll es wohl auch. Thomas Bscher sagt, er sorge dafür, dass das Kapital arbeite, dass Dinge passierten. »Wenn das Geld verteilt wird, wird es nicht investiert, wird es ausgegeben.« Denn eines steht für Thomas Bscher fest: »Die Deutschen sind kein Land der Eigenverantwortung. Die Deutschen geben ihre Verantwortung am liebsten ab, an irgendeine Institution, an den Staat.«

Auch nach mehrmaligem Anhören finde ich diese Argumentation, wie soll man es ausdrücken, nicht ganz fair. Natürlich gibt es in einem Land wie Deutschland Menschen im Vollkasko-Modus, Menschen, die jedes Lebensrisiko abgesichert haben wollen, gern auch vom Staat, und ja, vielleicht gibt es sie hier mehr als anderswo. Aber diese Vollkasko-Typen existieren in allen Vermögensligen. Ich erinnere mich an eine der vielen imposanten Tabellen, die mir Datensammler Andreas Bornefeld geschickt hat. Darin hatte er aufgelistet, welche deutschen Superreichen trotz Hunderter Millionen Euro Vermögen während der Pandemie staatliche Hilfen beantragt hatten. Darunter, um nur ein Beispiel von vielen zu nennen: Klaus-Peter Schulenberg, der Inhaber von Eventim, Ticketverkäufer und Konzertveranstalter. Schulenberg hat in guten Zeiten ordentlich verdient. Sein Vermögen wird auf knapp vier Milliarden Euro geschätzt. Sein Unternehmen macht in guten Jahren rund zwei Milliarden Umsatz, die Gewinnmarge ist mit 20 Prozent geradezu märchenhaft. Kurz: Schulenburg und seiner Firma geht es blendend. Trotzdem hat er in der Pandemie die Verantwortung für ein, zwei härtere Jahre offenkundig gern und unmittelbar an den Staat abgegeben und über 200 Millionen Euro Hilfen aus Steuergeldern verlangt.

Und dann sind da natürlich auf der anderen Seite, ich mag es kaum schreiben, so banal ist diese Nachricht, eben auch Millionen von Menschen in diesem Land, die in ihrem Leben sehr viel Verantwortung tragen – für sich, ihre Kinder, ihre Arbeit – und die trotzdem zu denen gehören, die bei der Verteilung jeglicher Vermögen außen vor sind. Der Vater des Freundes meines kleinen Sohnes, der einen Kiosk führt. Die Eltern der kleinen Zwillinge, die beide arbeiten. Das Musikschullehrer-Ehepaar, das ich für mein letztes Buch *Working Class* begleitete. 100 Schülerinnen und Schüler pro Woche unterrichteten sie »eigenverantwortlich«, auf Honorarbasis. Ihre eigenen Kinder sahen sie oft nur spätabends. Rund 3000 Euro netto brachte ihnen dieser Einsatz im Monat. Und als diese Einnahmen, ähnlich wie bei Schulenbergs Eventim, wegbrachen, bekamen sie keine Staatshilfen, sondern suchten sich Zusatzjobs.

Aber kehren wir ins Gespräch mit Thomas Bscher zurück. Auch ein wenig unhöflich, ihn so lange auf »Pause« zu setzen. Bscher hat auf all die Fragen zur Ungleichheit nämlich noch etwas Zweites entgegnet. Ein wesentliches Argument, nämlich dass es ja in Deutschland bereits einen Ausgleich gebe zwischen Menschen wie ihm, die sehr viel besitzen, und denen, die weniger haben: die Steuer auf Einkommen und Kapitalerträge. Er sagt: »Wenn es eine Rangfolge an Steuerzahlern in dieser Stadt gäbe, der wirklich gezahlten Steuern, bin ich ganz sicher in der Spitzengruppe der Stadt. Ich zahle schon sehr viel Steuern.« Rund 50 Prozent seien es auf einen großen Teil seiner Einnahmen, sagt Bscher. Und antwortet dann auf die Frage, ob er diese Steuern gern zahle, mit einem Satz, der radikal klingt, weil er während meiner Recherche so selten fällt. »Mir ist es egal«, sagt Thomas Bscher. »Ich habe das von vornherein so eingeplant, dass ich Steuern zahle, und dann stört es mich nicht mehr. Es stört mich wirklich nicht, weil ich nicht daran denke. Ich denke innerhalb der Grenzen, die Chancen und eingehbare Risiken mir setzen.«

Es ist ein guter Moment der Ruhe. Denn wenig wühlt beim Thema Reichtum so auf, wenig empört und trennt so sehr wie die Frage nach der Besteuerung. Sie wird später in diesem Buch noch Seiten füllen. Es wird um weltumspannende Modelle gehen, um Berater, denen Vermögende viele Hunderttausende Euro zahlen, um ihr Geld auf verschlungenen Wegen vor der Steuer zu bewahren, um Minderjährige, denen milliardenschwere Unternehmen geschenkt werden, »der Steuer wegen«, und um Staatsdienerinnen, die bei alldem überraschend gern unterstützen. Thomas Bscher dagegen sagt, er halte es mit SAP-Gründer Hasso Plattner, der die Gesamtlage einmal sehr schön mit folgenden Worten beschrieben habe: Er ließe sich von der Steuer nicht vorschreiben, wo er lebe.

Dann aber zitiert Bscher Hasso Plattner weiter: Dieser habe nämlich auch klargemacht, dass er, wenn es ihm hier steuerlich zu bunt würde, weg sei. »Bei einer zweiprozentigen Vermögensteuer muss ich Deutschland verlassen«, so eine von Plattners Aussagen im Wortlaut.[1] »Und dann kommen Sie mit Ihrer Verteilung, und aus der Verteilung wird nichts rauskommen!«, setzt Bscher nach. Und schon endet der Moment der Tiefenentspannung, und das Steuerthema hat es wieder dahin geschafft, wo es doch die ganze Zeit so eifrig hindrängt: in die Arena der Empörung.

Eine Vermögenssteuer, findet Thomas Bscher, »würde die Steuerpflichtigen kriminalisieren, nach dem Motto: Haben die auch alles angezeigt? Da hat keiner Lust drauf in diesem Land.« Käme eine Vermögenssteuer, »dann wäre in der Tat für viele Deutsche das Maß voll«. Es sei schon jetzt kein Problem, sich eine Auslandsvertretung zuzulegen, »eine europäische Aktiengesellschaft« zum Beispiel. »Und ob Sie die aus Luxemburg, aus London oder Amsterdam heraus machen, ist doch vollkommen belanglos. Das Kapital ist zuerst weg, und der Mensch folgt zuletzt«, sagt Bscher.

Sie meinen, die Leute würden gehen?

»Die Leute gehen, klar. Sie gehen.«

Sie auch?

»Ich habe Ihnen gesagt: Ich bin Rheinländer, im Herzen ein Vertreter des sogenannten rheinischen Kapitalismus, und ich bin Anfang siebzig. Ich würde wahrscheinlich nicht gehen, nein. Aber jüngere Leute, ganz sicher.« Die Frage, ob man gehen würde, sei auch weniger als die halbe Wahrheit. Viel wichtiger sei die folgende Fragestellung: Welche internationalen Spitzenleute und großen Investoren kämen denn trotz solcher steuerlichen Verhältnisse noch neu zu uns? »Das ist schon jetzt ein Problem in und für Deutschland.« Auch aus diesem Grund halte er die Vermögenssteuer für »einen großen Blödsinn«, sagt Bscher. »Sie müssen sich letztendlich die Frage stellen: Was wollen Sie? Wollen Sie eine gerechtere Situation mit einem geringeren Mehrwert für alle? Oder wollen Sie mehr Ungerechtigkeit mit einem größeren Mehrwert für alle? Das ist doch die Frage.«

Es ließe sich an dieser Stelle Vielfältiges einwenden. Zum Beispiel, ob es die feine Art der politischen Auseinandersetzung ist, wenn Vermögende damit drohen, das Land zu verlassen, um eine Steuer wegzuzwingen. Und, viel wichtiger noch: wie glaubwürdig diese Drohung überhaupt ist. Andreas hatte mir aus seinen Daten eine Aufstellung geschickt:

Darin konnte ich nachlesen, welche deutschen Milliardäre den Sitz ihrer Firma und/oder sich selbst bereits in ein Land mit niedrigerer Steuer verlagert hatten. Theo Müller war dabei. Ebenso wie Hans-Peter Wild und viele andere, wie zum Beispiel die Reimanns, unter den Milliardären meist in den Top 5, die ihre Holding nach Luxemburg verlegt haben. Dort sitzt auch die Holding der Familie Baus, die, man könnte fast darauf kommen, Inhaber von Bauhaus.

Mehr als jeder Zehnte hat Deutschland entweder selbst oder zumindest mit der Unternehmenszentrale aus steuerlichen Gründen verlassen. Die meisten sind schon vor Jahren gegangen, als das noch wesentlich einfacher war. Inzwischen gibt es Hürden, zum Beispiel eine Wegzugsbesteuerung, eine relativ happige Abschiedssteuer, bevor man geht (die man mit aufwendigen Modellen, wie zum Beispiel den Wegzugsbesteuerungsblockern zwar auch wieder umgehen kann, aber es ist erst einmal eine Hürde). Doch um all die Fragen nach Steuerzahlung, Steuergestaltung, Steuerumgehung wird es später noch gehen.

Machen wir an dieser Stelle einen Punkt, kein Frage- und schon gar kein Ausrufezeichen. Wozu Thomas Bscher bereit ist, ist schließlich genau das, was so selten gelingt: ein echtes Gespräch über Geld – trotz großer Unterschiede. Ein Austausch, bei dem keine Seite mit dem Rücken zur Wand steht, sich in Floskeln flüchtet, keine PR-Abteilung alles Gesagte entkernt und jeden Satz mit Laminat auslegt.

Nach dem Gespräch bietet Thomas Bscher Wasser an. Seine Sekretärin ist längst gegangen. Er aber räumt noch ein wenig auf und wird am Abend dann seine Villa, von der aus er sein Vermögen verwaltet, zuschließen, um in die zu gehen, in der er wohnt. Thomas Bscher ist ein echter Gentleman.

14. Business – Was Geld bewegt

Nehmen wir seinen zentralen Gedanken mit ins nächste Kapitel. Bscher hatte gesagt, die »Ballung von Kapital« bei wenigen sei nötig, damit diese das Geld investieren können. Superreiche wie er würden dafür sorgen, dass Dinge geschehen. Damit formuliert er die zentrale Rechtfertigung der extremen Ungleichheit von Vermögen: Einzelne bräuchten die Milliarden nicht für sich, sondern als Treibstoff, damit der kapitalistische Laden läuft. Zudem sei das viele Geld die gigantische Karotte, der Jackpot, der Menschen dazu bringe, Risiken einzugehen, sich Neues zu überlegen. Beides sei im Sinne aller, die dann von Innovation, Wachstum, einer blühenden Wirtschaft profitieren würden. Oder, wie es der französische Präsident Emmanuel Macron, einer der strahlendsten Vertreter dieser Überzeugung, ausdrückte: »Damit unsere Gesellschaft gesundet, braucht sie erfolgreiche Menschen. Diesen Erfolg sollten wir nicht neiden. Wir sollten rufen: Fantastisch!«

Und an alldem ist ja auch viel Wahres dran: Jedes Land braucht funktionierende Unternehmen. Jede Gesellschaft braucht Menschen, die etwas wagen, die Verantwortung übernehmen. Vermögen ist und soll ihr Lohn sein, ein Lohn, der im Idealfall helfen kann, neue Ideen zu beflügeln. Oder, wie es Rainer Hank in der *F.A.Z.* formulierte: »Das Gewinnstreben bleibt ein Trieb der menschlichen Natur, von dem alle profitieren.«

Es gebe unter den Superreichen eben »jene einfallsreichen Entrepreneure, die mit guten Ideen dazu beitragen, dass unser aller Reichtum wächst«.[1]

An einem Julitag bin ich mit einem Mann verabredet, der sich all diese Lorbeeren anheften könnte, einem, den erst sein Unternehmen und dann seine Investitionen zum vielfachen Milliardär gemacht haben. Ich hatte ihm wie so vielen anderen Superreichen auch einen Brief geschrieben, und er hatte daraufhin ein paar Wochen später angerufen. Er, dessen Investitionen als Beleg dafür dienen könnten, dass Thomas Bscher recht hatte, wenn er meinte, dass es ein Segen für alle sein kann, wenn Einzelne sehr viel Kapital besitzen, das sie so investieren, dass Dinge geschehen, manchmal eben bahnbrechende Dinge. Thomas Strüngmann, 74, war gemeinsam mit seinem Zwillingsbruder Andreas einer der erfolgreichsten Unternehmer Deutschlands, vor allem aber sind die beiden Investoren, Zukunftsinvestoren. Das *Manager Magazin* platziert sie mit jeweils 13 Milliarden Euro auf Platz 12 und 13 der Reichenliste. Eine Liste, die Strüngmann, wie er in mehreren Interviews betont, aber ganz egal ist. »Es sind Listen. Was sagen diese Listen über uns aus? Wir können uns mit diesen Listen in keiner Weise identifizieren.«

Strüngmann hat mich in die Räume seines Family-Offices eingeladen. Ich bin viel zu früh, zum Glück. Immer wieder lese ich seine SMS-Nachricht, in der er mir die Adresse mitgeteilt hat. Aber weder ich noch Google-Maps finden sie. Zunehmend verwirrt umkreise ich das gläserne Bürohaus, biege in Querstraßen ein, kehre wieder zum Ausgangspunkt zurück. Keine passende Hausnummer, nirgends. Ob das Absicht ist? Oder liegt es daran, dass das Gebäude renoviert wird? Später werde ich erfahren, dass auch manch Paketbote schon an dieser Schnitzeljagd scheiterte.

Schließlich folge ich ein paar Menschen im Anzug durch eine Glastür, die ich noch nicht versucht habe. Volltreffer.

Oben empfängt mich Strüngmanns Assistentin und leitet mich durch lange, lange Gänge in sein Büro. Wie immer zu Beginn eines wichtigen Interviews tickt in meinem Kopf eine unerbittliche Uhr. Wie viele wertvolle Minuten lasse ich im Small Talk verstreichen? Wie viele Seiten meiner Interviewzettel werden deswegen später, wenn der Termin in der Regel viel zu früh endet, auf dem Friedhof der ungestellten Fragen beerdigt werden müssen?

An diesem Tag aber hätte ich die innere Uhr von Anfang an ausstellen können, denn Strüngmann hat sich Zeit genommen. Wir werden sein Büro bald verlassen und zu seinem kleinen Stamm-Italiener spazieren. Wir werden dort essen: eine Parmigiana, ein geteiltes Tiramisu, dazu viel Wasser und Espresso trinken. Vor allem aber werden wir reden. Fast sechs Stunden werden es am Ende sein, viereinhalb davon *on the record*. Es ist ein offenes Gespräch über Geld, das Thomas Strüngmann aber vor allem mit Rücksicht auf die Privatsphäre seiner Familie nur in einigen wesentlichen Passagen direkt zitiert sehen will. Aber was sein Geld bewegt hat, ist ja ohnehin bekannt, so oft erzählt. Es ist eines der ganz großen deutschen Wirtschaftsmärchen der Gegenwart, einer Zeit, in der diese ja eher rar sind. Das Geld der Brüder Strüngmann war Antriebsmittel der Mainzer Biotechnologie-Firma Biontech.

In einer Arte-Dokumentation erzählt Thomas Strüngmann von seinem ersten Treffen mit den Forschern und Inhabern Özlem Türeci und Uğur Şahin. Er sei auf Empfehlung eines Freundes zu ihnen gereist und habe sich von ihren Plänen erzählen lassen, einen Impfstoff gegen Krebs zu entwickeln. Ein Traum, der Strüngmann schon lange beschäftigte. Fachlich habe er wenig verstanden, aber dass dort zwei außergewöhnliche Persönlichkeiten vor ihm saßen, spürte er sofort. Er rief seinen Bruder an und sagte, er sei sich sicher: »Die sind es.« Kurz darauf entschieden die Strüngmanns, die ersten 150 Millionen Euro in die Forschung der beiden zu investieren, inzwischen soll es mehr als eine Milliarde sein.

13 Jahre vor Corona. 13 Jahre, bevor Uğur Şahin eine weitreichende Entscheidung traf, direkt nachdem er die ersten Informationen über die damals noch unbekannte Lungenkrankheit in China erhalten hatte. Wir brauchen einen Impfstoff, und zwar in »Lichtgeschwindigkeit«, so hieß das Projekt. Nicht mal ein Jahr später war Biontechs Impfstoff auf dem Markt. Der Rest ist Geschichte. Er habe, als Ende 2020 die »Breaking News« um die Welt ging, dass die amerikanische Zulassungsbehörde grünes Licht für den Impfstoff gegeben habe, Tränen der Erleichterung und Freude in den Augen gehabt, erinnert sich Thomas Strüngmann in dem Buch *Alte weise Männer*.[2] Özlem Türeci und Uğur Şahin habe er am Telefon mit den Worten gratuliert: »Ihr habt Medizingeschichte geschrieben.«

»Es ist Unmögliches möglich gemacht worden«, sagt Özlem Türeci. Aber das alles greift schon vor.

Reisen wir erst einmal mit Lichtgeschwindigkeit zurück in das Jahr 1979, und lassen wir dort das beginnen, was Sebastian immer »Geldgeschichte« nennt: den Weg zum Reichtum, den man in Thomas Strüngmanns Fall am besten in vier knappen Etappen erzählt.

Das erste Kapitel könnte »Die Nachfolge« heißen. Denn auch Thomas Strüngmann hat nicht bei null begonnen. Sein Vater hatte eine kleine Pharma-Firma, die Durachemie, und die machte gut 200000 Mark Umsatz im Monat, Tendenz fallend. Als er 65 wurde, stellte der Vater zwei seiner Söhne, Thomas und dessen Zwillingsbruder Andreas, vor die Wahl: Entweder ihr übernehmt, oder ich verkaufe. Das taten die beiden dann auch. Allerdings in einem etwas anderen Stil. Sie setzten auf, Kapitel 2, Wachstum. Ihr Spitzname war: »Die Wadenbeißer vom Tegernsee«. Das Ziel sei klar gewesen: »Wir machen das Unternehmen jetzt so groß, dass wir aus dem Tegernsee-Tal ausziehen müssen«, erzählte Strüngmann in einem Interview für das Buch *Alte weise Männer*.[3] Die Brüder steigerten den monatlichen Umsatz auf vier Millionen Euro, gründeten parallel Hexal, die Firma, mit der ihnen der Durchbruch zu weltweit erfolgreichen Unternehmern gelang.

Hexal wurde neben Ratiopharm zum größten deutschen Hersteller von Nachahmermedikamenten und erwirtschaftete am Ende gut eine Milliarde Euro Umsatz. Nichts, was den Brüdern in den Schoß gefallen war. Sie arbeiteten viel und hart, gingen ins Risiko, waren »tollkühn«, wie es Freunde mal in der Presse nannten. Und sie hielten die Attacken der Pharmaplatzhirsche aus. »Was wurden wir damals für die Herstellung von Generika angefeindet!«, erinnert sich Strüngmann in *Alte, weise Männer*. »Damals haben die großen Pharmaunternehmen viele Prozesse gegen uns angestrengt. Mit uns gar nicht gesprochen. Wir waren mit unseren Aktivitäten nicht angesehen.« Aber der Widerstand habe ihn angespornt. »Das verstehe ich unter Unternehmertum: etwas zu unternehmen und dabei die Verantwortung für mein Handeln zu übernehmen.«[4]

Das dritte Kapitel seiner Geldgeschichte trägt die Überschrift: »Der Verkauf«. Es sei die Idee seines Bruders gewesen, sagte Strüngmann im Jahr 2011 im Interview mit dem Wirtschaftsmagazin *brand eins*: »Er war es, der zu mir sagte: ›Lass uns mit Mitte fünfzig verkaufen, dann haben wir noch genügend Lebenszeit und Energie, um etwas Neues aufzubauen.‹«[5]

2005 zahlte der Pharmakonzern Novartis den Brüdern Strüngmann für ihre Familienholding über fünf Milliarden Euro. Eine Entscheidung, die damals der sagenhaften Summe wegen Schlagzeilen machte. Eine Entscheidung, die aber für die deutschen Superreichen so untypisch nicht ist. Eine Tatsache, die oft überrascht. In Deutschland sind die großen Vermögen häufig mit einem der Unternehmen verbunden, die man gemeinhin »Familienunternehmen« nennt. Das Geld ist Resultat der großen Gründergeschichte, der Namen und Marken, die fast jeder kennt. Aber die Nachkriegsjahrzehnte sind vorbei, und sehr viele vermögende Familien haben ihr Reich inzwischen umgestaltet. Eine Analyse des Netzwerks Steuergerechtigkeit hat herausgefunden, dass 20 Prozent dieser Vermögen gar nicht mehr mit den Familienunternehmen verbunden sind. »Grund dafür ist vor allem der Verkauf und die Reinvestition der Erlöse am Finanzmarkt«, schreiben die Autoren.[6]

Auch die Familien Birkenstock und die Familie hinter dem Armaturenhersteller Grohe sind zuletzt diesen Weg gegangen. »Von den verbliebenen ›Familienunternehmen‹«, so heißt es in der Studie weiter, »wird nur jedes zweite noch durch die Familie gemanagt. Bei der anderen Hälfte beschränkt sich die Rolle der Familie auf die Kontrollgremien oder auf die Rolle als stiller Gesellschafter.«[7]

Nach dem Verkauf reisten die Brüder um die Welt. Auch um sich Family-Offices anzuschauen und zu überlegen, wie die Struktur aussehen könnte, mit der sie ihre Milliarden verwalten und investieren würden. »Viele Eigentümer fallen nach dem Verkauf in ein tiefes Loch«, sagt mir Strüngmann. Er nicht. »Mein Bruder und ich wussten genau, was wir machen wollten: reinvestieren. Wir wollten in etwas investieren, das wirklich etwas ändert. Heute sagt man dazu: das disruptiv ist. Da gibt es nicht so viel. Und wir wollten die Investitionen und unsere Stiftung in Deutschland tätigen.«

In Deutschland also, dem Land, dem sich Strüngmann so sehr verbunden fühlt, mit dem er aber auch in Interviews immer wieder sehr hart ins Gericht geht. »Unsere Gesellschaft ist gesättigt, überaltert und, übersetzt ausgedrückt, dekadent«, sagte er zum Beispiel. Aber er fühle sich diesem Land verpflichtet, sagt er mir: »Als wir verkauft haben, gab es drei Fragen, die mir ständig gestellt wurden. Erstens: Bereue ich den Verkauf? Zweitens: Wandere ich jetzt aus? Und drittens, das war die unreflektierteste: Bist du jetzt nur noch auf dem Golfplatz? Und ich habe immer geantwortet: Alles kann ich mit einem lachenden Nein beantworten. Wir haben die Möglichkeit, jetzt noch etwas ganz Neues anzufangen, wie zum Beispiel in Forschung zu investieren. Zweitens: Ich habe hier mein soziales Umfeld, ich bin Deutscher. Und drittens hören wir nicht auf zu arbeiten. Klar, zurückgeben klingt so lapidar, aber darum geht es natürlich auch.«

Mit langem Atem investierten die Brüder Strüngmann vor allem in Biotechnologie. Ihr Ziel war es von Anfang an, neue innovative Medikamente auf den Markt zu bringen, Krankheiten, die lange als Todesurteil galten wie einige Krebsarten, beherrschbar zu machen. Lange waren die beiden neben dem SAP-Gründer Dietmar Hopp die Einzigen, die große Summen in die Branche steckten. Es gelang, wie das *Manager Magazin* schreibt, »der beharrliche Aufbau eines Unternehmensbereichs, den die Family-Offices der Brüder, die Schweizer Santo Holding und die Münchener Athos Service GmbH betreiben. Über 30 Beteiligungen sind darin versammelt«.[8] Und es gelangen, wie wir heute wissen, eben auch Durchbrüche.

Sie lief also in seinem Fall auf Hochtouren, die Win-win-Maschinerie, die der Kapitalismus im besten Fall ist. Angetrieben vom Geld meines Gesprächspartners, entstanden: Unternehmen, Arbeitsplätze, Produkte, Innovationen, Gewinne; die natürlich auch wieder zu ihm zurückflossen. Er erfüllte eines der Versprechen des informellen Gesellschaftsvertrags zwischen den Superreichen und dem Rest: Sie mehren den Wohlstand. Wir überlassen ihnen einen ordentlichen Teil des unternehmerischen Kuchens. Einen sehr ordentlichen, muss man sagen.

Das Unternehmensvermögen in Deutschland ist extrem ungleich verteilt. Schätzungen zufolge entfallen auf die oberen 1,5 Prozent der Bevölkerung über 80 Prozent des Betriebsvermögens, also der Besitz an den mittelständischen Firmen, die nicht an der Börse notiert sind. Gerade haben Forscher der Universität Duisburg berechnet, dass im Jahr 2019 zudem mehr als die Hälfte des direkt gehaltenen Aktienvermögens auf gerade einmal 141 Familien entfielen, die größtenteils zu den Allerreichsten gehören.[9] Und da sind natürlich die vielen »Familienunternehmen«, einzelne Firmen oder weltumspannende Konzerne, die seit Generationen im Besitz einer Familie sind, Teil unserer deutschen DNA. Diese vermögenden Familien und ihre Unternehmen werden in Reden und Texten meist gepriesen als »Rückgrat der deutschen Wirtschaft«, »Herz der deutschen Wirtschaft«, »Motor der deutschen Wirtschaft«. Es besteht eine fast heilige Übereinkunft darüber, dass dieses Wirtschaftsmodell für Deutschland das beste sei.

80 Prozent der Menschen stimmen einer Befragung zufolge der Aussage zu, dass Familienunternehmen das

Rückgrat der deutschen Wirtschaft seien, gut 70 Prozent halten sie für den Innovationsmotor, fast 90 Prozent für einen beliebten Arbeitgeber.[10] Und als Forscher Anfang der 2020er-Jahre die Berichterstattung über Deutschlands Vermögende untersuchten, lasen auch sie viele Artikel, die voll des Lobes waren. Ihr Fazit: »Wir stellen fest, dass vermögende Unternehmer meist positiv und unterstützend dargestellt werden, wobei die Presse ihre unternehmerischen Aktivitäten, ihre Investitionen und ihr Gewinnstreben sowie ihr philanthropisches Engagement hervorhebt.«[11]

Es sind ja auch beeindruckende Gründergeschichten, die hinter diesen »Hidden Champions« stecken. Allein die unglaubliche Story von Albert Berner, Gerhard Sturm und Reinhold Würth, die Anfang der 1940er-Jahre Klassenkameraden in Künzelsau waren, einer Kleinstadt im fränkischen Norden von Baden-Württemberg, und deren unternehmerisches Geschick in den chancenreichen Nachkriegsjahren alle drei zu Superreichen machte. Oder die, die sich bis zu dem Schlossermeister Johann Matthäus Voith zurückverfolgen lässt, der 1825 einen kleinen Handwerksbetrieb von seinem Vater erbte und vor allem Wasserräder und Papiermühlen reparierte. Sohn Friedrich studierte Ingenieurwesen, gemeinsam mit einem gewissen Gottlieb Daimler, und nutzte sein Wissen, um verbesserte Maschinen für die Papierherstellung zu entwickeln. Außerdem feilte er an leistungsstarken Turbinen, baute die bis dahin größte der Welt, die an den Niagarafällen zum Einsatz kam. Heute hat die Firma Voith aus Heidenheim über 20000 Mitarbeiter, macht mehrere Milliarden Euro Umsatz im Jahr. »Ein großer Teil« der weltweiten Papierproduktion geschieht auf Maschinen *made by* Voith, ein Viertel der weltweit aus Wasserkraft gewonnenen Energie werde mit

Voith-Generatoren und Turbinen erzeugt, wirbt die Firma. Ein Erfolg, gewachsen aus der »Verbindung aus Tradition und Innovation«.

Im Oktober 2023 veröffentlichte die Finanzexpertin der *Zeit*, Heike Buchter, ihr Buch *Wer wird Milliardär?*, eine globale Analyse der Allerreichsten. In einem Kapitel geht es auch um Deutschlands Milliardäre. Einen Fall schaut sich Buchter genauer an, den der Familie Voith. Die Erben der Gründer belegen auf der Reichenliste des *Manager Magazins* Platz 118 mit einem geschätzten Vermögen von zwei Milliarden Euro. »Während Konzerne als kalt, mächtig und abgehoben gelten, genießen mittelständische Unternehmen (wie sie) den Ruf, die freundliche, nachhaltigere Seite des Kapitalismus zu sein«, schreibt Buchter.[12] Ein Image, das viele Unternehmerfamilien auch dadurch befördern, indem sie sich selbst demonstrativ als Gegenmodell zu börsennotierten Konzernen beschreiben. »Ein Börsengang käme für uns nie infrage. Wir wollen frei bleiben«, betonte Nicola Leibinger-Kammüller, Chefin des Maschinenbauers Trumpf.[13] »Wir sind keine Shareholder, wir sind Bewahrer«, sagte auch Voith-Nachfahrin und Bundestagsabgeordnete Ophelia Nick beim 150. Firmenjubiläum.

Was aber, fragt Buchautorin Buchter, wenn sich unser großes Vertrauen in vermögende Unternehmerfamilien als zu naiv herausstellt? Wenn sie zum Beispiel Entscheidungen treffen, die dem großen Ganzen nicht dienen? Sie erinnert an den Roboterbauer Kuka, noch so ein Hidden Champion, Erfolgsbeweis deutscher Tüftler-Kunst. Voith war Miteigentümer von Kuka, ein Viertel gehörte der Familie als »langfristig orientierter Großaktionär«, wie es hieß – bis die Chinesen kamen. 2016 bot ein Konzern den Kuka-Besitzern insgesamt 4,6 Milliarden Euro. Die Politik jaulte vielstimmig auf. Ein strategisch so wichtiges Unternehmen solle bitte nicht in chinesische Hände gelangen! Es wurden Verkaufsverbote diskutiert, die Eigentümer bekniet, das Angebot abzulehnen. Voith, so hieß es, hätte Kuka womöglich ganz übernehmen wollen. Allein, es fehlte das Kapital, auch weil die Firma, anders als börsennotierte Unternehmen, keine eigenen Anteile zu Geld machen oder zum Tausch anbieten wollte.

Die »Bewahrer« verkauften ihre Anteile – für mehr als eine Milliarde Euro. Genau wie Friedhelm Loh, lange Vizepräsident des Bundesverbandes der Deutschen Industrie und Träger des Bundesverdienstkreuzes. Auch er, dessen Vermögen vom *Manager Magazin* auf 4,5 Milliarden Euro geschätzt wird, schlug ein und verkaufte den Chinesen seine Kuka-Anteile für eine halbe Milliarde Euro. Die Politik sah die chinesische Übernahme des Roboterbauers als Weckruf. Hektisch wurden Gesetze verabschiedet, die derartige Geschäfte erschweren sollen. Aber auch die neuen Regelungen würden nicht verhindern, dass Unternehmerfamilien wie Voith oder Loh entscheiden können, wie sie im Falle Kuka entschieden haben, kommentierte die *Süddeutsche Zeitung*. Beide Familien hätten ihre Aktien »einfach behalten können. Aber der Reiz des Geldes war wohl größer«.[14]

Die Kuka-Episode trifft den Kern: Wenn in einem Land so viel Betriebskapital von einzelnen Familien gehalten wird, sind Entscheidungen über den Kauf oder Verkauf von Unternehmen eben rein private, innerfamiliäre Entscheidungen, Schlüsselindustrien hin oder her. Vermögende Familien müssen sich nicht vor Aktionären erklären und keine weitreichenden Transparenzvorschriften einhalten. Was sie mit ihren Anteilen, ihren Unternehmen machen, ist allein ihr Ding.

Anhand von Steuerdaten hat die Vermögensforscherin Isabell Stamm vom Max-Planck-Institut für Gesellschaftsforschung in Köln gemeinsam mit dem Bonner Institut für Mittelstandsforschung errechnet, dass die Zahl derer, die ihre Unternehmen verkauften, zwischen 2001 und 2016 um 80 Prozent angestiegen ist. Das zeigte sich auch im Jahr 2023, als Deutschland die Kuka-Aufregung noch einmal durchlebte. In diesem Fall ging es um die Familie Viessmann, die sich entschieden hatte, die Wärmepumpensparte ihres Unternehmens an den US-Konzern Carrier zu verkaufen – auch weil man mangels Aktienkapitals nicht das nötige Budget für ein globales Wachstum und den Konkurrenzkampf mit asiatischen Anbietern hatte. Die Kommentare dazu waren fast baugleich: »Der Fall Viessmann zeigt exemplarisch, wie schwierig es gerade für deutsche Mittelständler werden kann, die milliardenschweren Summen aufzubringen, die für den Umbau nötig sind.«[15]

Viessmann managte den Verkauf äußerst verantwortlich. Arbeitsplätze wurden garantiert, den Mitarbeitern insgesamt 106 Millionen Euro Prämie für 106 gemeinsame Firmenjahre versprochen. Die Gründerfamilie, auch vorher schon unter Deutschlands Milliardären, erhielt sagenhafte zwölf Milliarden Euro, 20 Prozent in Aktien, 80 Prozent in »bar«. Und Erbe Max Viessmann investiert, das weiß man inzwischen auch, einen gehörigen Teil des Kapitals in neue Geschäftsfelder, in Unternehmen, die für die »Vermeidung, Reduktion und Speicherung von CO_2« sorgen sollen.

»Dennoch ist die Frage berechtigt, wie gut der Mittelstand wirklich für die deutsche Wirtschaft ist – und darüber hinaus für die Gesellschaft«, schreibt Heike Buchter in ihrem Milliardärsbuch und weist darauf hin, dass die Versprechen, Unternehmen in Familienbesitz seien beispielsweise innovativer oder bessere Arbeitgeber, selten durch wissenschaftliche Studien belegt worden seien. Und die Untersuchungen, die es gäbe, zeichneten ein durchwachsenes Bild.[16]

Zwar schreibt die TU München in einer Analyse, die von der Stiftung Familienunternehmen in Auftrag gegeben wurde, dass Familienunternehmen zuletzt mehr Arbeitsplätze geschaffen hätten als Investoren-Firmen. Zudem hätten sie rentabler gewirtschaftet. Als zwei Wirtschaftswissenschaftler allerdings Bewertungen zur Arbeitnehmerzufriedenheit verglichen, schnitten größere Familienunternehmen schlechter ab als andere Betriebe. Vor allem in den Kategorien Kommunikation, Karriere und Vorgesetztenverhalten war das Urteil der Arbeitnehmer deutlich.[17] Und ein Team von Forschern des Max-Planck-Instituts sah gleich gar keinen belastbaren Zusammenhang zwischen Innovationskraft, Zahl der geschaffenen Arbeitsplätze und der Unternehmensform.[18]

Und dann gibt es noch diese eine Studie des Internationalen Währungsfonds aus dem Sommer 2019. Eine Studie, die von vielen vermögenden Familienunternehmern als Affront wahrgenommen wurde. Der Titel: *Wealth Inequality and Private Savings: The Case of Germany*. Die Autorin Mai Chi Dao erklärt ihre Forschung im Zoom-Interview in ruhigen Worten. Sie hat das Vor-Corona-Deutschland analysiert und festgestellt, dass die deutsche Wirtschaft dank der Exporte in Summe zwar Milliarden an Wohlstandsgewinn erzielte, dass diese Einnahmen aber vor allem bei denen landeten, die ohnehin schon zu den Vermögenden gehörten. Mai Chi Dao schreibt von der niedrigen Immobilienbesitzquote, dem geringen mittleren Vermögen in Deutschland, der (jahrelangen) Zurückhaltung bei den Löhnen. Alles bekannt und viel diskutiert.

Dann aber kommt sie zum Kern ihrer Argumentation. Sie beschreibt, was die deutsche Volkswirtschaft von anderen unterscheidet. Und das ist, dass ein Großteil der Unternehmen im Besitz einzelner wohlhabender Familien ist – entweder weil ihnen die Firmen direkt gehören oder weil sie eine Mehrheit der Aktien besitzen. Die Zahlen sind imposant: 60 Prozent der Unternehmenswerte und -gewinne entfielen auf Firmen, die direkt von einzelnen Eigentümern, oft Familiendynastien, gehalten würden. Und selbst von den übrigen 40 Prozent der Unternehmen, die börsennotiert seien, würden »erstaunliche 65 Prozent von einer Familie kontrolliert – entweder direkt durch einen Aktienanteil von mindestens 20 Prozent oder durch Überkreuzbeteiligungen in einer Kette mit miteinander verbundenen Unternehmen, die eine Mehrfachkontrolle ausüben«.[19] Extrem viele Unternehmen sind direkt oder über Eck im Besitz von wenigen vermögenden Haushalten – unser »Rückgrat«, unser Gegenmodell zum so verpönten Aktionärs-Kapitalismus.

In der Studie des Internationalen Währungsfonds aber wird eine Schwachstelle dieses Modells bloßgelegt: Wenn der Besitz an Unternehmen über Aktien breiter verteilt ist, profitieren viele, wenn die Firmen Gewinne machen. Bei uns floss, zumindest in den Jahren 1999 bis 2016, dem Zeitraum, der untersucht wurde, der Bärenanteil des deutschen Exportwunders als Gewinn oder Wertzuwachs wenigen reichen Eigentümern zu – und am Rest der Bevölkerung vorbei. Etliche Mittelständler schrien empört auf und wählten für ihre Gegenangriffe auf die Studie keine kleinen Kaliber. »Politisch gefärbt« sei die Analyse des IWF, diene »nicht einer sachlichen Diskussion«, sondern befördere »eine Neid- und Umverteilungsdebatte«, drohe Familienunternehmen »als stabilen Träger des Wohlstands vieler aus ideologisch motivierter Umverteilungswut zu zerstören«, was »ein ökonomisches Verbrechen sei«.[20]

Ich glaube, nun ist der Zeitpunkt gekommen, die Pyramide aus Gläsern zu errichten, die in keiner Analyse über große Vermögen fehlen darf. Denn was aus den Äußerungen der Mittelständler spricht, ist der tiefe Glaube an das, was über Jahrzehnte ein ökonomisches Paradigma, ein zentrales Glaubensbekenntnis war: die Überzeugung, dass es einer Gesellschaft als Ganzes nützt, wenn die Reichen reicher werden, weil ihr Reichtum automatisch nach unten weitergereicht würde. Und dass es deshalb für alle fatal sei, wenn man dieses Vermögen (zum Beispiel durch Steuern) reduzieren würde. So als würde man Wein in das oberste Glas besagter Pyramide kippen. Nur wenn man unverdrossen nachschenke, auch wenn das Glas längst voll sei, würde es überlaufen, nur dann könne der Wein auch in die unteren Etagen fließen und alle Gläser füllen. »Trickle-down-Theorie«, heißt dieser Glaube und meint das »Durchsickern des Einkommenswachstums von oben nach unten«.

»Einkommenszuwächse der Reichen laufen den Einkommenszuwächsen der Ärmeren in der Gesellschaft zeitlich voraus und sind deren Voraussetzung«, wie es das *Wirtschafts-Lexikon* formuliert. *A rising tide lifts all boats*, heißt das viel zitierte Sprichwort dazu. Steigt die Flut, hebt sie alle Boote. Klingt schön, klappt aber, wie man inzwischen weiß, mit aller Wahrscheinlichkeit nicht. Zuletzt haben zwei Ökonomen der London School of Economics die Theorie in einer großen Studie anhand von Daten aus 18 Industrieländern über 50 Jahre überprüft. Sie fanden keine Belege. »*The rising tide has only lifted the large yachts*«, kommentierte Wirtschaftsnobelpreisträger Joseph Stiglitz. Die Flut habe nur die großen Jachten gehoben. Und US-Präsident Joe Biden wiederholt seit Amtsantritt unermüdlich eine ökonomische Botschaft: »*We see it time and time again that trickle-down does not work*«, sagte er. Die Theorie funktioniere nicht. Ihre ständige Wiederholung ermüde ihn. »*I am sick and tired of trickle-down economics.*«[21]

Das Glas von Sebastians Familie steht seit Generationen in der Weinpyramide ganz oben. Sebastian sagt, er habe lange an das Prinzip von Trickle-down geglaubt, daran, dass es für alle von Vorteil sei, wenn seine Familie über möglichst viel Vermögen entscheiden könne – weil sie wüssten, wie man am besten damit umgeht. »Ich habe mir eingeredet, dass man damit einer der Guten ist. Nicht weil ich den anderen nichts gegönnt habe, sondern weil ich wirklich gedacht habe, es ist gesellschaftlich so das Beste.« Bis in seine Zwanziger habe ihn diese Überzeugung geprägt. »Rückblickend ist mir die Sichtweise super unangenehm«, sagt er.

Wer ihm zuhört, versteht aber auch, warum es so schwer ist, die Weinpyramide zum Kippen zu bringen. Wie jeder Glaube bietet auch diese Theorie Sicherheit und Klarheit. »Jeder will ja von sich ein positives Selbstbild haben«, sagt Sebastian. »Und um das aufrechtzuerhalten, braucht man unbedingt die Überzeugung, dass man auf diese Art, indem ich den Staat knapp halte und möglichst viel behalte, was Sinnvolles tue.«

Statt dieser tröstlichen Gewissheit sind da nun Fragen, Zweifel: Was ist der richtige Umgang mit meinem Vermögen? Wie viel darf ich besitzen? Wie verhalte ich mich gegenüber der Quelle des Ganzen, dem Unternehmen?

Jede verdammt kompliziert. Bleiben wir bei der letzten. Als Sebastian und ich über die Firma sprechen, dauert es, bis mir klar wird, wie weit die Bilder, die in meinem Kopf entstehen, sobald ich das Wort »Familienunternehmen« höre, von seiner Realität entfernt sind. Ich denke an Werkhallen, durch die Gründerväter mit ihren Kindern schreiten. Ich denke an den viel zitierten Küchentisch, an dem bis in die Nacht hinein über Produkte und Märkte und Zahlen gesprochen wird. Ich denke an Mitarbeiter, die klingeln und den kurzen Draht zum Chef nutzen. Das alles gibt es natürlich. Aber »Familienunternehmen« heißt eben auch das, was Sebastian erzählt. Eine Geschichte von Macht und Besitz, die sich ganz weit entfernt von jedem »Business« abspielt.

Wie viele in Deutschland habe auch ich den Namen des Unternehmens schon einmal gehört. Ich frage mich und ihn, ob er öfter in einer der Produktionsstätten ist und mit den Mitarbeiterinnen am Fließband redet. Wie stellt er sich vor? Wie reagieren die?

Das sei noch nie passiert, sagt er, käme ihm auch komisch vor. Wie es den Mitarbeitern an der Basis gehe, erfahre er nur aus Befragungen, die das Management vorlege.

Ich frage ihn, ob er strategische Entscheidungen treffe, die das tägliche Geschäft prägen.

Im Prinzip gar nicht, sagt er. »Ich maße mir nicht an, irgendwelche Entscheidungen einzuschätzen als nur einer von vielen Familieneigentümern.« Auch bei Themen, die ihn durchaus interessieren, mit denen er sich intensiver beschäftigt, die Klimakrise oder globale Arbeitsbedingungen, hält er sich raus. »Ich würde mir nicht anmaßen und könnte es auch allein nicht vorgeben, dass zum Beispiel Solarpaneele angebracht werden sollen oder ob es jetzt wichtiger ist, dass die Lieferkette nach Bangladesch oder China führt. Diese Entscheidungen sind ja auch alle extrem komplex.«

Aus dem Maschinenraum und den mittleren Kommandodecks des Unternehmens, in dem viele Tausende für ihn und seine Familie arbeiten, hält er sich also fern. Als ich aber frage, bei wem denn dann am Ende die Macht liege, ist seine Antwort klar: »Es ist ein dynastisches, familiengehaltenes Unternehmen. Da liegt die Macht bei der Familie. Da wird natürlich viel Verantwortung delegiert, aber letztendlich, ultimativ gesehen, liegt die Macht bei uns.« Man müsse sich seine Familie wie eine etwas kleinere Aktionärsversammlung vorstellen, sagt er, die den Aufsichtsrat bestimmt, kontrolliert und im Zweifel auch entlässt.

Aber was befähigt ihn, diese Macht gemeinsam mit Familienmitgliedern auszuüben, wo er doch mit dem Geschäft so wenig zu tun hat?

Sebastian lacht verlegen. »Meine Kompetenz entsteht sozusagen qua Geburt. Das ist das Verständnis der Rolle.«

Seit einiger Zeit beschäftigt er sich mehr mit seiner Rolle als Miteigentümer, ein, zwei Tage pro Woche. Er möchte Diskussionen anstoßen und Verantwortung übernehmen. »Wie in vielen dynastischen Unternehmen geht es zum Beispiel um die Frage: Wie wird die Macht entlang von Familienstämmen weitergegeben? Ab welchem Alter darf man bei welchen Veranstaltungen teilnehmen und abstimmen? Kriegen Familienmitglieder Gewinnrechte ab Geburt? Gibt es Bedingungen? Das sind relativ grundsätzliche Entscheidungen, die große Auswirkungen haben.«

Sebastian treibt dabei auch eine grundsätzlichere Frage um, die er gern diskutieren möchte: Ist es fair, dass alle arbeiten, um den Gewinn, der bei uns landet, zu mehren?

In Sebastians Worten klingt das so: »Das Unternehmen agiert nach der unausgesprochenen oder teilweise auch ausgesprochenen und sehr verständlichen Handlungsanweisung: Shareholder-Maximierung muss sein«, heißt: Es zählt vor allem das monetäre Interesse der Eigentümer. »Das ist weder mein Anliegen noch das der anderen Familienmitglieder«, sagt Sebastian, »im Moment wird es für uns aber exekutiert. Da sehe ich jetzt meine und unsere Verantwortung, das dem Unternehmen gegenüber irgendwie klarzustellen, zu sagen: Das ist nicht in meinem und unserem Interesse. Das ändert langfristig relativ viel, wenn man sagt: Es geht uns nicht um Profitmaximierung oder um Unternehmenswertmaximierung, sondern um etwas anderes. Da macht man ein ganz großes Fass auf.«

Sebastian würde dieses große Fass gern gemeinsam mit der Familie weiter öffnen. Und zumindest einmal offen darüber reden, ob es andere Optionen gibt. Wie sehen wir unsere Rolle? Wie wollen wir nachhaltig wirtschaften? Was bedeutet das für die Profitorientierung? Wie misst man den Beitrag zum Gemeinwohl?

Ich frage ihn, ob er auch schon mal von Unternehmensformen wie dem Verantwortungseigentum gehört habe. Die Idee eines solchen »Unternehmens ohne Dividende« ist, dass der Gewinn im Unternehmen verbleibt und nicht an die Eigentümer ausgezahlt wird.

»Klar, das ist auch ein interessanter Ansatz, den wir schon diskutiert haben.«

Es gab viele Sitzungen zu all diesen Fragen. Berater. Ideen. Es ginge langsam in die richtige Richtung. »Aber es ist nicht einfach«, sagt er. Wer wie ich alle 60 Episoden der britischen Königshaus-Saga *The Crown* geschaut hat, ahnt, wie schwierig es ist, eine Dynastie zu reformieren.

Aber kehren wir doch noch einmal zurück in das italienische Restaurant, in die Spätphase meines Gesprächs mit Thomas Strüngmann. Er ist keiner, der seine Kinder zur

Krone drängt. Er hat mehrfach in Interviews betont, wie wichtig es ihm sei, dass seine Kinder frei über ihren Lebensweg entscheiden. Dem *Manager Magazin* sagte er: »Neben den üblichen Familientreffen versuchen wir das Interesse am Unternehmertum zu wecken. Wir sind darüber mit ihnen in ständigem Austausch.«[22] Denn das Vermögen folgt natürlich erbrechtlich dynastischen Prinzipien.

»Mein Bruder und ich möchten unseren Kindern und Kindeskindern ermöglichen, das weiterzuführen, was wir Eltern im Blick hatten«, sagt er und erzählt von einem Treffen mit anderen Familien. »Wir sollten darüber reden, nach welcher Philosophie wir unser Vermögen weiterreichen. Wir haben versucht, es mit einem Bild zu beschreiben. Wir hatten das Glück, mit dem Hexal-Verkauf ein Straußenei geschaffen zu haben. Ein Straußenei ist ungefähr so groß wie 22 bis 25 Hühnereier. Wir möchten der nächsten Generation damit ermöglichen, ihr eigenes Straußenei zu erschaffen; seit jeher haben Nachhaltigkeit und gesellschaftliche Verantwortung für unsere Familien einen besonderen Stellenwert. Die nächste Generation fühlt sich dem unverändert verpflichtet. So hat jeder die Möglichkeit, sein eigenes Ei zu entwickeln; wobei natürlich jedes Familienmitglied seinen eigenen Weg gehen kann und sollte. Es macht den Menschen glücklich, für die eigenen Träume zu kämpfen und sie entsprechend zu realisieren.«

Würde es Sie stören, wenn der Staat über eine Vermögenssteuer oder eine höhere Erbschaftssteuer dazwischenfunken würde bei der Übergabe des Straußeneis?, frage ich. Und merke beim Abhören der Aufnahme, dass von nun an eine andere Stimmung herrscht beim kleinen Eck-Italiener. Mein Gegenüber argumentiert schärfer, leidenschaftlicher. Wie schön!

»Was passiert denn dann?«, fragt er. »Glauben Sie, dass das Geld bei den Bedürftigen ankommt? Es ist doch bekannt, dass der Verwaltungsaufwand zu groß ist. Das Vermögen zu bewerten ist zu komplex. Darüber hinaus ist die Vermögenssteuer, wie die Erbschaftssteuer, eine Substanzsteuer, die letztendlich je nach Vermögenswert, zum Beispiel bei illiquiden Werten wie Unternehmen, zur Aufgabe führen kann. Beispiele gibt es ebenso bei geerbten Immobilien.«

»Irgendwer muss ja den Staat finanzieren, wende ich ein. Der deutsche Staat besteuert Arbeit im internationalen Vergleich extrem hoch, Vermögen dagegen sehr niedrig. Sind Sie dann nicht im Vorteil denen gegenüber, die bei der Einkommenssteuer nicht entscheiden können, wie viel sie zahlen?«

»Haben wir nicht in Europa insgeheim die höchsten Steuern, wenn Sie die direkten und indirekten Steuern nehmen?«, antwortet er. »Und wir haben kein Problem, unsere entsprechenden hohen Steuern zu zahlen.« Was in Deutschland immer mehr verloren gehe, sei der Gedanke: Ich will etwas leisten. »Das ist meine große Kritik am Sozialstaat.« Er habe sein Leben lang sechs Tage die Woche gearbeitet, vielleicht auch sechseinhalb. Noch immer, mit Anfang siebzig, sei er fast täglich im Büro.

Mein Gesprächspartner ist einer der vielen Reichen, die ernsthaft darüber nachdenken, welche Verantwortung mit dem Vermögen einhergeht. Wie für viele andere auch, scheint für ihn Artikel 14 des Grundgesetzes kein hohler Paragraf zu sein: »Eigentum verpflichtet. Sein Gebrauch soll zugleich dem Wohle der Allgemeinheit dienen.« Er lässt sich befragen, kapselt sich nicht ab. Er sagt, er verstehe viele andere Vermögende nicht, dass sie ihr Leben nach den

Steuern richten. »Egal, ob Journalisten, Politiker oder auch Reiche: Jeder nimmt nur noch an, was in die eigene Kaste, die eigene Blase hineinpasst. Alles andere wird weggeschoben. Ich bin der Meinung, dass ich mich den gesellschaftlichen Fragen stellen muss«, sagte er. »Deshalb rede ich mit Ihnen. Nur deswegen.«

Wenige Tage nach unserem Treffen bekomme ich auch von Thomas Strüngmann ein Paket mit einem Buch geschickt. *So! Schaffen wir das*, heißt es und verspricht nicht weniger als *Neue Wege für einen klimaneutralen Umbau unserer Wirtschaft, mehr Wohnungen, die Herausforderungen der Migration und den Erhalt unseres Vermögens.* Schon im Gespräch hatte er mir den Autor wärmstens empfohlen: Hans Albrecht, Gründer der Investmentfirma Nordwind Capital, »einer der intelligentesten Menschen, die er kenne«, hatte er geschwärmt.

Ich lese das Buch gern. Denn dieses Mal ist es kein vergiftetes, kein hämisches Geschenk, kein Move in einem Machtspiel. Strüngmann liebt die Suche nach neuen, nach guten Ideen und hat ein ernsthaftes Interesse daran, sich darüber auszutauschen. Vorn ins Buch hat er handschriftlich einen Dank geschrieben für die »vielen neuen Anregungen«, die ihm unser Gespräch beschert hätte. Dem schließe ich mich gern an.

Christian Rickens, der Autor, der vor mehr als zehn Jahren Deutschlands Millionäre porträtiert hat, schreibt am Ende seiner Reise: Im Großen und Ganzen hätten wir Glück mit den Reichen und sie mit uns. Der deutsche Reichtum komme nicht protzig daher, offene Korruption und Maßlosigkeit seien hierzulande selten, der steuerfinanzierte Staat vom Grundsatz her anerkannt. Im Gegenzug, schreibt

Rickens, würden die Reichen vom Rest respektiert und »in Ruhe gelassen. Sie müssen sich nicht in Gated Communities verschanzen und kein privates Wachpersonal beschäftigen.«[23]

Schon damals fügte Rickens diesem Gedanken ein großes Aber an. »Der Gesellschaftsvertrag zwischen oben und unten« scheine »in Schieflage geraten zu sein«, schrieb er. Und fragte: Warum wird das obere Prozent immer reicher? Warum müssen Vermögende prozentual weniger Steuern zahlen als noch vor 20 Jahren, die Mitte aber mehr? Warum seien unter den reichsten Deutschen so viele Erben und so wenige Gründer?[24]

Und warum stapft man auf diesem Pfad unverdrossen weiter?, wäre die Frage, die man zehn Jahre später hinzufügen könnte. Deutschland ist die drittgrößte Volkswirtschaft der Welt. Wir haben uns entschieden, die ökonomische Entscheidungsmacht in die Hände einiger weniger zu legen. Ich denke an Sebastian, der gemeinsam mit seiner Familie Macht über eines der größten deutschen Unternehmen »qua Geburt« erlangte. An Thomas Strüngmann und das milliardenschwere Straußenei, das er seinen Kindern vermacht. Ich habe keinen Zweifel daran, dass bei ihnen diese Verantwortung gut aufgehoben ist. Aber gleichzeitig erscheint es mir doch auch riskant, unsere Wetten für eine gute wirtschaftliche Zukunft auf so wenige Menschen zu platzieren, unser Schicksal so treuherzig in so wenige Hände zu legen. Einigen wenigen so große Hebel zu überlassen, in der Hoffnung, dass sie schon gut damit hantieren werden.

Wir verlassen uns darauf, dass die Vermögenden die richtigen Entscheidungen treffen werden; dass sie kluge Lösungen für die Probleme der Zukunft finden; dass sie bereit sind, ihren Ertrag über gute Löhne und faire Steuern mit dem Rest zu teilen; dass sie ihr Geld dort investieren, wo es Nutzen und Wohlstand stiftet; dass sie sich rechtzeitig von Altem verabschieden und Neues wagen. Es bleibt ein großes Unbehagen. In der Demokratie haben wir uns eigentlich darauf geeinigt, Macht nur begrenzt zu verleihen, eingehegt durch ein kompliziertes System aus Checks and Balances. Verträgt sich die große Ballung der Vermögen mit diesem Prinzip?

»Auf eines können wir uns verlassen«, heißt es in Rickens' Reise-Fazit. »Die reichen Deutschen werden ihren wachsenden politischen Einfluss zu nutzen wissen. Die Bereitschaft zur Machtausübung gehört geradezu zwingend zum typischen Oberschicht-Habitus« mit seiner »Mischung aus Selbstbewusstsein, Gestaltungswillen und Fortschrittsglauben«.[25]

15. Wenn aus Reichtum Macht wird

Wie viel Einfluss haben Superreiche auf die Politik? Im Bund, in den Regionen, ja vor allem in den Städten, in denen sie leben?

Nähern wir uns dieser Frage entspannt mit einer Soap, die Jan Böhmermanns ZDF-Satiresendung »Magazin Royale« über etliche Folgen erzählte. In den Hauptrollen die Milliardärsfamilie Stoschek und die Stadt Coburg, ihr Firmensitz. Das Intro, fröhlich gesungen, ein nervtötender Ohrwurm: »Was gibt es Neues von Familie Stoschek und der Brose Fahrzeugteile SE und ihrem Versuch, sich die Stadt Coburg (...) anzueignen, sie zu unterwerfen, ihr ihren Willen aufzuzwingen?«

Der Pilot der Serie behandelt den Urkonflikt: Michael Stoschek, Autoteilehersteller und großer Mäzen der Stadt Coburg, war sauer. Er hatte gewollt, dass seine Stadt seinen Großvater Max Brose ehrt, den Urahn des Unternehmens. Auch eine Straße sollte nach ihm benannt werden. (Wer die Idee dazu hatte, ist ein kleiner Strang des sehr verzweigten Streits um Brose, Coburg und die Demokratie.) Der Stadtrat lehnte die Ehrung zunächst ab. Max Brose sei zwar ein erfolgreicher Unternehmer gewesen, Chef der Coburger Industrie- und Handelskammer in den 1930er- und 1940er-Jahren, aber er wurde nach dem Krieg eben auch als »Mitläufer« verurteilt, war NSDAP-Mitglied, Wehrwirtschaftsführer, beschäftigte Zwangsarbeiter.

Michael Stoschek wollte die Entscheidung des Stadtrats nicht akzeptieren, und er hatte das Glück, dass ihm nicht nur die Mittel durchschnittlicher wütender Bürger zur Verfügung standen, nämlich Wahlen, Parteimitgliedschaften (Stoschek war damals noch in der CSU) oder Beschwerdebriefe (in einem legte Stoschek nahe, dass für ihn zwischen SPD und NSDAP durchaus eine große innere Nähe bestehe). Nein, Stoschek nutzte auch die wirksamste Waffe, die er als sehr reicher Mensch hatte, nämlich sein Geld. Solange der Stadtrat seine Meinung nicht ändere, werde man nicht mehr spenden, schrieb das Unternehmen an etliche soziale Einrichtungen. Ganz einfach, aber – mit ausreichend finanzieller Wucht hinterlegt – offenkundig effektiv.

Es dauerte. Aber Michael Stoschek bekam, was er wollte. Der Stadtrat änderte seine Entscheidung, rehabilitierte Großvater Brose unter anderem zum Entsetzen des Zentralrats der Juden. Und inzwischen trägt auch eine Straße der Stadt den Namen Max Brose. Geht doch, mag sich Michael Stoschek gedacht haben und hielt dann auch im nächsten Straßen-Streit mit der Stadt Coburg an seiner Strategie fest. Diesmal ging es um eine Bundesstraße, die auf ihrem Weg von der thüringischen Grenze Richtung Bamberg auch Coburg durchläuft. Stoschek wollte den Ausbau der B4 vierstreifig (statt dreistreifig), die Stadt nicht. Nun gut, brummte Stoschek. Dann wisse er nicht, ob die gut 100 Millionen Euro, die er eigentlich in eine Firmenerweiterung in Coburg stecken wollte, »unter den schwierigen Bedingungen« nicht doch zum Nachbarn nach Bamberg gehen sollten, wo ein von der Stadt perfekt vorbereitetes Baugrundstück auf ihn warte. Außerdem trat er, noch so ein Seitenarm in der Posse, aus der CSU aus, weil ihm Ministerpräsident Markus Söder nicht schnell genug auf einen Brief geantwortet habe. Auch ein freundlicher Anruf des Generalsekretärs der Partei änderte daran nichts. »Stoschek-Style«, nennt Böhmermann das in seiner Soap. Mag sein, das Stoschek den Kampf für seine Interessen besonders entschlossen ficht. Aber den »Style« hat er nun wirklich nicht exklusiv.

Für die Dokumentation »Ungleichland« habe ich den Bauunternehmer Christoph Gröner ein halbes Jahr lang mit der Kamera begleitet, auf seine zahllosen Großbaustellen, zum Boxtraining, in seine Lounge im Stadion von Red Bull Leipzig, zu einer Charity-Gala. Ich habe gestaunt, mit welchem Tempo er durch seine Tage eilt, an wie vielen Orten, in wie vielen Städten man sein kann. Ich habe sehr geschätzt, mit ihm jemanden zu treffen, der mit offenem Visier kämpft und aus dem, was er denkt, kein Geheimnis macht. »Macht ist, dass man lernt, relativ hart seine Interessen durchzusetzen oder im Prinzip nicht seine, sondern die des Unternehmens«, hatte Gröner mir gleich bei einem der ersten Interviews im Privatflieger gesagt und bei einem Termin in Köln vorgeführt, was das konkret bedeuten kann. Seine Firma hatte in der Stadt mehrere Grundstücke gekauft, wollte darauf für insgesamt 350 Millionen Euro das »Cologneo« bauen, ein neues Stadtviertel. Gröner konnte es kaum erwarten loszulegen und war, wer kennt es nicht, genervt davon, wie langsam die Uhren in der Verwaltung ticken, wie lähmend Bürokratie sein kann. Zwölf Monate, so die ernüchternde Auskunft einer Mitarbeiterin, würde es dauern, bis die Stadt Köln über die Baugenehmigung entschieden hätte.

Christoph Gröner begann zurückhaltend: »Ich würde versuchen, auf die Tube zu drücken.«

Seine Mitarbeiterin: »Machen wir an allen Ecken und Enden. Die Stadt gibt aber auch zu verstehen, dass sie Prioritäten in der Bearbeitung setzen muss, weil sie das Personal nicht hat.«

Gröner: »Nee, das geht nicht. Da muss ein Gespräch mit

der Bürgermeisterin her. Ich will im Frühjahr diese Baugenehmigung. Das gibt es doch überhaupt nicht!«

Die Stimmung im Raum wurde beklommen. Die Mitarbeiter schauten, schwiegen, eine drehte nervös den Firmenkugelschreiber in der Hand. Gröner ließ nicht locker: »30.3.«, sagte er mit einem leichten Lächeln. Er wolle die Baugenehmigung am 30.3. haben, vier Monate früher.

»Die Erfahrung lehrt uns…«, setzte die Mitarbeiterin an.

Die Erfahrung interessiere ihn nicht, unterbrach Christoph Gröner sie. Und auch er zog in diesem Moment seine Waffe, Stoschek-Style: »Wir können ihnen ja andeuten, dass die Niederlassung Nordrhein-Westfalen sich dann nach Düsseldorf orientiert.«

»Das wird die Herrschaften, die das gerade in der Hand…«, wollte die Mitarbeiterin einwenden, aber Gröner ließ sich nicht mehr bremsen. Er wollte seine Macht demonstrieren, obwohl oder vielleicht gerade weil die Kamera lief. Er glaube, dass Frau Reker, die Bürgermeisterin der Stadt Köln, der mögliche Wegfall der Gewerbesteuerzahlungen seiner Firma durchaus interessiere. »Das wird sie schon beeindrucken. Da bin ich fest davon überzeugt.«

An einem Abend, in seinem Kölner Penthouse mit Blick auf den Dom, fragte ich Christoph Gröner, ob er sich mächtig fühle. Seine Antwort, wieder beeindruckend offen: »Ja.« Und als ich nachfragte, wer denn mächtiger sei, er oder Politiker, war auch das für ihn eindeutig zu beantworten: »Wir sind schon mächtiger, wir Unternehmer«, sagte er, »deutlich mächtiger.«

Es ist natürlich sehr einfach, sich über den Stoschek-Style zu empören, darüber, dass Vermögende wie er oder Christoph Gröner mit ihrer ökonomischen Potenz protzen, um

Entscheider in ihre Richtung zu drängen. »Das ist neuer Feudalismus und nicht Demokratie, wie wir das kennen«, kommentiert etwa ein Politiker der Hamburger Linken diesen Einfluss erwartbar erbost in einer NDR-Dokumentation, die zeigt, wie auch die Milliardäre Klaus-Michael Kühne und Lidl-Gründer Dieter Schwarz Einfluss in ihren Heimatstädten Hamburg und Heilbronn nehmen.[1] Am Ende ist das aber nur die simple Aufregung über ein Symptom. Stoschek mag besonders undiplomatisch vorgegangen sein, Christoph Gröner, was selten ist, drohte vor laufender Kamera. Die beiden zeigen jedoch eben nur offen, was offensichtlich ist: dass es in einer Stadt mehr zählt, ob ein Mann, der mehrere Hundert Millionen Euro investieren will, über die schleppende Verwaltung klagt, als wenn dies ein Kunde des Jobcenters tut. Man sei im ständigen Gespräch und werde sich vertragen, sagte Kölns Bürgermeisterin Henriette Reker zur Causa Gröner. Und in Coburg überlegte man offenbar auch genauer, wie sehr man den reichsten Mann der Stadt vergrätzen will, der braun befleckten Weste seines Großvaters wegen.

Es ist so menschlich wie banal: Geld schafft Abhängigkeiten. Viel Geld verschafft Einfluss. Kaum fassbar viel Geld Macht. Indirekt oder direkt.

In einem Vorgespräch, aus dem leider kein Interview wurde, brüstete sich ein sehr vermögender Start-up-Unternehmer damit, dass er mit jedem einen Termin bekäme, wenn er denn wirklich wolle. Ein Family-Officer berichtete mir ebenfalls, dass seine sehr reichen Klienten problemlos Telefonate mit »ganz oben« bekämen, wenn ihnen politisches Handeln missfiele. Und Matthias Lefarth, früherer Lobbyist der reichsten deutschen Familienunternehmer, erzählte mir, als wir uns zu einem Interview in einem Hotel in Mittelamerika trafen, wo er mittlerweile lebt, dass er drei Tage vor einer wichtigen Entscheidung zur Erbschaftssteuer drei Stunden beim damaligen CSU-Vorsitzenden und bayerischen Ministerpräsidenten Horst Seehofer in der Staatskanzlei gesessen und dessen ungeteilte Aufmerksamkeit genossen habe. »Für mich war es eine Sternstunde der Politikberatung«, sagte Lefarth und: »Ich hatte mir eine persönliche Messlatte gesetzt, dass es auch nach dieser Reform möglich bleibt, dass ein Betrieb ohne Erbschaftssteuer übertragen werden kann. Unabhängig von der Größe. Und das würde ich mit Ja beantworten, dass das gelungen ist.« Ein Sieg im Elfmeterschießen sei das gewesen, so Lefarth. Drei Tage nach dem Treffen legte Horst Seehofer sein Veto gegen das geplante Gesetz ein und forderte Erleichterungen für Unternehmenserben.

»Wer großzügig an politische Parteien spendet, erwirbt laut einem ungeschriebenen Gesetz im deutschen Politikbetrieb ein wichtiges Privileg: Ihm wird auch von Spitzenpolitikern mit vollgepacktem Terminkalender ein Gesprächswunsch nicht verwehrt«, schreibt auch der Journalist Christian Rickens in seinem Buch *Ganz oben*. Und da sich die Top-Entscheider in den Ministerien oder dem Kanzleramt aus Zeitgründen immer nur eine begrenzte Zahl von Meinungen zu einem Thema anhören könnten, sei der durch Spenden erkaufte direkte Zugang eben ein wichtiger Machtfaktor.[2]

Datensammler Andreas Bornefeld schließlich schickt mir eine Liste. Es ist eine Übersicht der Großspenden, die Deutschlands Superreiche seit dem Jahr 2000 an die Parteien überwiesen haben. Gut 70 Millionen Euro sind es, der überragende Großteil ging an die CDU/CSU, ein Viertel an die FDP. Die Grünen holten einiger Großspenden wegen zuletzt auf. Die SPD krebst bei den Überweisungen der Vermögenden unter der Fünf-Prozent-Hürde herum. Was auffällt, ist die interessante Strategie einiger Milliardäre, das Geld breit zu streuen. Die Familie Pohl zum Beispiel, die mit dem Hofgut im schönen Dagobertshausen, verteilte mehr als fünf Millionen Euro an eine ganz große Koalition aus CDU, FDP, SPD und Grünen. Genauso machten es die Oetkers oder Familie Herz, die Inhaber von Tchibo.

In steter Regelmäßigkeit wird eine dieser Großspenden skandalisiert. Zuletzt traf es Christoph Gröner, wieder mal seiner, nennen wir es: Offenherzigkeit wegen. Im Jahr 2020 war Gröner der mit Abstand größte Spender der Berliner CDU. Er überwies, auf mehrere Einzelposten verteilt, insgesamt 820 000 Euro an die Partei. Ein ordentlicher Batzen, fast ein Fünftel des Gesamtbudgets. Im Jahr darauf, im Mai 2021, gab Christoph Gröner dem Radiosender Deutschlandfunk Kultur ein langes Interview, in dem es eigentlich ums Bauen und die Wohnungsknappheit ging, aber irgendwann eben auch um seine Spende. Gröner sagte: »Ich habe der CDU drei Bedingungen gesetzt.« Nummer 1: »Ich habe gesagt, ich möchte, dass die Kinder im Kinderheim, die behindert sind, genauso viel Geld für ihre Kleider kriegen wie nicht behinderte.« (Gröner kümmert sich mit langem Atem und viel Geld um Berliner Heimkinder.) Nummer 2: »Ich habe gesagt: Wenn das Bundesverfassungsgericht den Mietendeckel nicht abschafft, dann möchte ich auch, dass die CDU den nicht abschafft, aber modifiziert.« Nummer 3 betraf wieder die Kinderheime. Er sagte, er wolle einen generellen Ansprechpartner auf Politikebene.

Es folgte eine gewaltige Aufregung, ein Skandal mit mehreren Ausrufezeichen. Parteispenden sind zwar erlaubt, auch in Millionenhöhe, es gibt im Parteiengesetz aber eine

Einschränkung. Paragraf 25, Absatz 2, Nr. 7 stellt klar, dass Spenden, »die der Partei erkennbar in Erwartung oder als Gegenleistung eines bestimmten wirtschaftlichen oder politischen Vorteils gewährt werden«, nicht zulässig sind. Solche »Erwartungsspenden« müssen von den Parteien zurückgewiesen werden.

Ich glaube, man hätte sehr solide Gewinnaussichten, würde man darauf wetten, dass dieser weltfremde Paragraf ähnlich verlässlich befolgt wird wie beispielsweise das Zölibat. Nur lieben eben die meisten Priester im Geheimen, und selten sagt ein Vermögender so deutlich, welche Wünsche er mit seiner Gabe verknüpft. Im Nachhinein, als Gröners Spende Thema von Gutachten, Stellungnahmen und Prüfverfahren war, versicherten er und die CDU schnell, es habe nun wirklich absolut keine Bedingungen für die Überweisung gegeben. Na dann, entschied die Bundestagsverwaltung: Haken dran, Schein gewahrt, alle zufrieden. (Zumindest fast alle. Im Frühjahr 2024 reichte die Satirepartei Die Partei Klage beim Verwaltungsgericht Berlin ein.)

Wie viel ehrlicher wäre eine Debatte gewesen, die sich damit beschäftigt hätte, wie wir dazu stehen, dass es diese Spenden gibt. Müsste man die Höhe begrenzen, zum Beispiel bei 50000 Euro, wie es immer wieder diskutiert wird? Oder ist es genau andersherum: Sollte man Vermögende animieren, möglichst viel an Parteien als zentrale und notwendige Player zu überweisen, als eine Art Demokratieabgabe?

Harald Christ steht vor dem Berliner Reichstag. Der Anzug wie immer tadellos, das Handy am Ohr. Christ ist in vielerlei Hinsicht ein außergewöhnlicher Vermögender. Er wuchs in einer Arbeiterfamilie in Gimbsheim bei Worms auf, sein

Vater stand bei Opel am Fließband. Nach der Hauptschule wollte er eigentlich eine Banklehre machen, aber er, der weder Miki (Mitarbeiterkind) noch Kuki (Kundenkind) war, hatte mit seiner Bewerbung keine Chance. Angeblich lehnte viel später auch die Personalchefin der Deutschen Bank ihn nach dem Vorstellungsgespräch ab, weil er nicht den ihr angenehmen Stallgeruch hatte: »Ihr Zeugnis ist gut. Ihr Test war gut. Ihr familiärer Hintergrund passt nicht zu der Klientel, die wir bedienen«, habe sie gesagt.

Harald Christ sollte ihr eindrucksvoll beweisen, dass sie irrte. Er musste zwar viele Extrarunden laufen, aber am Ende hatte er Erfolg. Während seiner Lehre bei den Stadtwerken Worms, die ihn schließlich nahmen, bildete er sich parallel im Bankwesen fort und legte dann, ab Ende der 1990er-Jahre, zwei genauso erstaunliche wie unwahrscheinliche Karrieren hin: eine in der Politik und eine in der Wirtschaft. Er war Manager bei Banken, Versicherungen, Fondsanbietern, betreute auch mal bei einer Berliner Privatbank die Kunden, wie er heute einer ist: Vermögende ab 500000 Euro aufwärts. Er war Investor in der Schifffahrtsbranche. 2009 dann holte ihn der damalige SPD-Kanzlerkandidat Frank-Walter Steinmeier als Wirtschaftsminister in sein Schattenkabinett. Zehn Jahre später verließ Christ die SPD, zu links sei sie ihm geworden, sagte er. Er trat in die FDP ein und wurde kurz darauf deren Schatzmeister. Ein Amt, das er im Frühjahr 2022 niederlegte, auch um sich ganz seinem Unternehmer zu widmen. Seine Firma Christ & Company berät (zu den Kunden soll auch Lidl-Inhaber Schwarz gehören) und investiert. Kurz bevor wir uns für die ZDF-Dokumentation »Milliardenspiel« gemeinsam mit meinem Kollegen Jochen Breyer treffen, hatte er zwei sehr gute Geschäfte gemacht und seine Anteile an einem Luxemburger Immobilienunternehmen und einem KI-Start-up für ordentliches Geld verkauft. Schon vor 16 Jahren hatte er der *Zeit* in einem Gespräch gesagt, er habe so viel, dass er von den Zinsen der Zinsen leben könne.

Wie groß sein Vermögen heute ist?

Bei der Bitte um eine Antwort auf diese Frage unterscheidet sich Harald Christ dann wieder nicht von den ganz durchschnittlichen Reichen. »Die Frage hat man mir schon öfter gestellt«, sagt er. »Gehen Sie davon aus: Keine Zahl, die geschrieben ist, stimmt. Es mag Menschen geben, die sich damit profilieren, wie viel Geld sie haben: Ich gehöre nicht dazu.«

Aber Sie haben ja auch sehr gute Exits gemacht, Verkäufe Ihrer Firmenanteile …

»Ich habe davon gelesen«, sagt er und grinst.

Also: Ein paar Hundert Millionen Euro, kann man das sagen?

»Sie können sagen, was Sie wollen, ich kommentiere es nicht.« Er grinst wieder.

Themenwechsel. Zurück zu dem, um das es in diesem Kapitel geht: Vermögen und Demokratie, Vermögen und Politik. Christ, der in Berlin als herausragender Netzwerker gilt, hatte es sich zur Aufgabe gemacht, beide Sphären enger aneinanderzuknüpfen.

Als FDP-Schatzmeister waren Sie ganz schön erfolgreich, oder?

»Die einen sagen so, die anderen so.«

Weicht er schon wieder aus? Nein, ganz im Gegenteil, er nimmt nur Anlauf.

»Ich sage, das Ergebnis zählt. Wir konnten ein Spitzenergebnis bei den Spenden erzielen.«

Wissen Sie noch, wie viel das war?

»Ja, 11,5 Millionen«, Christ antwortet binnen Sekundenbruchteilen.

»Christian Lindners Geldeintreiber« taufte ihn damals das *Manager Magazin*. Binnen weniger Monate sammelte er für die FDP Großspenden von TV-Unternehmer Georg Kofler (750000 Euro), einer Vermögensverwaltung (250000 Euro), Prothesenhersteller Näder (250000 Euro) und Investor Carsten Maschmeyer (200000 Euro) ein. Für Christ haben Spenden wie diese nichts Anrüchiges, im Gegenteil. Aus seiner Sicht stützen sie die Demokratie. Er selbst überwies erst im Sommer 2023 insgesamt 253000 Euro an CDU, SPD, Grüne und FDP, explizit auch als finanzielle Munition im Kampf der Demokraten gegen die AfD gedacht. »Demokratie kostet Geld«, begründete Christ seine eigene Großspende, und so begründet er die der anderen Vermögenden, die er als Schatzmeister einwarb. Ob er nachvollziehen könne, dass viele Menschen Bauchschmerzen hätten, wenn Vermögende im großen Stil an die Parteien spendeten?

»Ich verstehe das nicht«, sagt Christ. »Die Parteiendemokratie muss finanziert sein, auch durch Spenden. Ich kann Ihnen verraten, dass wir als FDP das Geld brauchten. Wahlkämpfe sind teuer. Die politische Infrastruktur auch.« Es sei ein schiefes Bild, was da häufig in der Öffentlichkeit gezeichnet würde, klagt er.

Aber kauft man sich mit diesen Großspenden als Vermögender nicht auch Einfluss?

»Ich kenne in Deutschland keinen Politiker, der oder die sich durch irgendeine Spende beeinflussen lassen würde – und ich kenne ja nahezu alle aus der Spitzenpolitik, und zwar seit vielen Jahren. Das halte ich für ausgeschlossen.«

»Wes Brot ich esse, des Lied ich sing«, heißt es ja so schön. Das gilt in diesem Fall nicht?

»Na ja«, Christ winkt ab. »Ich weiß jetzt nicht, auf welchen Volksfesten Sie unterwegs sind. Aber ich würde das ausschließen. Noch mal: Ich kenne keinen Spitzenpolitiker in Deutschland, der irgendwie in irgendeiner Art und Weise eine Entscheidung von einer Spende abhängig machen würde.«

Das stimmt in aller Regel natürlich. Politik ist ganz selten Thriller. Auch wenn die Parteispendenaffäre der CDU in den 1990er-Jahren natürlich viele Anforderungen des Genres erfüllte: ein Waffenlobbyist, der einen mit einer Million D-Mark gefüllten Geldkoffer überreichte, der Chef, der sich auf sein Ehrenwort berief, und der anständige Getreue, der am Ende über all das stürzte. Aber lassen wir die Ausnahme beiseite. Natürlich kaufen Vermögende via Spende keine Stimmen, keine konkreten Entscheidungen. Das Bild ist diffuser. Manche Überweisungen mögen ganz selbstlos sein, andere, wie Christs »Demokratiespende«, höheren Motiven folgen. Einige mögen ihr Geld als Investment in ein politisches Produkt sehen, das ihnen zusagt, etliche schlicht dem Prinzip dienen, das Vertreter des Flick-Konzerns, Star eines zweiten Thrillers der deutschen Parteispendengeschichte, einst »allgemeine politische Landschaftspflege« nannten: das Vertrauen darauf, dass Geld Nähe schafft. (Flick-Geschäftsführer Eberhard von Brauchitsch nannte diese Spenden, 25 Millionen waren es insgesamt, »Schutzgelder«, »um sich vor Repressionen in Form wirtschaftsfeindlicher Politik zu schützen«.[3])

Inzwischen sind Sebastians Besuche ein eingeübtes Ritual. An diesem frühen Nachmittag im Februar, als er wieder klingelt, hätte ich fast vergessen, vorher mein Wohnzimmer aufzuräumen. Handshake zur Begrüßung. Dann hängt er seinen Fahrradhelm an die Garderobe. Ich mache ihm Kaffee, darin ein Schuss kalte Milch, dazu mehrere Gläser Wasser. Eine Runde Small Talk, dann schalte ich das Aufnahmegerät ein. Sebastian spricht zwei Stunden, äußerst konzentriert. Wir notieren den Folgetermin. Dann geht er wieder.

»Interview Sebastian10.m4a« heißt das Soundfile, auf dem er beschreibt, wie sein Vermögen für ihn unaufhörlich politische Landschaften bestellen könnte, wie es ihm en passant ein Netz verschafft aus Kontakten, nach denen so viele gieren.

Hast du oder hat deine Familie Zugänge, die andere Menschen nicht haben?

»Ja, auf jeden Fall«, sagt Sebastian. Seine Reaktion kommt sofort, und er beschreibt die Fäden, die dieses Netz weben. Da ist der fetteste Faden: »Das ist das Unternehmen. Wenn ich sagen würde, ich vertrete die Familie, die dahintersteht, würde ich vernetzt werden und sicherlich Zugänge bekommen, zum Beispiel Gespräche mit Politikern. Ich mache das nicht, auch weil ich es falsch finde und so etwas auch mit der Familie abstimmen würde. Aber es wurden mir schon Treffen angetragen und wären bestimmt kein Problem.«

Ich erzähle ihm von einem Investor, den ein Milliarden-Exit reich gemacht hatte und der sich nun freute, aber auch darüber staunte, wie viele Türen sich ihm danach öffneten. Wenn er es wirklich darauf anlege, sagte er mir, könne er sich einen Termin verschaffen, mit wem immer er wolle.

Würdest du dem zustimmen?, frage ich.

Sebastian ist ein abwägender Mensch, kein Venture-Capital-Verkäufer. »So drastisch hätte ich es nicht formuliert«, sagt er. »Aber vermutlich stimmt es schon, ja. Was ich das

Absurde finde, ist, dass ich schon viele Treffen angetragen bekomme, ohne dass ich mich aktiv um etwas bemühe.« Immer wieder kämen da diese Vorschläge: Willst du nicht mit dem oder dem mal sprechen? Oder mit der Politikerin, die jemanden kennt? Hunderte weitere Fäden, die sich wie von selbst verweben. »Die Einfachheit, mit der man Türen geöffnet bekommt und direkt vernetzt wird, ist tatsächlich erstaunlich.«

Das heißt, wenn du es darauf anlegen würdest, würden deine Bedürfnisse mehr zählen als die nicht-reicher Menschen?

Sebastian schweigt kurz, dann spricht er, sehr leise, aber äußerst überzeugt weiter: »Komplett. Also, auch ohne dass ich es darauf anlegen muss.« Geschwind wirft er die anderen Fäden in den Raum. Es gebe zahllose Möglichkeiten, Vermögen in Einfluss umzuwandeln. »Man hat ein Family-Office, das sich darum kümmert.« Oder man ist Gastgeber einer großen Veranstaltung. »Oder man nimmt das Geld und baut einen Lobbyverband auf, wo Leute hauptberuflich angestellt sind, um für meine Interessen anzuklopfen.« Oder man mache eine große Parteispende und würde darüber dann eingeladen werden. »Das ist immer das plakativste Beispiel, die Parteispende.«

Glaubst du denn, dass es gelingen kann, sehr hohe Beträge zu spenden, ohne dass daraus irgendeine Art von Einfluss wird?

»Das ist, glaube ich, schwierig«, sagt Sebastian. »Selbst wenn man spendet und sich nicht meldet, nichts dazu schreibt und hinter dem Geld einfach nur der Name steht, dann stelle ich mir vor, dass man sich in den Parteien trotzdem fragt: Ah, was haben wir denn diskutiert, was haben wir entschieden, dass jetzt diese große Spende reinkommt?

Wenn man jetzt sagt, man beschränkt diese Spenden auf 5000 Euro oder auf 10000 Euro, wäre das doch eigentlich ein No-Brainer, mit dem man schon mal erheblich Macht einschränken könnte.«

Ich entgegne, was Harald Christ entgegnen würde: Kann man große Spenden Vermögender nicht als Demokratieabgabe betrachten, als Demokratieförderung? Zum Beispiel, indem sie das Geld an alle Parteien überweisen …

»Ist das nicht so eine Art Wettrüsten? Wir sehen doch das Extrem in den USA. Da brauchen die Parteien sehr viel Geld für ihre Kampagnen. Und dort ist der Einfluss der Vermögenden noch größer.« Und selbst wenn jetzt alle Vermögenden an alle Parteien spenden würden, wäre es dann nicht doch so, dass die Politiker fürchten müssten, sie verschreckten mit manchen Positionen ihre Geldgeber? Wahr sei aber auch, dass der größte Einfluss wesentlich impliziter, indirekter genommen würde als über die Parteispende, auf die immer alle so aufmerksam starren, sagt Sebastian.

Und wie?

»Es ist immer schwer zu erklären, wie genau das funktioniert.« Wer weiß schon, welcher Faden des fest gewebten Netzes schließlich verfängt? »Es ist eigentlich gut, es vom Ende her zu beschreiben«, sagt Sebastian. Wenn man sein Vermögen dafür nutze, bedeute es auch politische Macht.

Die Stoschek-Soap hat Sebastian nicht gesehen. Ich erzähle ihm den Plot. Er zuckt verbal ein wenig mit den Schultern.

»Das ist ja nur die Konsequenz, die Auswirkung dessen, was ich beschrieben habe: Gesellschaftliche Macht ist durch Vermögensungleichheit ungleich verteilt. Und wenn es so ungleich verteilt ist, dann wird es immer dazu kommen, dass Leute diese Macht auch ausnutzen können und werden.«

Umso wichtiger wäre es zu wissen, wofür, zu ahnen, welche politischen Ziele Deutschlands Vermögende mit ihren im Zweifel unerschöpflichen finanziellen Mitteln anvisiert wissen wollen. Es gibt ganz vereinzelte Studien, die die Einstellungen von Menschen in wirtschaftlichen Spitzenpositionen zu Streitfragen wie die der Erbschaftssteuer untersuchen. Aber eine Art »Sonntagsfrage«, einen Deutschlandtrend unter Hochvermögenden, ein Stimmungsbild ihrer politischen Präferenzen gibt es, Sie ahnen es, nicht.

Als wir uns im Januar 2024 das nächste Mal in Christs großzügigem Büro am Berliner Kurfürstendamm treffen, einer wunderschönen Altbauetage mit Stuck an der Decke und Kunst an den Wänden, übrigens nur ein paar Meter von Thomas Bschers Restaurant *Cumberland* entfernt, ist diese Frage dringlicher geworden. Gerade war der Text des Recherchenetzwerks Correctiv über das Treffen einiger AfD-Politiker, Neurechter und altgedienter Rechtsextremer in einem Landhaus in der Nähe Potsdams erschienen – der Text, der Millionen Menschen als Brandmauer gegen die extreme Rechte auf die Straße trieb. Neben den rassistischen Vertreibungsplänen, dem »Masterplan« zur »Remigration«, sei es in Potsdam auch um Geld gegangen, erfuhr man. Geld von »Vermögenden und Unternehmern«, die rechtsextreme Bündnisse fördern wollen. »Es bedarf Patrioten, die aktiv etwas tun, und Persönlichkeiten, die diese Aktivitäten finanziell unterstützen«, zitierte Correctiv aus der Einladung. Die Einladung, die auch Hans-Christian Limmer unterzeichnet hatte, ein Investor, der den Discounter Backwerk groß gemacht hatte und damals noch Gesellschafter der Burgerkette *Hans im Glück* war.

Auch in Andreas Bornefelds Daten hatten sich die Namen

einiger Vermögender befunden, die an die AfD gespendet hatten. Ein Kölner Immobilienunternehmer, ein Anlagenbauer und Ex-BDI-Präsident, der inzwischen verstorbene Gründer der Wall AG. Über mögliche verdeckte Spenden vermögender Schweizer an Alice Weidel war intensiv berichtet worden, ja. Aber lange war die Frage, ob es unter deutschen Vermögenden Sympathien für Rechtsextreme geben könnte, ein Randthema.

Harald Christ hatte das Risiko früh erkannt. Als er im Sommer 2023 seine »Demokratiespende« tätigte, wies er darauf hin, dass die AfD im ersten Halbjahr Spitzenreiterin bei den Großspenden war. In den Monaten danach forderte er wieder und wieder ein, dass sich deutsche Unternehmer und Spitzenmanager klar gegen die AfD positionieren sollten. »Es sind zu wenige. Viele Unternehmer scheuen sich, Gesicht zu zeigen, Tacheles zu reden«, sagte er T-Online. Und auf die Frage, ob er mit Alice Weidel zu Abend essen würde, sagte er: »Nein, ganz sicher nicht. Da kann ich mir wesentlich angenehmere Tischpartner vorstellen.«

Einen Monat zuvor hatte das *Handelsblatt* berichtet, dass es in einem Nobelrestaurant in Cannes ein bemerkenswertes privates Dinner gegeben habe: Gemeinsam gespeist hätten die AfD-Chefin Alice Weidel und mein, na ja, »Brieffreund« oder besser »Buchfreund«, der Milliardär Theo Müller, der mich durch 500 Seiten *Über die Gemeinwirtschaft* genötigt hatte und dann nicht sprechen wollte. Mit Alice Weidel hatte er geredet. Und nachdem das in Deutschland für allerhand Empörung gesorgt hatte, sprach Müller in einem langen Interview auch mit der *Neuen Zürcher Zeitung*. (Ein Interview, das ich zumindest an einer Stelle arg lustig fand. Da ging es um Müllers Kinder, neun an der Zahl, denen er, das kann man dem Gespräch entnehmen, kein wirklich zugewandter Vater war. »Leider wenig präsent« sei er im Leben der Kleinen gewesen, sagt Müller. Und dann kommt's: »Ich wollte den Kindern von der Firma erzählen, von der Marktwirtschaft, von Ludwig von Mises.«[4] Die hätte das weniger interessiert. Komisch.)

Was Müller auch noch sagte, war: Die deutsche Politik sei inzwischen eine Katastrophe. Der Sozialismus und der Ökologismus hätten das Land in Beschlag genommen. Alice Weidel sei eine Freundin. Man sehe sich häufiger, würde über Politik und Wirtschaft sprechen. Er befände sich irgendwo zwischen der Rolle eines Beobachters der AfD und der eines Sympathisanten. Gespendet habe er der AfD aber nicht. Noch nicht, mag denken, wer das Interview liest.

Und wenn sich das ändert? Bei ihm und bei anderen Superreichen?

Harald Christ sagt, er wisse, dass die vermeintlichen Patrioten in und um die AfD auch um Spenden von Vermögenden werben. Es beunruhigt ihn, nicht zu wissen, wie viele einschlagen werden.

Kurz nach unserem Gespräch, an einem März-Tag 2024, wird die nach Angaben der NGO Lobbycontrol »wohl größte Parteispende der deutschen Geschichte« überwiesen. Ein vermögendes Ehepaar aus Mecklenburg-Vorpommern, reich geworden mit einem »Hightech-Unternehmen«, wie sie sagen, spendet gut vier Millionen Euro an das frisch gegründete Bündnis Sahra Wagenknecht. Anfang desselben Jahres hatte das Paar der Partei schon eine Million überwiesen. Millionen Euro. Als Anschubfinanzierung, damit die neue Partei, der die Spender auch beigetreten sind, bei den Europawahlen und denen in Ostdeutschland gute Chancen hat.

»Uns ist Friedenspolitik sehr wichtig«, betonten die

Spender dem Redaktionsnetzwerk Deutschland gegenüber. »Wir wollen, dass Konflikte ohne Waffen und Kriege gelöst werden.« Außerdem hoffen sie, Sahra Wagenknecht einmal persönlich kennenzulernen.[5]

Ein bisschen kurios ist es schon, dass ausgerechnet die neue Partei einer Politikerin, die von vielen als »links« eingeordnet wird, von einzelnen Reichen so sehr gepusht wird.

Am Morgen des Tages der Großspende treffe ich Ralph Suikat, IT-Unternehmer, Investor und Millionär, in der Nähe des Berliner Hauptbahnhofs in einem Café. Das passt zu seinem Leben, das gerade eines im Transit-Bereich ist. Er kommt so gut wie gar nicht mehr dazu, sich zu Hause in der Nähe von Karlsruhe um sein Business zu kümmern. Er hat, wie er sagt, »alle anderen Tätigkeiten aus seinem Leben eliminiert«. Rund 14 Stunden am Tag arbeitet er für das Bündnis Sahra Wagenknecht. Suikat, den die *Welt* »den Millionär an Wagenknechts Seite«[6] nannte, ist Schatzmeister der Partei. Während wir reden, wirkt er teilweise überwältigt von alldem, was ihm passiert ist, seit er sich mit Sahra Wagenknecht und ihrem Mann Oskar Lafontaine zu einem Abendessen traf und so in den Inner Circle der neuen Partei rutschte. Spannend, von ihm zu hören, wie hart jemand, der aus dem Unternehmertum kommt, die Belastung in der Politik empfindet. Die Schlagzahl. Die Getriebenheit. Die Brutalität der Debatten. »Das geht an die Substanz«, sagt er.

Ich kenne Suikat schon länger. Er ist Mitbegründer der Gruppe *Tax me now* gewesen, um die es in einem späteren Kapitel noch gehen wird – ein Verein von Reichen, die fordern, Reiche stärker zu besteuern. (Ein Verein, der für dieses Anliegen ein fürstliches Budget zur Verfügung haben muss. Allein Suikat, erfahre ich, hat einen Mitgliedsbeitrag von 25 000 Euro gezahlt. Er ist inzwischen ausgetreten. Auch weil man bei *Tax me now* auf seinen Einsatz für Sahra Wagenknecht reserviert reagiert hatte.)

»Ich bin Impact Investor«, sagt Suikat, und als solcher versuche er immer zu identifizieren, wo sein Geld der größtmögliche Hebel für Veränderung sein könnte. Suikat fühlt sich dem Prinzip des US-Autors Stephen R. Covey verpflichtet. Dieser fordert erfolgreiche Unternehmer auf, nach den 4L zu handeln: *Live, Love, Learn and Leave a Legacy*. »Lebe, liebe, lerne und hinterlasse ein Vermächtnis.«[7] Darum geht es ihm.

Seit Suikat von den Plänen zur Parteigründung erfuhr, glaubt er, seinen Hebel gefunden zu haben. Er investierte ein paar Zehntausend Euro in Wagenknechts Projekt, und eben vor allem sich selbst.

Welche Veränderung er bewirken will?

»Mein Thema ist soziale Gerechtigkeit«, sagt Suikat. »Alle sollen einen fairen Anteil an dem bekommen, was wir gemeinsam erwirtschaften.« Er würde sich wünschen, »die Supervermögenden ein Stück weit zu ›entmachten‹«. Er würde gern darüber reden, wie Vermögen effektiver besteuert werden könne, oder über eine Idee, die er spannend findet: eine Art Obergrenze für den privaten Reichtum Einzelner, 100 Millionen Euro, beispielsweise.

Wir ringen im Gespräch darum, ob das die Themen sind, die beim Bündnis Sahra Wagenknecht im Mittelpunkt stehen. Von Obergrenzen habe ich sie nur im Zusammenhang mit Flüchtlingen reden hören. Ich weiß, was Wagenknecht zu Putins Krieg in der Ukraine denkt (Verhandeln!), was sie von der Coronapolitik hält (Aufarbeiten! Mit Untersuchungsausschuss!), ja sogar, wie sie zum beschlossenen Verbot von Verbrenner-Autos steht (Zurücknehmen!). Wie genau ihre Position gegenüber Hochvermögenden ist, weiß ich nicht.

Man habe aus Zeitgründen noch kein Programm erarbeiten können, sagt Suikat. Das käme alles noch.

Frustriert ihn, dass ausgerechnet das Thema, das ihn so sehr antreibt, noch hintenansteht?

»Teilweise ja«, sagt Suikat. »Aber ich verstehe auch, warum das so ist.« Ohne belastbare und verlässliche Strukturen nutze das beste Parteiprogramm nichts. Und natürlich sei die soziale Gerechtigkeit zentraler Baustein des Grundsatzprogramms. Eine neue Partei aufzubauen sei organisatorisch eine so große Herausforderung, dass die Programmarbeit kaum parallel zu schaffen sei.

Wir reden über die Großspender. Die Vermögenden, die dem BSW so großzügig Millionen überwiesen.

Man brauche das Geld, sagt Suikat, er ist sich einig mit Harald Christ, dem Ex-Schatzmeister der Konkurrenz. Ein Wahlkampf wie der vor der Europawahl koste Millionen. Am nächsten Abend soll es in Thüringen ein erstes Spenden-Dinner der Wagenknecht-Partei geben.

Ist das ein Dilemma? Den Einfluss Vermögender begrenzen zu wollen, aber gleichzeitig ihre Spendengelder dringend zu benötigen?

»Das Dilemma sehe ich maßgeblich dann, wenn zum Beispiel Rüstungskonzerne oder Verbände Parteien größere Spenden zukommen lassen. Wenn jemand sein Geld ganz normal verdient hat und ihm die Themen soziale Gerechtigkeit und Frieden auch ein Anliegen sind, dann habe ich damit überhaupt kein Problem, weil es eben im weiteren Sinne gemeinwohlorientiert zum Einsatz kommt.«

Aber, frage ich, führe das nicht dazu, dass Vermögende eben auch mehr Möglichkeiten hätten, ihre Themen voranzubringen? Anders als mein Nachbar zum Beispiel, dem auch bestimmte Dinge wichtig sein mögen? »Menschen mit Geld haben den größeren Hebel in der Hand«, sage ich.

Denjenigen, die das Bündnis Sahra Wagenknecht unterstützen, seien dieselben Themen wichtig, sagt Suikat. Er freue sich auch über die Drei-Euro-Spende. Gerade diese Unterstützer seien wichtig. Er versuche allen zu antworten, die ein Anliegen hätten. Auch wenn das nicht immer zu schaffen sei.

Wenn einer in der Warteschlange stecken bleibt, dann aber sicher nicht der Millionenspender, vermute ich.

»Es ist wie ein Key Account im Unternehmen«, sagt Suikat, ein VIP-Kunde.

In Wagenknechts Worten klingt das so: »Diese sehr großzügige Spende zeigt, wie sehr sich die Menschen einen politischen Neubeginn in Deutschland wünschen«, sagte sie dem Portal T-Online. »Wir sind sehr dankbar und werden alles dafür tun, dass wir die Erwartungen erfüllen.«[8]

Wie hatte es Sebastian formuliert? »Gesellschaftliche Macht ist durch Vermögensungleichheit ungleich verteilt. Und wenn es so ungleich verteilt ist, dann wird es immer dazu kommen, dass Leute diese Macht auch ausnutzen können und werden.«

Wie ein Kreisel läuft die Argumentation immer wieder auf diesen Gedanken zu: Vermögen vervielfacht die Wucht der Meinungen, der politischen Interessen, der Bedürfnisse Einzelner. Das beißt sich mit dem Grundprinzip der Demokratie, in der jede Stimme gleich viel zu zählen hat.

In den USA hatten Politikwissenschaftler Anfang der 2010er-Jahre in mehreren Studien einen *Pro-Rich*-Bias in der Politik diagnostiziert, heißt: Wenn reiche Amerikaner etwas wollten, hatten sie in überdurchschnittlich vielen Fällen Erfolg. Was sie nicht wollten, würde so gut wie nie umgesetzt, selbst wenn die Mehrheit der ärmeren Amerikaner dafür sei. Die Politikwissenschaftler Armin Schäfer und Lea Elsässer übertrugen das Design der Studien auf Deutschland. Schäfer sagt, er sei überrascht gewesen, hier eine ähnliche Verzerrung vorzufinden. Das Forscher-Team hatte rund 250 Meinungsumfragen zu den Themen Umwelt, Finanzen, Wirtschaft oder Außenpolitik ausgewertet und die Wünsche der Befragten nach ihrem sozialen Status sortiert. Das Ergebnis: »Insgesamt können wir nun feststellen, dass die Politik des Bundestages weitaus häufiger auf die Ansichten und Anliegen der obersten Einkommensschicht reagiert, die Meinungen der unteren und mittleren Einkommensschichten dagegen kaum beachtet oder sogar missachtet werden.«[9] Was die Studie nicht beantwortet, ist, warum das so ist.

Für die Fernsehreihe »docupy« haben meine Kollegen und ich Menschen in zwei armen Stadtteilen – Duisburg-Marxloh und dem Leipziger Plattenbauviertel Grünau – gefragt, ob sie zuletzt wählen waren. Die Antwort war, erwartbar häufig, Nein. Während bis in die 1980er-Jahre hinein im Westen Deutschlands die Wahlbeteiligung weitestgehend unabhängig vom Einkommen und der Wohnlage war, klafft inzwischen eine Lücke: »Arbeitslose und Menschen mit geringeren Einkommen, schlechterer Bildung oder auch Berufen mit niedrigerem sozialem Status gehen viel seltener wählen als Menschen, die jeweils am anderen Ende der Verteilung sind«, sagt Politikwissenschaftler Schäfer.[10]

Als wir die Nichtwähler nach Gründen fragten, sagten Einzelne gelangweilt: »Keine Zeit gehabt.« Die allermeisten aber gaben an, nicht oder nicht mehr daran zu glauben, dass ihre Stimme einen Unterschied mache.

Warum?

Weil andere die Macht hätten.

Und wer?

»Die, die das Geld haben«, sagte eine Frau aus Leipzig.

»Es sollte das Volk sein, aber es ist das Kapital«, formulierte ein Mann aus Duisburg.

»Die Konzerne, nicht die Politiker. Es ist scheißegal, wer da oben sitzt«, meinte eine Alleinerziehende aus Leipzig.

Es führt hier zu weit, zu diskutieren, wer Huhn ist und wer Ei. Würde die Politik den Wünschen der Menschen aus armen Stadtteilen eher folgen, wenn diese häufiger wählen, in Parteien gehen, sich mehr einbringen würden? Oder tun sie das alles nicht, weil sie wissen, dass ihre Meinung weniger zählt?

Es ist nicht der Platz, um zu klären, ob es sich die frustrierten Bürgerinnen und Bürger nicht auch zu einfach machen, indem sie sich von der Demokratie abwenden. Es soll hier keinesfalls aus unterschiedlichen Befunden eine simple Verschwörung gerührt werden. Die Mechanismen sind differenzierter. Und es ist, auch das ist mir wichtig, den Vermögenden, die für ihre Interessen einstehen, wenn sie das offen tun, kein Vorwurf zu machen. Mehr noch: Man sollte sich die Zeit nehmen, um innerlich auf all diejenigen unter ihnen anzustoßen, die sich weiterhin dem unvollkommenen Gebilde, das die Demokratie nun mal ist, aussetzen. Denn es ist ja nicht so, als gäbe es keine Alternativen, im Gegenteil. Schaue man sich in der Welt um, käme man zu dem Schluss, dass der »undemokratischere Kapitalismus« gerade die »erfolgreichere Marke« sei, schreibt der Historiker Quinn Slobodian. Er schlüsselt auf, wie gerade unter den wirtschaftlich Erfolgreichen in den letzten Jahrzehnten der Gedanke reifte, dass es angenehm sein könnte, sich dem lästigen Prinzip der Mehrheitsentscheidungen zu entledigen, all die Verpflichtungen loszuwerden, die damit einhergehen, wenn sich Einzelne zu einem Staat zusammenfinden.[11]

Schon in den 1980er-Jahren sagte der US-Ökonom und Nobelpreisträger Milton Friedman: »Ich sehe Hinweise darauf, dass eine demokratische Gesellschaft, wenn sie einmal gefestigt ist, die freie Wirtschaft zerstört.«[12] Friedmans Mitstreiter forderten, man solle den Erfolg einzelner Staaten allein anhand ihrer »wirtschaftlichen Freiheit« bemessen und sich vom »Fetisch der Demokratie« lösen.[13] Ein Ideal, das heute an Orten wie zum Beispiel Dubai Wirklichkeit geworden ist. Die Stadt wuchs in den letzten Jahrzehnten rasant, auch weil sie sich als Oase für Unternehmen und Vermögende etabliert hat. Dass Dubai Teil eines autokratischen Systems ist, dass es keine Wahlen gibt, keine Oppositionsparteien, keine Gewerkschaften, kaum garantierte persönliche Freiheitsrechte, scheint die vielen Anhänger nicht zu stören. Die Demokratie sei nicht die Lösung, sie sei nur der »gegenwärtige Industriestandard«, sagt Patri Friedman, Miltons Enkel.

Seit April gibt es einen neuen Helden dieser vielstimmigen Bewegung, die gemeinhin unter dem Begriff »libertär« vereint wird: Javier Milei, den die Argentinier zu ihrem Präsidenten gewählt haben, weil sie hoffen, dass er das Land aus der ökonomischen Hölle herausführt. Ein Mann, der auf einer Theaterbühne unter dem Jubel seiner Fans ein Modell der argentinischen Zentralbank mit einem Baseballschläger zertrümmert hat. Ein Mann, der das Parlament als *nido de ratas*, als »Rattennest«, bezeichnet hat. Ein Mann, der einen seiner Hunde, die er seine »vierbeinigen Kinder« nennt, Murray taufte, um dem Urvater des »Anarchokapitalismus« zu huldigen. Murray N. Rothbard, eine feste Größe in Denkfabriken wie der Mont Pelerin Society (übrigens Schüler von Ludwig von Mises). Rothbard betrachtete Staaten, auch demokratische, als »organisiertes Banditentum«, als Erzwingungs- und Gewalteinrichtung, Steuern seien »Diebstahl in gewaltigem Ausmaß«.[14] Dieser Geist spricht aus Milei, wenn er, wie zum Beispiel im Interview mit der Zeitung *Die Welt*, sagt: »Der Staat ist im Kern eine kriminelle Organisation, die von einer Zwangseinnahmequelle lebt, die sich Steuern nennt. Diese Konfiguration macht sie schlimmer und schädlicher als jeden Mob und die Politiker zu Dieben.«[15]

16. *Let's talk about tax*

Na gut, irgendwann war es nicht mehr zu umgehen, das Thema, bei dem alle Gespräche über Vermögen zwangsläufig mal landen. Das Thema, das jede Runde zuverlässiger in zwei Lager reißt als die Frage, wer wie warum gendert. Das Thema, bei dem es am unverständlichsten ist, dass wir – auch mangels Daten, juhu! – überhaupt in der Matrix des Meinungsaustausches gefangen sind. Aber der Reihe nach.

Die meisten Menschen wissen, wie hoch ihr persönlicher Steuersatz ist. Selten kennen sie ihn auswendig, aber meist genügen ein Taschenrechner und ein Blick auf die Lohnabrechnung: Da ist der Bruttolohn abzulesen, die Sozialabgaben und eben die Lohnsteuer. Ganz einfach. Genauso einfach wie das Prinzip, das für den Steuersatz gilt. Er ist progressiv, das heißt: Wer mehr verdient, zahlt auch mehr. Je nach Verdienst muss man für den letzten Euro, der dazukommt, zwischen 14 Prozent Eingangssteuersatz und 42 Prozent in der Spitze in die Gemeinschaftskasse zahlen. Ab der Grenze von gut 270000 Euro kommen für jeden Euro mehr noch mal drei Prozent Reichensteuer obendrauf. Die Chefärztin gibt also wesentlich mehr ab als der Pfleger. Der angestellte Geschäftsführer zahlt mehr als sein Chauffeur. Auf diesem Wege verteilt der Steuerstaat um – und zwar in großem Umfang.

Die Brutto-Arbeitseinkommen liegen viel weiter auseinander als das, was die Menschen nach Steuern und Transferzahlungen netto zur Verfügung haben. Die obersten 10 Prozent der Verdiener zahlen zusammen gut 50 Prozent der gesamten Lohnsteuern. (Sie verdienen allerdings auch fast

40 Prozent aller gezahlten Löhne. Aber trotzdem: Wer viel verdient, trägt noch mehr bei.) Das System ist also alles in allem solidarisch und genügt – bei allem Gemecker über Steuerzahlungen an sich – den Prinzipien, die die meisten Menschen als fair empfinden. Das alles aber gilt, wie oben erwähnt, nur für abhängig Beschäftigte und ihre Lohnsteuer.

Schon bei den Sozialabgaben wird es komplizierter. Im Gegensatz zum Steuersatz sind sie in Deutschland besonders hoch und werden vor allem von der ordentlich, aber sicher nicht extrem gut verdienenden Mitte getragen. Denn bei gut 7000 Euro Monatsverdienst liegt die sogenannte Beitragsbemessungsgrenze. Ein Wortungetüm, das die Summe markiert, ab der man auf jeden Euro, den man mehr verdient, nicht mehr in die Kranken- oder Rentenversicherung einzahlen muss. Das führt dazu, dass Menschen, die mehrere Hunderttausend Euro im Jahr verdienen, prozentual weniger an den Staat abgeben als jemand, der 80 000 erhält.

Superreiche aber sind so gut wie nie »abhängig beschäftigt«. Wer ein Vermögen von 30, von 100, ja von 1000 Millionen Euro hat, für den macht sein lohnsteuerpflichtiges Gehalt, wenn überhaupt, nur einen sehr, sehr kleinen Bestandteil des Monatsbudgets aus. Und deshalb lässt sich der Steuersatz von Superreichen auch auf keiner Gehaltsabrechnung einfach so nachlesen. Ja, nicht einmal sinnvoll herleiten kann man ihn. Superreiche zahlen ihre Steuern nicht nach dem Satz von der Stange, sondern maßgefertigt. Ich habe mit Vermögenden gesprochen, die mir versicherten, 50 Prozent oder mehr ihrer Einnahmen an den Staat abzugeben. Ich habe mir Beispielrechnungen angeschaut, wonach ein Muster-Millionär hinsichtlich Steuern und Abgaben auf einen Durchschnittssatz von 24 Prozent käme.

Ich habe mich mit einem Steuerberater getroffen, der zu den renommiertesten seiner Branche gehört, der eine Professur innehat, aber auch die Praxis kennt, weil er selbst sehr Vermögende berät. Er hat mir gesagt, dass seine Zunft mit aggressiver Steuergestaltung unter Ausnutzung aller Tricks, auch der im juristischen Graubereich, die er selbst ablehne, für sehr Vermögende eine Steuerlast von einem Prozent erreichen könne. Und ich habe natürlich auch Sebastian gefragt, wie viel er eigentlich auf seine jährlichen Erträge zahle.

Weißt du, wie viele Abgaben, also Steuern und Sozialabgaben, du auf deine Einkünfte hast?

Seine kurze Antwort lautete: »Nee.« Die lange, nach einigem Überlegen: Vielleicht 30 Prozent? Vielleicht auch 35? Dann aber zögerte er. Was ist mit den Dividenden? Den Immobilienerträgen? Wie rechnet er den Teil seiner Vermögenszugewinne ein, die erst mal im Unternehmen verbleiben, über die seine Familie aber trotzdem verfügen kann?

»Wir hatten das mal überlegt in der Familie, dass wir den Steuersatz erheben wollten, aber eher weil viele der Meinung waren: Wir zahlen doch so viel …« Am Ende wies seine Familie den Steuerberater jedoch nicht an, einen durchschnittlichen Steuersatz zu berechnen. Es sei komplex, sagt Sebastian. Aber diese Komplexität sei eben auch nützlich, um das Steuerthema möglichst nebulös zu halten.

Er hat recht, es ist kompliziert – und zwar aus zwei Gründen. Zum einen puzzelt sich der Steuersatz eines Superreichen in aller Regel tatsächlich aus vielen unterschiedlichen Steuersätzen zusammen. Da ist die Lohnsteuer auf vielleicht ein Geschäftsführergehalt, da sind die Kapitalertragssteuern, zum Beispiel auf Dividenden, da sind die

Steuern auf vermietete Immobilien, Unternehmenssteuern im In- und Ausland, Gewinne, die nicht ausgeschüttet werden, sondern in der Holding verbleiben, und so weiter und so fort.

Das Netzwerk Steuergerechtigkeit tat das, worüber Sebastians Familie nachgedacht hatte, und rechnete an einem »Muster-Millionär« einmal durch, wie hoch so ein »zusammengepuzzelter« Steuersatz dann am Ende sein könnte. Millionär Mustermann hat 23 Millionen Euro Vermögen. Er arbeitet im Familienunternehmen, bezieht da ein Gehalt von 200000 Euro. Weitere Einkünfte: eine Gewinnbeteiligung, Mieteinnahmen, Aktienfonds, Anleihen und der Verkauf einer geerbten Immobilie, insgesamt 1,6 Millionen Euro. Davon muss er, zählt man alle Steuerarten und Sozialabgaben wie oben erwähnt zusammen, rund 24 Prozent an den Staat abgeben.

Nun kann man über die eine oder andere Annahme in der Beispielrechnung debattieren. Ist es fair, den Verkauf der Immobilie einzurechnen? (Die Gewinne sind komplett steuerfrei, aber Wohnungen im Portfolio von Multimillionären eben auch absolut üblich. Und hätte der Muster-Millionär statt Immobilien Bitcoin, Kunst oder Gold verkauft, wäre auch hier der Gewinn steuerfrei gewesen.) Ist es okay, davon auszugehen, dass die Einkünfte im Wesentlichen in der familieneigenen Vermögens-Gesellschaft verbleiben – und nicht auf das Privatkonto ausgeschüttet werden? Auch dafür gibt es enorme Steuerrabatte. Und genau deshalb ist das alltägliche Praxis vieler Vermögender: Sie sparen ihr Kapital in einer Holding an, denn dort kann es, dank Steuererleichterungen aus den Jahren 2002 und 2009, (fast) steuerfrei liegen und wachsen. Wenn sie es aber auf ein Privatkonto ausschütten lassen, wird noch mal Kapitalertragssteuer fällig.

Insgesamt scheinen die angenommenen 24 Prozent also plausibel. Und sie kommen, das wird gleich wichtig, ohne Tricks, ohne die Gestaltungsberatung teurer Steuerprofis zustande.

Die Gegenrechnung ist schnell gemacht: Ein Mittelschichtspaar zahlt auf seine Einkünfte insgesamt 43 Prozent Steuern und Abgaben – fast doppelt so viel. Das liegt auch daran, dass es in den letzten Jahrzehnten jenseits der oben genannten weitere Steuererleichterungen für Vermögende gab: Die Unternehmenssteuern sind gesenkt worden, der Spitzensteuersatz ebenfalls, die Vermögenssteuer, die in Deutschland zwischen den Jahren 1923 bis 1996, zuletzt ab einem Freibetrag von 120000 DM, gezahlt werden musste, ist nach einem Urteil des Bundesverfassungsgerichts ausgesetzt.

Was daraus für die konkrete Steuerlast folgen kann, hat das Netzwerk Steuergerechtigkeit an einem anderen berühmten Beispiel berechnet, in dem (ausnahmsweise) konkrete Daten vorlagen. Susanne Klatten ist mit einem geschätzten Vermögen von 21 Milliarden Euro die reichste Frau Deutschlands. Sie bewegt als Start-up-Investorin viel. Ihr Vermögen beruht aber auf ihrem Erbe, unter anderem auf ihren BMW-Anteilen. 1996 erhielt sie als ihren Anteil aus dem Unternehmensgewinn 199 Millionen DM und zahlte darauf, so ist es den Daten des Netzwerks Steuergerechtigkeit zu entnehmen, satte 61 Prozent Steuern. Im Jahr 2022 konnte sich Klatten über eine Dividende von 1,2 Milliarden Euro freuen. Darauf zahlte sie, so die Analyse, 21,4 Prozent Steuern. Berechnet man, um Ausreißereffekte zu vermeiden, den Fünf-Jahres-Schnitt der gezahlten Steuer, landet man auf einem Level von rund 25 Prozent, ähnlich dem Wert, den der »Muster-Millionär« erreicht.

Und das alles ganz legal, wie gesagt, und ohne gewiefte Steuerspar-Tricks.

Es gibt aber, das ist der zweite Grund, warum die Frage, wie hoch Superreiche besteuert werden, kaum seriös zu beantworten ist, bei etlichen Menschen mit sehr großen Vermögen einen Unterschied zwischen den Steuersätzen, die der Gesetzgeber »auf dem Papier« festschreibt, und denen, die am Ende gezahlt werden. Denn dazwischen wirken die Menschen, die ich schon aus den Gesprächen mit den Family-Offices kenne: die Steuerprofis. Steuerberater. Steuergestalter. Steuervermeider.

Im Frankfurter Bankenviertel, an einem Nachmittag, an dem sich die Sonne aufreizend schön in den himmelhohen gläsernen Fassaden spiegelt, treffe ich den Branchenprofi, den Berater, von dem oben schon die Rede war. Es ist unser zweites Gespräch. Beim ersten Mal saßen wir viel länger als erwartet im Besprechungsraum seiner Kanzlei – so spannend war, was er über die Steuerberatung der Superreichen erzählte. Seine Branche ist eine äußerst verschwiegene. Wer mit Journalistinnen und Journalisten redet, riskiert seinen Ruf, deshalb darf ich seinen Namen nicht nennen. Aber an diesem Tag in Frankfurt spricht er zitierbar, auf Band. Denn ihn stört, wie weit es einige seiner Kollegen treiben, zum Schaden aller, der seriösen Steuerberaterinnen und Steuerberater, der steuertreuen Superreichen und der Gut- und Normalverdiener, die statt ihrer die Staatskasse füllen müssen. Der Informant hilft mir, die Herde der Berater zu sortieren – in cremeweiße, graue und schwarze Schäfchen, in Berater, Gestalter und Vermeider oder, wie er es nennt: in legale, legitime und aggressive Steuerpraxis.

Was ist der Unterschied?

»Legal heißt in erster Linie gesetzeskonform«, sagt er. Legitim sei fast gleichbedeutend, habe aber schon eine kleine moralische Wertung und soll heißen: dem Gesetzeszweck entsprechend. »Die aggressive Steuergestaltung hingegen ist eine Steuergestaltung, die auf Lücken, auf Schlupflöcher setzt.« Dann sagte er den Satz, den ich oben schon zitiert habe, den Satz, der nicht nur mich erstaunt: »Bei aggressiver Steuergestaltung, insbesondere unter Zuhilfenahme grenzüberschreitender internationaler Strukturen, kann man bei Gesamt-Steuerbelastungen von bis zu einem Prozent oder weniger landen.«

Wie das funktionieren kann?

Der Informant will keine »Gebrauchsanweisung« zur Umgehung von Steuern liefern. Aber das Grundprinzip erklärt er dann doch: Wer ein großes Vermögen hat, strukturiert es in aller Regel. Das heißt, er teilt es auf in unterschiedliche Gesellschaften. Ein Teil steckt im ursprünglichen Unternehmen, ein anderer in Subunternehmen, in Immobilienunternehmen, in Stiftungen, in Investmentgesellschaften. Würde man das Vermögen als Organigramm zeichnen, fänden sich dort viele kleine Quadrate und Pfeile, Ober- und Unterstrukturen und auf den Kästchen die Namen allerlei unterschiedlicher Rechtsformen: hier eine GmbH, dort eine OHG, vielleicht eine Genossenschaft, eine SE, eine Ltd. (Das Organigramm von René Benkos Signa-Gruppe füllte nach Angaben des Insolvenzverwalters allein 46 DIN-A3-Seiten.)

Wählt man nun Rechtsform und Ort klug aus, lassen sich allerlei Steuervorteile einsammeln. Wer aggressiv zu Werke gehe, könne dabei zum Beispiel Lücken zwischen den Steuersystemen einzelner Staaten nutzen, sagt der Berater. »Disharmonien« nennt er das. Wenn ein Staat eine

Einkommensart als Unternehmensgewinn verbuche, ein anderer aber als Kapitalertrag, könne es gelingen, steuerfrei davonzukommen. Es sei am Ende ein Katz-und-Maus-Spiel zwischen den Beratern, die nach Schlupflöchern suchen, und den Staaten, die mehr oder weniger engagiert versuchen, diese zu schließen.

Das klingt so wie das, was mir die Soziologin Brooke Harrington von ihrer Forschung berichtete. Um die Welt der Vermögensanlage wissenschaftlich erkunden zu können, ließ sie sich selbst zur Beraterin ausbilden, reiste in 18 Länder, auf die Cookinseln, die Seychellen, nach Mauritius, New York, London und die Schweiz, in all die Zentren des Finanzkapitalismus. Harrington sagte, das Wichtigste, was sie in ihrer Ausbildung bezüglich der Vermögensverwaltung gelernt habe, sei die Welt mit all diesen Destinationen als eine Art rechtlich-finanzielles Einkaufszentrum zu sehen. Als wir sie für unsere ARD-Dokumentation »Docupy: Wie aus Reichtum Macht wird« interviewten, sagte sie: »Man geht zu den verschiedenen Staaten wie zu den verschiedenen Läden einer Mall und sucht sich die Gesetze und Bedingungen aus, die am besten zu einem bestimmten Vermögenswert passen. Als Vermögensverwalter muss man also wissen, wie man die idealen rechtlichen Bedingungen findet, um das Beste mit der Kunstsammlung, der Jacht oder dem Familienbetrieb zu machen.«

Das alles deckt sich auch mit den Zahlen aus dem Tax Evasion Report 2024, den ein Team um den Wirtschaftswissenschaftler Gabriel Zucman erstellt hat. Zucman, dem häufig mindestens eines der Etiketten »Starökonom« oder »Wunderkind« angeheftet wird, ist Professor, lehrt an der Pariser School of Economics und in Berkeley und leitet außerdem seit 2021 die Europäische Steuerbeobachtungsstelle, die die EU bei der Bekämpfung von Steuerhinterziehung unterstützen soll.

Besonders eindrücklich ist die Grafik mit dem Titel: »Das Steuer-Defizit der Milliardäre«. Die Forscher verglichen die gezahlten Steuersätze in den Niederlanden, den USA und Frankreich, drei der Länder, in denen sie Daten analysieren konnten. Die Steuerkurve steigt mit dem Einkommen an – wir erinnern uns: Wer mehr verdient, trägt mehr bei oder bleibt zumindest konstant. Ganz am Ende der Grafik aber, wo sich die Superreichen finden, sackt die durchschnittliche Steuerquote ab – und zwar unter das Niveau der Mittelschicht. »Berechnet man den Steuersatz prozentual vom Einkommen, und berücksichtigt man alle gezahlten Steuern (inklusive Unternehmenssteuern, Konsumsteuern, Lohnsteuern …), dann liegt die effektive Steuerrate von Milliardären deutlich unterhalb der aller anderen Bevölkerungsgruppen.«[1]

Für Deutschland liegen leider keine solchen Daten vor. Aber es gibt wenig Grund, daran zu zweifeln, dass die Ergebnisse ähnlich wären.

Als Gabriel Zucman die erwähnte Grafik im Februar 2024 beim Gipfel der G-20-Länder in Brasilien den Finanzministern der großen Industrieländer zeigte, sagte er: »Eine progressive Besteuerung ist eine zentrale Säule demokratischer Gesellschaften. (…) Es gibt aber die wachsende Erkenntnis, dass das heutige Steuersystem am oberen Ende der Verteilung eben nicht progressiv ist, sondern stark regressiv.« Der Grund dafür sei inzwischen gut erforscht und verstanden: »Die sehr Reichen strukturieren ihren Reichtum so, dass er nur geringe – manchmal gar keine – zu versteuernde Einkommen generiert.«[2] Das ist das Prinzip, das auch der Informant in Frankfurt erklärte.

Zucmans Grafik zeigt zudem, dass sich der ganze »Zauber« der Steuergestaltung erst am obersten Ende der Verteilung, also bei Menschen mit sehr großen Vermögen, »entfaltet«. Auch das hatte der Informant beschrieben, als er über die aggressive Steuergestaltung sagte: »Dieser Weg steht jenen Vermögenden offen, die über eine gewisse Vermögensstruktur verfügen. Wer zum Beispiel einfach Lohneinkünfte bezieht, bezieht die da, wo er arbeitet. Hier ist per se wenig sogenannter Gestaltungsspielraum.«

Und noch etwas macht die Steuergestaltung zu einem Luxusgut: die Preise der Berater. Der Informant zeichnet während des Gesprächs in Frankfurt ein Bild dieser besonderen Branche. Große, spezialisierte Kanzleien seien das, die in diesem Feld tätig seien, sagt er, die Hunderte bis mehrere Tausend Mitarbeiter hätten, Beratungskonzerne. Teil des Teams sei oft eine Art »Forschungsabteilung«, Steuerexpertinnen und -experten, die nach Lücken in nationalen und internationalen Steuergesetzen fahnden und darauf basierend dann die sogenannten Modelle entwickelten, die dann Namen trügen wie »Wegzugssteuerblocker« oder »Eigenheimschaukel«. Selbst einfache Modelle kosteten sechsstellige Beträge, sagt der Berater – und würden, einmal entwickelt, an viele Mandanten verkauft, weshalb er in diesen Fällen von »industrialisierter Steuerberatung« sprechen würde. Später werde ich noch den Begriff »Steuervermeidungsindustrie« hören. Er sagt, dass einige Kanzleien auf diese Art Margen von 50, 60, ja bis zu 70 Prozent auf dem Markt erreichen würden.

Das klingt nach einem Gelddruckgeschäft, das floriert, weil man Menschen mit sehr viel Geld hilft, möglichst wenig davon an die Allgemeinheit abgeben zu müssen. Bis zu 70 Prozent Gewinnmarge? Ich bin baff. (In einem Text aus dem *Handelsblatt* hatte ich von einem Drogendealer gelesen, dessen Marge beim Verkauf von Crystal Meth bei zwei Drittel, also 66 Prozent, lag.)

Wo liegt der Stundensatz in der Branche?

»Wir haben hier sicherlich Stundensätze zwischen 400 und 900 Euro pro Stunde«, sagt der Mann.

Pro Stunde?

Pro Stunde. Es handle sich um hoch spezialisierte Berater, sagt er. »Das können Sie im Verhältnis mit Herzchirurgen, Gehirnchirurgen, die an den großen Universitätskliniken dieser Welt operieren, vergleichen.«

Eine Special Force, die große Vermögen vor dem Steuerstaat schützt, der es gelingt, das auf dem Papier progressive Steuersystem zu pervertieren und die Kurve der tatsächlich gezahlten Steuern am obersten Ende nach unten zu drücken.

Stellen Sie sich an dieser Stelle bitte eine Einblendung in Großbuchstaben vor, eine Klarstellung, eine Warnung, wie immer Sie wollen. Wichtig ist, aus dem oben Erzählten keine zu simplen Schlüsse zu ziehen. Denn es lässt sich nicht belegen, wie viele der deutschen Superreichen den Verlockungen der Gestalterbranche tatsächlich erliegen. Es fehlen die Daten. Nicht jedes Vermögen lässt sich so mir nichts, dir nichts steuerschonend gestalten. Und, das ist das Wesentliche: Nicht jeder oder jede Reiche gibt den Auftrag dazu.

Ich habe mit etlichen Vermögenden gesprochen, die genervt auf die einschlägigen Kanzleien reagierten. Sie empörte die teils aggressive Akquise. Sobald zum Beispiel in der Wirtschaftspresse zu lesen sei, dass man einen lukrativen Verkauf, einen millionenschweren Exit hatte, würde man regelrecht belagert. Sie störte, dass die Strukturen, in denen das Vermögen verpackt werden sollte, so kompliziert waren, dass nur noch die Berater sie verstünden. Sie betonten Mal für Mal, alle anfallenden Steuern zu bezahlen.

Einer wurde hier besonders deutlich: Harald Christ, der Aufsteiger, der Investor, der Ex-Politiker. Auch ihm seien ständig Steuergestaltungsmodelle angeboten worden, sagte er im Interview für unsere Dokumentation »Milliardenspiel«. »Sicherlich hätte ich auch die Möglichkeit, meine Steuern zu optimieren. Muss ich es deswegen machen? Nein. Die Entscheidung trifft jeder für sich.«

Was Christ auch sagte, war, dass ihn das ständige Herumkauen auf dem Steuergestaltungsthema, die häufige Unterstellung, Reiche würden grundsätzlich versuchen, ihre Steuerzahlungen zu optimieren, und zwar zulasten derjenigen, die nicht so viel haben, stören würde. Es sei ein Zerrbild, eine Stigmatisierung der Vermögenden, die anders handeln. Und damit hat er natürlich recht. Er warnte davor, Vermögende als Menschen darzustellen, deren Gedanken von morgens bis abends um Steuersparmodelle kreisten. »Ich sage Ihnen: Ich denke gar nicht über Steuersparmodelle nach«, stellte er klar. Diese seien ihm egal. »Mir ist wichtig, dass etwas passiert in diesem Land und dass Unternehmer und Vermögende Verantwortung übernehmen.« Und auch das betont er natürlich mit Recht. Richtig ist aber auch: Wer Zeit, ein großes Vermögen, sehr viel Geld für Berater und eine gewisse moralische Biegsamkeit mitbringt, für den scheint eben vieles möglich.

Und es bleibt die Frage nach dem Warum. Warum ist das Steuersystem nicht auch am obersten Ende der Verteilung progressiv? Warum ist es mit denen, die ihr Geld ausschließlich mit Erwerbsarbeit verdienen, so streng und lässt denen, die schon ein Vermögen besitzen und deren

Einkünfte hauptsächlich als Ertrag ihres Kapitals zu ihnen fließen, Lücken, durch die Berater sie führen können?

Der Antwort kann man sich nur annähern. Sie ist kompliziert und kommt daher in mehreren kleinen Kapiteln daher.

Wie das erste heißen soll? Vielleicht so?

17. *Money changes everything*

Von der Terrasse des weißen Fünf-Sterne-Hotels in Königstein im Taunus sieht man die Türme der Frankfurter Skyline nur noch weit entfernt im Dunst der Ebene glitzern. Erhaben ist es hier oben in Hessens Millionärshauptstadt. Wie gemalt die roten Sonnenschirme, die einen plätschernden Brunnen umkreisen, davor ein Korb mit Champagner, dahinter der Pool, in dem frühe Badegäste ihre Bahnen ziehen. Es ist ein exklusiver Ort, und hier soll an diesem Tag ein ebenso exklusiver Kreis zusammenkommen. Dafür sorgte schon der Preis der Eintrittskarte, die zu lösen war: 1400 Euro. So viel kostet das Tagesticket für die Konferenz, für die das Luxushotel die prächtige Kulisse ist. Sie heißt »Betreuung privater Vermögen und Familienunternehmen«.

Veranstalter ist ein Seminaranbieter. Durch den Tag aber führt eine große Kanzlei, von der ich immer wieder gehört hatte, dass sie Steuersparmodelle besonders aktiv anbiete, zum Beispiel bei Treffen mit Vermögenden und deren Beratern. Deshalb bin ich hier. Es ist nicht der erste Workshop dieser Art, den ich mir anhöre, aber einer, der in Erinnerung bleiben wird. Das liegt nicht an den Beratern, die tun, wofür sie bezahlt werden. Sie denken über Konstruktionen nach, mit denen Vermögende Steuern vermeiden können.

Ich erfahre, dass es ein guter Trick sein kann, beim Verkauf einer GmbH eine Zwischen-GmbH zu nutzen. Berücksichtigt man dann noch gesetzliche Wartefristen, wird der Gewinn, abrakadabra, steuerfrei. Ich höre, dass man Wohnungen am besten in Dreihunderter-Pakete verpackt in

Immobiliengesellschaften an seine Kinder überträgt. Denn dann sind auch diese steuerfrei. Und auch ein kleines Extra ist noch drin, quasi ein Schoko-Lolli auf dem Geschenk mit den Wohnungen. Der Moderator erklärt: »Das Ganze ist deshalb so attraktiv, weil Sie Gewerbeobjekte mit dazupacken können. Dann können Sie die Gewerbeobjekte huckepackmäßig, um das mal salopp zu sagen, mitbegünstigt übertragen.« Klingt in der Tat »attraktiv« – zumindest für all die, die mindestens 300 Wohnungen und ein paar Gewerbeimmobilien rumliegen haben.

Ich lerne, dass Familienstiftungen aus »steuerlicher Sicht« sehr in Mode sind. Sie helfen, die Erbschaftssteuer zu umschiffen, klar. Aber nicht nur: »Dividenden, die in der Familienstiftung ankommen, sind so gut wie von der Körperschaftssteuer befreit.« Und dann, es ist einer meiner Lieblingsmomente, wird auch noch an den Gedankenblitz eines Beraters namens Stefan gedacht, dem vor Jahren in dieser Runde aufgefallen war, für welchen Steuerkniff Familienstiftungen noch herhalten können. Der Moderator sagt: »Ich glaube, Stefan, du hast hier auf dieser Veranstaltung zum ersten Mal darauf hingewiesen, dass die Familienstiftung ein sehr gutes Instrument sein kann, um die Wegzugsbesteuerung zu vermeiden.« Bravo!

Was man hier verfolgt, ist das Spiel, das auch der Frankfurter Informant beschrieben hatte: Es geht darum, das Vermögen so zu strukturieren, dass man »weiße Einkünfte« generiert. Oder, wie es auch immer wieder heißt: dass man aus schädlichem Vermögen – so heißt das Vermögen, auf das Steuern anfallen – unschädliches macht, also steuerfreies.

Ich kenne das Gefühl schon von Gesprächen, die ich bei Recherchen in Steueroasen geführt habe, und auch hier stellt es sich wieder ein: Ich finde es ein bisschen traurig, schlauen, extrem gut ausgebildeten und bezahlten, dazu beim Kaffee meist sehr netten Menschen dabei zuzuhören, wie sie ihre Energie und Lebenszeit darauf verwenden, gerade noch legale Steuermodelle für Menschen zu erfinden, die ohnehin nicht gerade knapp bei Kasse sind, statt sich zweien oder dreien der zahlreichen Probleme zu widmen, die die Menschheit gerade quälen. Aber was soll's, jeder brennt für etwas anderes, die freie Berufswahl ist ein hohes Gut. Lassen wir also die Berater ihre Berater-Dinge tun, und wenden wir uns stattdessen dem zu, was mich auf dieser Konferenz außerordentlich überraschte: Es war ein Name auf dem Programm der Veranstaltung, der Name der ersten Hauptrednerin.

Es handelte sich dabei um eine Beamtin aus dem Bundesfinanzministerium, die hier in dem Luxushotel zu dem illustren Kreis derer, die 1400 Euro bezahlt hatten, um ihr zuzuhören, sprechen sollte. Und zwar nicht irgendeine Beamtin, sondern die Ministerialrätin, die im Ministerium die Abteilung für vermögensbezogene Steuern leitete. Hinter ihrem Namen ein Zusatz, der mein Erstaunen noch mehrte: Die Frau würde, so las ich, in »nicht dienstlicher Eigenschaft« auftreten. Wie sollte das denn gehen?

Gar nicht, würde ich wenig später hören. Denn privat klang das, was sie den Beratern zu sagen hatte, nun wirklich nicht.

Das begann schon mit der Begrüßung. Die Ministerialrätin, so erfuhren wir Zuhörer, würde ihren ursprünglich geplanten Vortrag nicht halten, sondern stattdessen über »ganz aktuelle Themen der Gesetzgebung« reden. Was sie mitgebracht hatte, war eine Warnung: Anfang des Jahres könnte eine Steuervergünstigung bei der Grunderwerbssteuer wegfallen. Sie sagte, die Info sei ganz frisch. »Das weiß ich nämlich erst seit Dienstag.«

Es ging um ein Detail, das bei vielen Beratern aber schon für Aufregung gesorgt hatte: Vermutlich versehentlich hatte der Gesetzgeber eine Steuerverschonung gekappt. (Für Nerds: Anders als Kapitalgesellschaften mussten Personengesellschaften bis dahin bei Übertragungen von Grundstücken unter bestimmten Bedingungen keine Gewerbesteuer zahlen. Personengesellschaften sind unter Beratern beliebt. Die Beamtin bezeichnete sie in ihrem Vortrag als »ein Lieblingsspielzeug« der Branche. Steuergestaltungsberater umschrieben die Regelung selbst als »in der Gestaltungspraxis häufig genutzte partielle Steuervergünstigung«, deren Wegfall einen »erheblichen Zündstoff« bedeute.)

Die Beamtin warnte und tröstete mit eindrücklichen Worten. Sie sagte: »Wir haben ja Werkzeugkästen. Jedenfalls ich habe eine ganze Menge.« Sie sei sich hundertprozentig sicher, dass die Berater und ihre Mandanten ruhig schlafen könnten. Sie sagte: »Es kann ja nicht sein, dass plötzlich am 1.1. die Einnahmen sprudeln. Ich sehe alle Finanzminister mit Talerchen in den Augen wie Dagobert Duck. Das kann nicht sein.«

Außer diesen Worten hatte sie noch ein paar besondere Services für die zahlenden Konferenzgäste im Gepäck. Zum einen ging es um ein laufendes Verfahren vor dem Bundesverfassungsgericht. Dort wird geprüft, ob die Steuervergünstigungen für Erben großer Vermögen verfassungsgemäß sind. Ein Verfahren, das bei manchem Berater für Nervosität sorgt. Die Beamtin sagte, sie wisse nicht, wann entschieden würde. Sie habe sich aber »erlaubt, noch mal nachzufragen« beim Verfassungsgericht, »vorgestern, bevor ich zu Ihnen gekommen bin«.

Ob sie da auch als Privatperson, in »nicht dienstlicher Eigenschaft« nachgefasst hatte?

Ebenfalls »erlaubt« hatte sie sich, wie sie es formulierte, für die Berater »alles Wesentliche, was seit Oktober 2022 vor allem auch in der Finanzverwaltung passiert ist, in den Unterlagen aufzuarbeiten«. Sie schloss mit den Worten: »Dann bedanke ich mich und wünsche Ihnen alles Gute.«

Ihr Auftritt, mit versteckter Kamera gefilmt, war Teil der Dokumentation »Milliardenspiel«, die ich gemeinsam mit Jochen Breyer für das ZDF gedreht habe – und sorgte für einige Aufregung. Manche Empörung, manches Skandalgeschrei war ebenso übertrieben wie manche Beschwichtigung einiger Berater und Beamten, die solche Auftritte für völlig normal hielten, was sehr im eigenen Interesse schien. Was in Königstein zu beobachten war, war keine Korruption, vermutlich auch kein Verrat von Dienstgeheimnissen; was zu sehen war, war das, was Sie bereits kennen: Landschaftspflege. Das Herstellen von Nähe zwischen der entscheidenden Fachbeamtin in der Finanzverwaltung und den Beratern der Vermögenden.

Bis heute weiß ich trotz mehrerer Anfragen im Finanzministerium und bei der Beamtin nicht, ob ein Honorar für diesen Auftritt gezahlt wurde und wie hoch es war. Insider sagten mir, der Zusatz »in nicht dienstlicher Eigenschaft« lege dies nahe. Ich weiß aber, dass es nicht der einzige Auftritt dieser Art war. Seit 15 Jahren tritt die Beamtin regelmäßig bei Veranstaltungen auf, bei denen es um Steuerrecht geht. Darunter sind Infoveranstaltungen und Fachkongresse, offen für jeden Steuerberater und jede Steuerberaterin. Aber auch exklusive Tagungen, die von Ambiente und Publikum der in Königstein ähneln.

Eindrücklich ist zum Beispiel der Flyer für die Jahrestagung »Betreuung privater Vermögen 2014«. Damals traf man sich in Bergisch Gladbach im *Grandhotel Schloss Bensberg*, laut Eigenwerbung »früher ein fürstliches Jagdschloss, heute eines der führenden Hotels der Welt«. Die Gäste, zu denen die Beamtin dort sprach, wollten sich »über rechtliche und steuerliche Fallstricke bei der Beratung ihrer vermögenden Kunden« informieren, so steht es in der Einladung. Versprochen werden: »Gestaltungsempfehlungen aus erster Hand!« Der Preis für ein Ticket: Rund 2500 Euro. Auch eine Regierungsrätin aus dem Finanzministerium in Nordrhein-Westfalen war damals zu Gast.

Mittlerweile weiß ich, dass es viele Beamte und Finanzrichter den beiden gleichtun und im Nebenjob in Beraterkreisen sprechen. Obwohl Beamte in Leitungspositionen sehr ordentlich bezahlt werden – der Salär dürfte bei 80000 bis 100000 Euro im Jahr liegen –, erlauben ihnen das Bundesbeamtengesetz und ihr Arbeitgeber, das Bundesfinanzministerium, bis zu 40 Prozent dieser Summe in Nebenjobs dazuzuverdienen.

Nichtregierungsorganisationen haben immer wieder die Frage aufgeworfen, ob das nicht die Unabhängigkeit der Beamtinnen und Beamten gefährde. Müsste es ihnen nicht zum Beispiel untersagt sein, sich von denen bezahlen zu lassen, die von den Gesetzen, an denen die Staatsdienerinnen und Staatsdiener mitarbeiten, betroffen sind?

Bei den Nebentätigkeiten von Abgeordneten hat man sich inzwischen auf solche Regeln geeinigt. Naiv war ich davon ausgegangen, dass die Vorschriften für die Beamtinnen und Beamten noch schärfer seien. Wer kennt sie nicht, die Anekdoten über die deutschen Beamten, die nicht mal eine geschenkte Flasche Wein annehmen dürfen.

In den ersten zwei Jahren der Ampel-Regierung haben

Beamte in Bundesministerien mehr als zwei Millionen Euro durch Nebentätigkeiten verdient. Mindestens. Denn sechs Ministerien und das Kanzleramt erfassen die Nebeneinkünfte ihrer Beamtinnen und Beamten gar nicht systematisch. Es drängt sich der Eindruck auf, dass der Staat, der von seinen Bürgern das Ausfüllen sehr vieler Formulare erwartet, bei der eigenen Selbstkontrolle ausgesprochen nachlässig ist.

Die Top-Verdiener unter den Beamtinnen und Beamten sind die des Bundesfinanzministeriums. Sie »jobbten« nach Feierabend auch im Auftrag von Beratungskanzleien und Wirtschaftsprüfern – und verdienten so in Einzelfällen mehrere Tausend Euro pro Nase nebenher. Am meisten Cash machten übrigens die Mitarbeiter des Referats IV. Das Referat, in dem auch die Beamtin tätig war, die so vertraut mit den Steuerberatern in Königstein sprach.

Man wisse schon lange, »dass vor allem Beamtinnen und Beamten der Steuerabteilung im BMF hohe Nebeneinkünfte haben«, sagte die finanzpolitische Sprecherin der Grünen, Katharina Beck, dem *Stern*. »Nebeneinkünfte können problematisch sein, vor allem, wenn sie im Themenbereich der Tätigkeit der Beamten stattfinden.«[1]

Nach unserer Berichterstattung über den Auftritt in Königstein leitete das Ministerium ein dienstrechtliches Verfahren ein. Medienberichten zufolge hatte die Beamtin ihren Vortrag ihrem Dienstherrn nicht angezeigt. Mittlerweile ist sie versetzt, leitet eine ministeriumsinterne Informationsstelle für Altersvorsorgeprodukte. Im Grundsatz aber ändert das natürlich nichts, denn die viel wichtigere Frage, für wen die Beamten Nebenjobs erledigen dürfen und ob das ihre Unabhängigkeit gefährdet, bleibt unbeantwortet.

Das, was in Königstein zu beobachten war, wirkte wie eine First-Class-Behandlung der Berater der Vermögenden. Man konnte zusehen, wie Nähe entsteht zwischen denen, die nach Schlupflöchern suchen, und denen, die eigentlich verhindern sollen, dass es solche gibt.

Normale Bürgerinnen und Bürger haben keinen direkten Draht in die Finanzministerien. Niemand warnt sie, wenn sich Regeln zu ihren Ungunsten ändern könnten. Niemand bietet gewöhnlichen Steuerzahlern in Fünf-Sterne-Hotels an, mit einem Werkzeugkasten diese Nachteile zu reparieren.

Am Ende des Tages stoßen die Teilnehmer mit einem Sekt auf den gelungenen ersten Tag an. Plötzlich weht es dramatisch. Ein Hubschrauber landet auf der Wiese vor dem Hotel. Es heißt, darin sitze der Gastredner, der am Abend das feierliche Dinner aufwerten wird. Im Gehen werfe ich einen letzten entzückten Blick auf die Frankfurter Skyline da unten. Wie hatte es der Berater der Vermögenden, mein Informant, bei unserem Treffen in einem der Türme dort formuliert? Er hatte gesagt, dass der Gesetzgeber im Spiel um die Schlupflöcher aus seiner Sicht eigentlich ein armer Hund sei. Er laufe vielen Gestaltungen der Berater hinterher. Sei er einem Modell auf der Spur und versuche, die Lücke zu schließen, seien längst neue auf dem Markt. Die Finanzverwaltung könne mit den Gestaltungscracks in der Regel nicht mithalten. Vielleicht war das, was an diesem Tag im Taunus zur Aufführung kam, ja auch nur die Umsetzung der Strategie des chinesischen Militärphilosophen Sunzi. Ihm wird der viel zitierte Satz zugeschrieben: »Wenn du deinen Gegner nicht besiegen kannst, verbünde dich mit ihm.«

Zeit für das, was man im Spielfilm einen Plot-Twist nennt, eine Wendung, die zumindest ich immer noch überraschend finde, obwohl ich ihr schon so oft zugesehen habe. Verlassen wir das Luxushotel in Königstein endgültig, indem wir, der strahlend weißen Fassade folgend, langsam nach oben aufsteigen, bis wir die Vogelperspektive erreicht haben. Der Pool wird zum blauen Viereck, die einzelnen Nadelbäume, die an das Grundstück grenzen, verschmelzen zum Wald. Das Geschehen dort unten wird das, was es in Wahrheit ist: nur ein winziges Detail des großen Ganzen.

Ja, es gibt Berater, die mit großem Budget und Einsatz die Steuersätze der Vermögenden in die Knie zwingen. Aber, würden sie mit Grund entgegnen: Das ist ihr Job, ihre Rolle im Katz-und-Maus-Spiel zwischen Steuerstaat und Steuerzahler. Ja, es gibt sicher hier und da auch eine ungute Nähe zu einigen Beamtinnen und Beamten, die eigentlich Distanz halten sollten – auch weil gerade in einem komplexen Rechtsgebiet wie dem Steuerrecht die genauen Formulierungen, die in den Fachabteilungen erarbeitet werden, spielentscheidend sein können. Doch zurück in die Vogelperspektive: Diese »Schlupflöcher«, die auf Konferenzen wie diesen gehandelt werden, sind in aller Regel völlig legal. Und sie sind nicht vom Himmel, von dem wir gerade herunterblicken, gefallen. Jemand hat sie den »Gestaltern« gelassen. Und dieser Jemand ist: der Gesetzgeber, das Parlament, die Politik. Und, um noch eine Runde zu drehen, wo wir schon mal hier oben sind: Etliche Schlupflöcher sind nicht in komplizierten Paragrafen versteckt, sondern so groß, dass man sie aus vielen Hundert Metern Entfernung sieht – auch ohne Steuergestaltungsdiplom. Ein Beispiel?

Als in Südkorea Lee Kun Hee starb, der frühere Chef des Samsung-Konzerns und reichster Mann des Landes, bekam seine Familie 18 Milliarden Euro. Sie dürften versorgt sein. Aber – anders als bei uns – wurde auch der Staat in großem Umfang beteiligt: 8,9 Milliarden Euro Erbschaftssteuer wurden darauf fällig, ein Steuersatz von 50 Prozent. Hierzulande schwer vorstellbar, genauso wie die Reaktion der Familie: »Es ist unsere Bürgerpflicht und Verantwortung, alle unsere Steuern zu zahlen«[2], sagten sie und stottern die Summe jetzt über fünf Jahre ab. Einen Teil zahlen sie übrigens in »Naturalien« und spenden 23 000 Kunstwerke an staatliche Museen, darunter Werke von Dalí und Picasso.

Welchen Erbschafts- und Schenkungssteuersatz seine Familie zahlte, als das Milliardenvermögen »transferiert« wurde, weiß Sebastian genau: fast nichts, weitaus weniger als ein Prozent. Dabei seien es auf dem Papier 30 Prozent gewesen.

Wie habt ihr das gemacht?, frage ich.

Beim ersten Mal antwortet Sebastian wortkarg. Er weiß nicht, wie viel er mir dazu verraten will und darf. Er wird es sich anders überlegen und mich beim nächsten Treffen bitten, die Aufnahme an dieser Stelle noch mal zu starten. Er wird sich dafür entscheiden, so weit es geht zu erklären, wie das möglich ist, ein Steuersatz von unter einem Prozent, weil dieser niedrige Steuersatz zu den Dingen gehört, die ihn an seinem Vermögen am meisten empören.

Die Erbschaftssteuer zählt zu den Steuern, die am wenigsten dem Grundsatz »Starke Schultern tragen mehr« genügt. In Deutschland werden jedes Jahr 250 bis 400 Milliarden Euro vererbt und verschenkt. Der Staat nimmt mit der Erbschaftssteuer gut zehn Milliarden ein, landet, grob geschätzt, bei einer Steuerquote von drei Prozent. Das liegt daran, dass die Kurve der gezahlten Steuern nicht linear verläuft, nicht wie eine aufsteigende Linie, sondern eher einem Vulkan gleicht. Es gibt hohe Freibeträge, pro Kind können zum Beispiel 400 000 Euro alle zehn Jahre steuerfrei übertragen werden. Auch Immobilien, in denen die Erben dann leben, werden nicht besteuert. Dann steigt die Kurve an. Wer vier oder fünf Immobilien erbt, ein paar Millionen Privatvermögen, der zahlt. Je mehr er erbt, desto mehr Steuern. Starke Schultern tragen mehr als schwache, so soll es sein. Statistiken zeigen jedoch, dass der Gipfel des Vulkans bei Erben von niedrigen zweistelligen Millionenvermögen erreicht ist. Danach sinkt der durchschnittliche Steuersatz wieder, bei Schenkungen von über 20 Millionen lag er zuletzt bei gut zwei Prozent.

In diesen Dimensionen wirken die vielen, vielen Ausnahmen, die der Gesetzgeber insbesondere Erben sehr großer Betriebsvermögen gönnt. Alles Lücken, durch die die Gestalter das Geld steuerfrei lenken können. Diese Regelungen mögen von dem guten Geist getragen sein, Unternehmen in Familienbesitz zu schützen. (Wäre das wirklich das Kernanliegen, ließe sich das regeln: zum Beispiel, indem der Erbe die Steuer über einen langen Zeitraum tilgt, genau wie jemand, der ohne Erbschaft eine Immobilie gekauft oder eine Firma gegründet hat, das ja auch tut, oder indem der Staat zinslose Darlehen gewährt, indem man, wie früher schon die Vordenker der katholischen Soziallehre vorgeschlagen haben, überlegt, ob nicht Mitarbeiter, die ja auch den Wert geschaffen haben, einen Teil der Unternehmen mitbesitzen könnten.) Die Ausnahmen aber schießen sehr weit über dieses Ziel hinaus. Dass sie nötig sind, bezweifelte auch der wissenschaftliche Beirat des Bundesministeriums der Finanzen, als er feststellte, dass es wenig Hinweise darauf gebe, dass die Verschonung von Betriebsvermögen Arbeitsplätze sichere. In den Worten eines Steuerrechtlers: »Eine gute Steuer sollte gerecht, einfach und effizient sein. Das deutsche Erbschaft- und Schenkungssteuergesetz erfüllt keine dieser Anforderungen.«[3]

Nehmen wir den Paragrafen 28a des Erbschaftssteuer- und Schenkungsgesetzes, ein besonders attraktives Schlupfloch für Erben sehr großer Vermögen: die sogenannte Verschonungsbedarfsprüfung. Das ist eine Regelung, die sich so übrigens erstmals in einem Eckpunkte-Papier fand, das in der Abteilung der Beamtin, die in Königstein sprach, erarbeitet wurde. Wer Vermögen weitergibt, das in einem Betrieb steckt, der kann grundsätzlich alle zehn Jahre einen Freibetrag von 26 Millionen Euro pro Kind nutzen. Wird mehr vererbt, würde eigentlich eine Steuer fällig, es sei denn, der Erbe beantragt, verschont zu werden. Das wird er, wenn er belegen kann, am Tag des Erbes (oder der Schenkung) mit der Hälfte seines privaten Vermögens die Steuer nicht zahlen zu können.

Dass es gelingt, dass eigentlich vermögende Menschen an diesem Stichtag »arm genug« sind, gehört zu den simpelsten Fingerübungen der Steuergestalter. Zum Beispiel, indem nicht das Kind erbt, sondern ein Enkel, dessen Konto noch jungfräulich leer ist. (Die Statistik weist in den Jahren 2009 bis 2020 Übertragungen von Unternehmensvermögen im Wert von insgesamt 33 Milliarden Euro an Großerben unter 14 Jahren aus.) Oder indem das Vermögen an eine Familienstiftung geht, gerade gegründet, und – leider, leider – ohne eigenes Vermögen.

Auch Mathias Döpfner hat, so teilt es sein Anwalt in

einem Schreiben mit, einen Antrag auf Verschonungsbedarfsprüfung gestellt. 2020 hatte ihm Friede Springer Anteile am Konzern im Wert von ca. einer Milliarde Euro geschenkt. Nun ahnt man, dass Döpfners Konten so ganz jungfräulich leer nicht sind. Aber kurz bevor die Schenkung eintraf, scheint er, sagen wir mal, aufgeräumt zu haben. Er hatte für 276 Millionen Euro Anteile an Springer gekauft. Nun lässt sich von außen nicht mit Gewissheit sagen, warum er das tat, aber eine Erklärung drängt sich auf: Wenn das Vermögen in dem Unternehmen steckt, das man geschenkt bekommt, zählt es nicht. Noch so eine Ausnahme. Allein im Jahr 2021, dem ersten Jahr, für das inzwischen amtliche Zahlen vorliegen, haben die Erben von zehn großen Vermögen durch die Verschonungsbedarfsprüfung einen Steuererlass von 500 Millionen Euro erhalten.

Auch Sebastians Familie hat vor einiger Zeit einen Antrag auf Verschonungsbedarfsprüfung gestellt. Es ist die »Ausnahmeregelung«, die die Steuerberater auch für das Milliardenvermögen seiner Familie genutzt hatten, für das laut Papier eigentlich viele, viele Millionen an Erb- und Schenkungssteuer fällig geworden wären. Die Ausnahme, über die er erst nach längerem Nachdenken redet. Ein Einblick, den meines Wissens in dieser Form noch nie ein Vermögender gewährt hat.

Wie schafft man es, den Steuersatz von 30 auf unter ein Prozent zu reduzieren?

»Es ist ein extrem langer Prozess«, sagt Sebastian. »Die Steuerberaterinnen beschäftigen sich über Jahre damit, weil es um sehr große Beträge geht. Theoretisch.«

In welcher Dimension?

»Viele Hundert Millionen. Das wäre das, was theoretisch an Steuer anfallen würde. Es wäre auf jeden Fall haushaltsrelevant für das Bundesland, das die Steuern bekommen würde«, heißt: Der Finanzminister hätte in dem Jahr auf jeden Fall spürbar mehr Geld zur Verfügung gehabt.

Wenn man nichts täte?

»Genau.«

Die Berater ließen der Familie Schätzungen zukommen: über den Unternehmenswert und die Steuer, die ohne ihr Zutun anfallen würde: 30 Prozent. Die Berater schrieben aber sofort dazu: Das ist nicht der Betrag, der am Ende stehen wird. Es gibt Verschonungen. »Und in diesem Antrag der Verschonung legt man dann sozusagen dar, wieso man keine Liquidität hat als Unternehmen, als Vermögen, um die Steuer zu zahlen. Dadurch, dass das so lange klar ist und man das vorher planen kann, wird dann lange vorher geschaut, dass zum Schenkungszeitpunkt keine liquiden Mittel da sind beziehungsweise nur die absolut notwendigen.«

Hast du den Eindruck, dass das Gesetz extra so gebaut ist, dass man da legal an der Steuer vorbeischlüpfen kann?

»Ja, so wie ich es verstanden habe und wie es mir erklärt wurde, war das gesamte Gesetz so geschrieben, dass in unserer Situation eine Steuerzahlung von fast null rauskommt. Es ist im Detail dann ziemlich komplex, und unter Steuerberatern heißt es, dass es aus steuerlicher Sicht auch ein schlecht geschriebenes Gesetz ist. Aber der gesamte Eindruck ist: Es ist so angelegt im Gesetz, dass wir bei null rauskommen.«

Hätte es dich geärgert, die Steuer zahlen zu müssen, die laut Papier fällig gewesen wäre?

»Nee. Ich hätte es eigentlich gerecht gefunden, und es wäre auch möglich gewesen, gerade wenn man das so lange im Voraus planen kann. Es fühlte sich extrem verlogen an, so einen Antrag auf Verschonung zu stellen. Es fühlte sich komisch an, dem Staat zu sagen: Ich bin bedürftig.«

Das klingt mehr als verständlich, denn »bedürftig« ist Sebastians Familie nun wirklich nicht. Wenn er das aber so schlimm finde, frage ich, warum habe er sich nicht entschieden, den Antrag nicht zu unterzeichnen?

»Die Diskussion hatten wir in der Familie«, sagt er. »Ich habe das am Anfang auch so gesehen. Ich hatte das Gefühl, ich kann das nicht vertreten, das zu unterschreiben.«

Aber seine Meinung sei nicht die der Mehrheit gewesen. Es gebe in seiner Familie beim Thema Steuern Vereinzelte, die sich fast in der Pflicht sähen, die Steuern so weit wie möglich zu reduzieren. »Weil der Staat, der immer gierig ist, zu viel will.« Eine Art Notwehr also. Die meisten Familienmitglieder dächten aber durchaus differenzierter, sagt er. Einige teilen sogar seine Einschätzung, dass ihr Steuersatz zu niedrig sei, dass man das gesellschaftlich ungerecht finden könne. Nur über die Konsequenz war man am Ende uneins. »Es hieß, es sei nicht unsere Aufgabe, Steuergesetze umzuinterpretieren. Wir würden einfach das Vorhandene ausnutzen.« Die Verschonungen, die der Gesetzgeber offensichtlich wollte.

Sebastian ist da hin- und hergerissen. Er findet auch, dass Steuerzahlung kein freiwilliger Akt des Wohlwollens einiger Milliardärsfamilien sein sollte. »Trotzdem fühlt es sich moralisch falsch an, es so zu machen«, sagt er. Und: »Das Wichtigste wäre, dass dieses Gesetz geändert wird.«

Das führt uns – schlussendlich – in die ganz eigene Welt des Berliner Politikbetriebs. Ich weiß nicht, wie viele Gespräche ich in den vergangenen Jahren mit Politikerinnen und Politikern der Grünen, der SPD und auch in einigen Fällen der CDU geführt, welchen Podien und

Debatten ich beigewohnt habe, die alle nach ungefähr folgendem Drehbuch abliefen: Man bekannte, dass man es für ein sehr großes Problem halte, dass Arbeit in Deutschland so stark besteuert würde und Vermögen im Vergleich dazu gering. (Kein anderes OECD-Land besteuert Arbeit so stark und Vermögen gleichzeitig so niedrig, lautet der passende Zitat-Baustein dazu.) Man identifizierte insbesondere die Schlupflöcher für sehr vermögende Erben als Problem. Man versprach, das ändern zu wollen.

Lauschen wir doch zum Beispiel mal in die jüngste Parlamentsdebatte zum Thema »Erbschaftssteuer« aus dem November 2023 hinein. Auch sie folgte diesem Skript. Da hört man den SPD-Abgeordneten Tim Klüssendorf, im Finanzausschuss verantwortlich für Erbschafts- und Vermögenssteuern, der fordert: »Wir müssen ran an die vielen, vielen Ausnahmen und Gestaltungsinstrumente, die Verschonungsbedarfsprüfung bei der Weitergabe besonders hoher Betriebsvermögen, Schenkungsfristen, Ausnahmen für Stiftungen und Family-Offices. Das sind die Themen, die endlich auf den Tisch müssen.«[4] Der Redner der Kanzlerpartei SPD klang, als wäre er in der Opposition.

Oder Katharina Beck, finanzpolitische Sprecherin der Grünen, die nach ihm redete und bedauerte, dass der Grundsatz, wer viel erbe, müsse höhere Steuern zahlen, nur auf dem Papier gelte. Sie sagte: »Es ist überhaupt kein Geheimnis, dass wir als Grüne uns eine Reform vorstellen können.« Schließlich sei das Ausmaß der Ungleichverteilung der Vermögen ein gewaltiges Problem, gar demokratiegefährdend. Nicht ohne Grund hätten die Väter und Mütter der Bayerischen Landesverfassung dort festgeschrieben: »Die Erbschaftssteuer dient auch dem Zwecke, die Ansammlung von Riesenvermögen in den Händen Einzelner zu verhindern.«[5]

Und nun die Überraschung: Sei es in den Parlamentsreden, sei es bei Diskussionen, in Interviews, die ich dazu geführt habe – auf den oben beschriebenen Auftakt folgt immer das Bedauern. Leider, leider sei eine Reform der Besteuerung, sei ein Schließen der Schlupflöcher, sei eine Vermögensabgabe, ein Lastenausgleich, ein Krisen-Soli, was auch immer zu dem Zeitpunkt debattiert wurde, gerade nicht möglich. Klüssendorf und Beck verwiesen im Parlament auf die Blockade der FDP. In anderen Gesprächen wird immer wieder die starke Gegen-Lobby bemüht. Oder die Medien, die im Sinne der Vermögenden berichten würden. Und natürlich auch die Wähler, die es nie goutierten, wenn man über höhere Steuern spreche. Als wären die Gesetze mitsamt den großzügigen Ausnahmen für sehr vermögende Erben doch vom Himmel gefallen, versehen mit einer Art Ewigkeitsgarantie. Dabei lässt sich zum Beispiel im Falle der Verschonungsbedarfsprüfung der ganz irdische Weg dieses Schlupflochs nachzeichnen: Die Verschonungsbedarfsprüfung wurde im Jahr 2016 mit den Stimmen der Großen Koalition, also auch denen der SPD, verabschiedet. Was also ist da los?

Seit Jahrzehnten beschreiben Soziologen das Verhalten vieler junger Väter mit den Worten von Ulrich Beck als »verbale Aufgeschlossenheit« (Ich möchte mich mehr um mein Kind kümmern) bei »gleichzeitiger weitgehender Verhaltensstarre« (wenig Betreuungszeit). Eine Diagnose, die auch das Verhalten von zumindest zwei der drei Ampel-Parteien perfekt beschreibt. Denn während im Wahlprogramm der FDP zur letzten Bundestagswahl – genau wie in dem von CDU/CSU – das Wort »Ungleichheit« nicht auftauchte und die Partei auch keine höheren Steuern für extrem Reiche forderte (und somit nichts anderes tut als angekündigt), hatten sich SPD und Grüne in ihren Zielen klar positioniert.

Die Grünen schreiben in ihrem Wahlprogramm, dass die Ungleichheit von Vermögen so groß sei, liege »unter anderem daran, dass es sehr reichen Menschen möglich ist, durch Gestaltungen einer Besteuerung von Vermögen, etwa bei der Erbschaftssteuer, nahezu komplett zu entgehen«. Sie versprachen, im Falle ihrer Regierungsbeteiligung, sollten »hohe Einkommen und Vermögen … mehr zur Finanzierung unseres Gemeinwesens beitragen und niedrige« entlastet werden. Zudem sollten Steuervermeidungsmöglichkeiten abgebaut und große Vermögen wieder stärker besteuert werden.

Die SPD schrieb in ihrem »Zukunftsprogramm«, mit dem es Olaf Scholz ja immerhin zum Kanzler schaffte: Die Erbschaftssteuer sei reformbedürftig, »in ihrer gegenwärtigen Form ist sie ungerecht, da sie vermögende Unternehmenserben bevorzugt«. Man werde eine Mindeststeuer einführen, »die Überprivilegierung großer Betriebsvermögen abschaffen. Auch für vermögenshaltende Familienstiftungen werden wir eine Mindestbesteuerung einführen.« Zudem plane man eine maßvolle Vermögenssteuer von einem Prozent für sehr reiche Menschen. (Genau die scheint ja auch von den Wählerinnen und Wählern gewollt: In Umfragen sprechen sich rund drei Viertel der Bürgerinnen und Bürger für eine Vermögenssteuer aus. Mitte 2023 sagten im »ARD Deutschlandtrend« fast zwei Drittel der Befragten, dass die Politik auf die Interessen von Vermögenden zu große Rücksicht nehme. Bei keiner anderen Bevölkerungsgruppe hatten so viele Befragte den Eindruck, dass sie auch so »Lieblinge« der Politik seien.) Warum aber folgte auf diese vollmundigen Ankündigungen nie etwas? Warum klingen die Regierungsparteien bei diesen Themen immer wieder, als wären sie in der Opposition?

Das hat sich auch ein Forscherteam der Universität Duisburg gefragt – und die Studie verfasst, nach der dieses Kapitel benannt ist: *»Why is it so difficult to tax the rich?«* Autoren waren unter anderen der Wirtschaftsweise Achim Truger und Paul Marx, Professor der Politischen Ökonomie. Das Team hat 25 deutsche Politik-Akteure interviewt, darunter viele Bundestagsabgeordnete, Mitglieder des Finanzausschusses, etliche für SPD und Grüne aktiv, also Teil der Gruppe, in der die »Verhaltensstarre« am wenigsten zur »verbalen Aufgeschlossenheit« passt. Politiker und Politikerinnen, die – wie es die Wissenschaftler hart ausdrücken – in großem Stil gescheitert seien, ihr Ziel, Vermögende stärker zu besteuern, zu erreichen. Und das, obwohl zum Beispiel die SPD in 22 der letzten 26 Jahre mitregierte – und zumeist auch den Finanzminister stellte.

Es sind spannende Interviews. Wie erwartet, betonen die Politikerinnen und Politiker zunächst vor allem die äußeren Umstände: Sie beklagen den Einfluss der Lobby der Vermögenden, die ihre Argumente über viele Kanäle ins Parlament und die Öffentlichkeit senden würden – über Verbände, über Berater, bei persönlichen Terminen oder mittels gezielter Kampagnen. Sie weisen auch auf fehlende Mehrheiten hin, darauf, dass Vermögenssteuern in Umfragen zwar beliebt seien, aber nicht wahlentscheidend. Auf die Komplexität der Materie. Auf die Unwissenheit der Bürgerinnen und Bürger in Steuerfragen. Dies führe dazu, sagt zum Beispiel Norbert Walter-Borjans, der ehemalige Parteivorsitzende der SPD, »dass die Steuersenkungs-Lobby der Reichen durch eine geschickte Form der Kommunikation erreicht, dass die Mittelschicht denkt, dies sei zu ihrem

Vorteil«.[6] Auf einer Podiumsdiskussion sagt er: »Wir wurden von der Lobby gegen die Wand gedrückt.«

Irgendwann, nachdem sie auf viele andere gezeigt haben, landen die Politikerinnen und Politiker dann aber doch bei sich. Sie räumen ein, dass die Zahl der Steuerexpertinnen in den eigenen Reihen traditionell gering sei. Während es bei liberalen und konservativen Parteien Wartelisten für den Finanzausschuss gebe, wollten SPD-Leute lieber ins Soziale, lieber Geld an benachteiligte Menschen verteilen, als durch die Untiefen der Besteuerungsgesetze zu waten. Überspitzt formuliert: Sie erklärten, dass es mehr zur DNA ihrer Partei passe, Ungleichheit dadurch zu begrenzen, dass man allen möglichen Gruppen Geld gibt, statt auch denen, die extrem viel haben, etwas zu nehmen. *Vicious competence cycle*, nennen die Forschenden das, ein Teufelskreis der Ahnungslosigkeit.

Dabei, so formulieren es die Ökonomen Emmanuel Saez und Gabriel Zucman, ist das Steuersystem eines Landes »die wichtigste Institution jeder demokratischen Gesellschaft«.[7] Experten des Internationalen Währungsfonds empfehlen Steuererhöhungen und warnen vor einem »Teufelskreis der Ungleichheit« (schon wieder einer). Es drohten »soziale Unruhen« und eine »Erosion von Vertrauen in die Regierungen«. Und als das Bundesverfassungsgericht die Ausnahmen für Unternehmenserben mal wieder für verfassungswidrig erklärte, wurden drei von acht Richterinnen und Richtern grundsätzlich und schrieben: »Die Erbschaftssteuer dient nicht nur der Erzielung von Steuereinnahmen, sondern ist zugleich ein Instrument des Sozialstaats, um zu verhindern, dass Reichtum in der Folge der Generationen in den Händen weniger kumuliert und allein aufgrund von Herkunft oder persönlicher Verbundenheit unverhältnismäßig anwächst.«[8] Die Schaffung eines Ausgleichs sich sonst verfestigender Ungleichheiten liege in der Verantwortung der Politik – nicht aber in ihrem Belieben.

Trotzdem hat eine Reform des Steuersystems, bei der zum Beispiel Arbeit entlastet und Vermögen belastet würde, in der deutschen Politik keine Priorität. In der Studie heißt es dazu: »Während in Manifesten häufig ehrgeizige Pläne niedergeschrieben werden, stehen diese auch ganz oben auf der Liste der Dinge, die man (...) für Kompromisse bei Koalitionsverhandlungen opfert.«[9]

In der Tat findet sich zum Thema Ungleichheit der Vermögen im Koalitionsvertrag der Ampelregierung nichts. (Auf Seite 134 wird erwähnt, dass man die Einkommensungleichheit zwischen Männern und Frauen und die unter den Staaten der EU angehen wolle. *That's it.*) Beim Bürgergeld, dem Mindestlohn oder der Rente hat sich die SPD gegen die Widerstände des Koalitionspartners durchgesetzt. Wie gesagt: Geld zu verteilen ist Kernkompetenz. Die Steuerlast mehr auf die ganz starken Schultern zu legen, schien offenbar nicht so wichtig. Vielleicht wäre es – als Prävention gegen Politikverdrossenheit – dann auch ehrlicher, aufzuhören mit der Behauptung, man würde dies wollen.

Joe, le taxeur

Um zu hören, wie es gehen könnte, muss man also die deutsche Gegenwart verlassen. Man kann zum Beispiel zurückreisen in die Bonner Republik und sich die Reden eines damaligen Bundeskanzlers anhören. Er spricht in einer Krisenzeit. Es herrscht Krieg in der Welt. Die Preise, vor allem für Lebensmittel, steigen. Energie droht knapp zu werden. Er weiß, dass der Staat die Krisenfolgen wird abfedern müssen. Und er sagt im Parlament deutlich: »Wir müssen dem einen nehmen, um dem anderen geben zu können.« Es handelt sich um Konrad Adenauer, den Kanzler der CDU. Er begründet mit diesen Worten das Lastenausgleichsgesetz, das 1952 in Kraft trat. Eine einmalige Vermögensabgabe, die aber, da sie über 30 Jahre abgestottert werden konnte, eher den Charakter einer Steuer hatte.

Der Wirtschaftshistoriker Thilo Albers, der die Verteilung der Vermögen in Deutschland in den Jahren 1895 bis 2018 untersuchte, schreibt, dass es dieses Gesetz vermocht habe, das reichste Prozent näher an den Rest heranzurücken. In den Nachkriegsjahrzehnten lagen reich und arm wesentlich näher beieinander als davor und danach. Der große Gleichmacher, so Albers, sei nicht der Krieg gewesen, sondern Adenauers umverteilende Steuerpolitik.

Wem der alte Konrad zu antiquarisch ist, kann auch im Hier und Jetzt bleiben und ins Homeland des Kapitalismus reisen. Anfang März 2024 trat US-Präsident Joe Biden für seine Rede zur Lage der Nation vor die beiden Kammern des US-Kongresses und stellte seinen Plan für eine Milliardärssteuer vor. Er sagte, er wolle, dass die »sehr Reichen ihren Anteil zahlen«. Und weiter: »Ich bin ein Kapitalist. Du willst eine Million oder Millionen von Dollar verdienen? Großartig. Bezahle nur deinen fairen Anteil an Steuern.« Bidens Konzept einer *Billionaire Minimum Income Tax*, also einer Mindesteinkommenssteuer für Milliardäre (die aber eigentlich für all die gelten soll, die mindestens 100 Millionen Dollar besitzen), ist neu und ziemlich smart, weil es das zentrale Problem bei der Besteuerung von Superreichen angeht, das auch am Beginn dieses Kapitels stand: deren fehlenden »Gehaltszettel« als Basis für eine Besteuerung, quasi Mutter und Vater aller Schlupflöcher.

Bidens Plan sieht vor, auch das »unrealisierte Einkommen«, wie er es nennt, zu besteuern, die Summe, um die ein großes Vermögen Jahr für Jahr wächst, und zwar egal in welcher Form. Also auch das, was in Holdings schlummert, was im Unternehmen angehäuft, aber nie ausgeschüttet, als »Gehalt« ausgezahlt wird. 25 Prozent soll diese Mindeststeuer betragen. Wer ohnehin schon mehr zahlt: prima. Wer darunterliegt, stockt auf. Und zwar, wie Beispielrechnungen, die sogar nur von einem Satz von 20 Prozent ausgingen, zeigen, deutlich: Bill Gates käme binnen zehn Jahren auf eine Gesamtsteuer von elf Milliarden Dollar, Jeff Bezos auf 35, Elon Musk auf 50. 500 Milliarden Dollar könnten so binnen zehn Jahren eingenommen werden – vor allem indem die US-Milliardäre, wie es Biden ebenfalls clever formuliert, nicht länger weniger Steuern zahlen als ein Feuerwehrmann oder eine Lehrerin.

Ganz Ähnliches hätte man bei einem Ausflug nach São Paulo zu hören bekommen, als der Ökonom Gabriel Zucman vor den Finanzministern der G20 sprach, die Rede, von der weiter oben schon die Rede war. Auch er schlug eine Mindesteinkommenssteuer für Milliardäre vor, ein Betrag in Höhe von zwei Prozent ihres Vermögens sollte es sein. Auch hier sollte gelten: Wer bereits mehr zahlt, müsse nichts extra abgeben. Es geht um einen Mindestbetrag, den fairen Anteil.

Oder man fährt, wie ich, nach Hamburg-Altona. Der Wirtschaftsjournalist Felix Rohrbeck, braune Locken, blaue Kopfhörer, Gründer und Geschäftsführer des Medienunternehmens Flip, wartet dort in der Fußgängerzone. Drei Monate lang hat er als Stipendiat in den USA gelebt, in Los Angeles, genauer: in Pacific Palisades, im Thomas Mann House, einem – glaubt man den Fotos – Ort von entrückter

Schönheit. Rohrbeck hat während seiner Recherchen dort versucht herauszufinden, wie es doch funktionieren könnte, Superreiche fair und nachvollziehbar zu besteuern. Bidens Plan nennt er smart und entschlossen.

Genau wie den eines Mannes, den er in New York getroffen und für die *Zeit* interviewt hat: Morris Pearl, ein Superreicher, der an der Wall Street (unter anderem bei BlackRock) ein Vermögen gemacht hat und sich nun gemeinsam mit anderen sehr Reichen Gedanken darüber macht, wie man Leute wie ihn besteuern könnte. (Aus Eigennutz, wie er Rohrbeck sagte. In Ländern wie Südafrika habe er erlebt, wozu extreme Ungleichheit führe. »Die Reichen leben dort hinter hohen Zäunen und trauen sich nur mit bewaffnetem Personal vor die Tür. Ich finde diese Aussicht nicht besonders verlockend und habe die Sorge, dass es für uns Reiche nicht gut ausgeht.«[10])

Pearl und die anderen schlagen deshalb eine Vermögenssteuer vor, die »kein Selbstzweck« sei, sondern dazu diene, »die Ungleichheit zu bekämpfen« – und mit deren Ausmaß steigt, aber auch wieder fällt. Ausgehend vom Vermögen des Durchschnittsamerikaners soll der Abstand zu den extrem Reichen gemessen werden. Wer tausend Mal so viel hat, zahlt zwei Prozent Vermögenssteuer. Wer zehntausend Mal so viel hat, vier Prozent. »So geht das weiter bis zu einem Steuersatz von acht Prozent auf Vermögen, die eine Million Mal so hoch sind«, sagt Pearl.[11] Mit Jeff Bezos und Elon Musk hätten immerhin zwei Amerikaner diese Latte zuletzt gerissen.

Der Witz an so einer Steuer wäre, dass die Reichen ein Interesse daran hätten, dass es dem Durchschnittsbürger besser geht, denn je größer dessen Vermögen, desto geringer wäre ihre Steuer. Schon wieder eine smarte Idee.

Genau wie die »Villensteuer«, die Rohrbecks Nachbarn, die Bürger in Los Angeles, kürzlich verabschiedet haben. Wer Immobilien im Wert von über fünf Millionen Dollar kauft, muss künftig eine Luxusabgabe zahlen. Mit dem Geld (geschätzte 600 Millionen Dollar) will die Stadt den Opfern des brutalen Wohnungsmarktes helfen, den Zehntausenden Obdachlosen von LA.

Insgesamt, sagt Rohrbeck, sei die Debatte in den USA spannender, lebendiger, vielfältiger. »In Deutschland fehlen sowohl neue Konzepte, die nicht so klingen, als wären sie aus den 1980er-Jahren, mit langem Bart. Und es fehlen die charismatischen Politiker, die die Ideen verkaufen und eine Geschichte dazu erzählen können. Wenn du Joe Biden reden hörst, glaubst du wirklich, diese Steuer ist ihm eine Herzensangelegenheit. Man kann Politik von unten oder von oben machen. In den USA wird das Thema der Reichenbesteuerung auch von oben auf die Agenda gesetzt, durch politische Führung.«

Ich denke an die Befragung der deutschen Politiker, die so vehement auf die Macht der Lobby hingewiesen hatten. Wie reagieren denn die Lobbyisten in den USA auf einen Vorschlag wie Bidens Milliardärssteuer?, will ich von Rohrbeck wissen.

»Die bekämpfen den, genau wie hier, aufs Messer«, sagt er. »Diese ›Schlacht‹, die wird immer stattfinden. Die Reichen werden immer für ihre Interesse kämpfen.« Und es gebe Verbände und Parteien, wie in Deutschland die FDP, die sich besonders für diese Interessen stark machten. Das sei völlig legitim. »In den USA lässt sich beobachten, dass die andere Seite inzwischen dagegenhält.«

Und bei uns?

»Wirken die linken Parteien in dieser Frage intellektuell

träge. Sie versagen dabei, auf schlaue Art harte ökonomische Verteilungsdebatten zu führen.«

Vielleicht erklärt auch das die heftige Reaktion auf eine Vermögende, die angesichts dieses Nichtstuns die Verteilung ihres Geldes selbst in die Hand nimmt.

18. Nestbeschmutzer – Eine Millionärin will ihr Vermögen loswerden

Marlene Engelhorn wirkt nervös an diesem Morgen im Wiener Presseclub Concordia. Sie hat sich in Hemd und hellbrauner Anzugsweste hinter einem Sprecherpult aufgestellt, die kurzen dunklen Haare fallen oder besser stehen wie immer recht eigensinnig. Sie schaut auf die Kameras, die auf sie gerichtet sind, putzt sich mehrmals die Nase. Dann aber, Punkt neun Uhr, wie angekündigt, geht es los, und sie lässt die Katze, die zu bändigen ihr in den letzten Wochen immer schwerer gefallen war, aus dem Sack und verkündet ihre Nachricht. Eine Nachricht, die so ungewöhnlich ist, dass Engelhorn in den nächsten Wochen so viele Interviews geben wird, dass sie mit dem Zählen nicht mehr nachkommt.

Französisches Fernsehen. Britisches Radio. Ein sehr euphorischer Kommentator der österreichischen Zeitung *Standard* feierte sie in einem Artikel gar als Wiedergeburt der Jungfrau von Orleans und der heiligen Johanna der Schlachthöfe. Und weil in Brasilien offenbar fälschlicherweise berichtet wurde, sie verteile ihre Millionen an Bedürftige, erreichen sie haufenweise Briefe, in denen ihr Menschen in portugiesischer Sprache ihr Schicksal schildern.

An diesem Morgen steigt Engelhorn ganz irdisch ein, mit einer kleinen Wiederholung, mit der sie aber für ihre Nachricht den größtmöglichen Rahmen zimmert: Alle im Raum wüssten ja, auch weil sie seit Langem ständig darüber spreche, dass das Vermögen in Österreich sehr ungleich verteilt sei, sagt sie. (Österreich schafft es in dieser Liga genau wie

Deutschland auf einen Spitzenrang.) Diese Ungleichheit verändere das Land, das politische System, die Medienlandschaft, vor allem aber die Demokratie, diese Regierungsform, deren Charme ja vor allem in dem unmissverständlichen Prinzip *one man, one vote* liegt, jedem Menschen eine Stimme. Die Ungleichheit von Vermögen aber gefährde die Demokratie, sagt Engelhorn, denn wenige reiche Menschen hätten »überproportional großen Einfluss«, ganz »ohne Mandat, ohne Rechenschaftspflicht« könnten sie mit ihrem Vermögen tun, was sie wollten, »inklusive Realitäten« schaffen.

Ein Unding, findet Engelhorn. Und da auch sie zu diesen vermögenden Menschen gehört, hat sie beschlossen, das zu ändern, und schafft an diesem Morgen gleich zwei Realitäten: Sie verkündet, dass sie und ihr Team den »Guten Rat für Rückverteilung« erschaffen werden, einen Bürgerrat. Das Gremium soll aus 50 Österreicherinnen und Österreichern bestehen, die repräsentativ sind für das ganze Land, eine Art Mini-Parlament, ausgewählt von dem renommierten Forschungsinstitut Foresight. Diese Menschen, so Engelhorn, sollen sich damit beschäftigen, wie und warum Vermögen in Österreich so ungleich verteilt ist und auf welchem Weg man das ändern könnte.

Das aber ist nur Teil eins des Auftrags und natürlich noch nicht die Katze aus dem Sack, die große Nachricht. Die lockt Engelhorn mit einem geradewegs putzigen Satz heraus. »Ich wollte die Entscheidungen, die getroffen werden, unterfüttern«, sagt sie, weil sie ja wisse, dass Regierungen die Empfehlungen und Beratungen von Bürgerräten oftmals ignorierten. Deshalb erhalte ihr Bürgerrat ein Budget, Geld, über dessen Verteilung er frei entscheiden könne. Ihr Geld. Und zwar: 25 Millionen Euro. Miau!

Acht Monate zuvor habe ich Marlene Engelhorn zum

ersten Mal getroffen. Wir saßen im *Jelinek*, mit seinem Kronleuchter, dem Kohleöfchen und den samtigen Sitzen ein Wiener Kaffeehaus wie aus dem Bilderbuch, und redeten über mehrere Stunden. Auch über ihren Weg von einem typischen »Rich Kid« zu einer, die Sätze wie diesen sagt: »Geld kann doch nur dann als sinnvoll betrachtet werden, wenn man es nicht hortet.«

Marlene Engelhorns Geldgeschichte aber ist genau das: eine Historie des Hortens von immer mehr Vermögen. Sie begann vor fünf Generationen. Ihr Ur-Ur-Ur-Opa Friedrich Engelhorn gründete 1865 die Badische Anilin- und Soda-Fabrik, kurz BASF, heute der größte Chemiekonzern der Welt. Für Engelhorn, der am Ende seines Lebens an 39 Gesellschaften beteiligt sein und zwölf Kinder gezeugt haben sollte, war BASF aber nicht mehr als eine Etappe. 1883 stieg er nach Meinungsverschiedenheiten aus und investierte, guter Geld-Riecher, in den nächsten zukünftigen Big Player: das Pharmaunternehmen Boehringer und Söhne, auch Boehringer Mannheim genannt, um es von dem Boehringer-Zweig aus Ingelheim, der am Anfang dieses Buches stand, zu unterscheiden.

Die Firma, die Marlenes Großelterngeneration in eine auf den Bermudas ansässige Holding verpackt hatte, wuchs. 18 000 Menschen arbeiteten dort zuletzt, erwirtschafteten geschätzte vier Milliarden Mark Umsatz pro Jahr. Ende der 1990er-Jahre verkauften Marlenes Großmutter, ihre Großonkel und die Großtante die Firma schließlich für damals 19 Milliarden DM an das Schweizer Unternehmen Roche. Das Vermögen ihrer Großmutter Traudl, die 2022 starb, wurde zuletzt vom Wirtschaftsdienst Forbes auf gut vier Milliarden Dollar geschätzt. Der Topf, aus dem auch Marlenes Erbe floss.

So weit die kargen Fakten, die auch Marlene Engelhorn in Teilen bei Wikipedia nachgelesen hat. Anderes fand sie im Familienarchiv in Mannheim, viele Fragen aber bleiben offen. Die Geldgeschichte ihrer Familie werde als »intransparente und unpräzise« Geschichte weitergetragen, sagt sie. Die Entstehung des Vermögens bleibe ein anekdotenhafter Prozess. Er beginnt mit dem Gründungsmythos und beschränkt sich auf Episoden. »Erzählt wird mir bestenfalls, dass mein Großvater immer hart gearbeitet hat; dass es toll ist, dass Boehringer Mannheim der teuerste Pharmaverkauf bis in die 2010er-Jahre hinein war.« Dazwischen: gewaltige Leerstellen. »Wie sind wir durch den Ersten und Zweiten Weltkrieg gekommen?«, fragt Marlene. Auf welchen steuerlichen Konstruktionen wurde der Reichtum errichtet?

Da ist sie wieder: die Sprachlosigkeit, wenn es um das viele Geld geht, die sich ja nicht nur auf die Historie des Vermögens beschränkt. Auch die offizielle Beförderung zur ultrareichen Erbin geschah bei Marlene, wie bei so vielen anderen, ohne lange Vorbereitung. »Mit 18 wurde ich hingesetzt, und meine Mutter erklärte, was sie so weiß über den Vermögensstand, und sie hat mir eine Kreditkarte geschenkt zum Geburtstag und gesagt: Deine Unterschrift zählt jetzt was.«

Was Marlene Engelhorn miterbte, auch das ist üblich, war die Infrastruktur der Geldanlage, die Finanzberater, die sich um das Vermögen kümmern. »Die sind wie Familienmitglieder«, sagt sie. »Sie werden eingeladen zu Geburtstagen, zu Hochzeiten, zu Begräbnissen. Als Kind konnte ich lange einen der engsten Finanzberater meiner Familie nicht von meinem Onkel unterscheiden.«

Wie ungewöhnlich dieses Aufwachsen war, ist auch Marlene Engelhorn erst nach und nach aufgefallen. Die Villa, in der sie lebte, der Privatkindergarten, die Privatschule, diese »Blase der Reichen und Privilegierten« war ihre Normalität. Erst während ihres Studiums an der staatlichen Universität änderte sich das. Einmal, sagt sie, da war sie etwa zwanzig, fragte ein Freund, der ein juristisches Problem hatte, ob sie einen Anwalt kenne. Sie verstand seine Frage überhaupt nicht. »Na, frag doch den Familienanwalt«, sagte sie. Er: »Den was?« Sie: »Den Familienanwalt.« Damals war es unvorstellbar für sie, dass der nicht für alle zur »Grundausstattung« gehört – wie die Autowerkstatt, der Zahnarzt oder der Friseur. »Den gibt es bei uns einfach. Der ist quasi Familie. Ich habe seine Nummer, wir sind per Du. Heute weiß ich, wie lächerlich das ist, zu erwarten, dass das bei allen so ist.«

Tja, und nun steht sie da vor der Weltpresse und kündigt an, ihr Geld in die Hände von 50 zufällig ausgewählten Bürgerinnen und Bürgern zu geben, damit die an ihrer Stelle entscheiden, »Rückverteilung« nennt sie das. (Der Weg über den Bürgerrat ist ein Notnagel. Lieber wäre es ihr, das Geld wäre ihr vom Staat genommen und nach dem Willen des gewählten Parlaments verwendet worden.) »Ich habe dieses Geld, weil es nicht besteuert ist«, sagt Engelhorn. »Ich habe dieses Geld, weil der Auftrag der Regierung versäumt wurde, dafür zu sorgen, das Vermögen so in der Gesellschaft aufzuteilen, dass es eben nicht krass ungleich bei mir landet, nur weil ich auf der Welt bin, in dieser speziellen Familie, mit diesem Nachnamen.«

Was Marlene Engelhorn da macht, ist ein vielfaches Fallen aus der Rolle, die ihr als reicher Erbin zugedacht war. Sie bricht mit der Erwartung, diskret mit dem Reichtum umzugehen, das Vermögen der Familie zu bewahren und zu beschützen. *Class traitor* nennt die Soziologin Rachel Sherman junge Reiche wie Marlene Engelhorn, »Klassenverräter«. Eine kleine, aber wachsende Gruppe.

Da sind die Patriotic Millionaires. Gegründet 2010, lobbyieren inzwischen ein paar Hundert Superreiche für ein überraschendes Anliegen: *Please raise our taxes*, bitten sie die Politik, »Bitte erhöht unsere Steuern.« Eine der prominentesten Unterstützerinnen ist Abigail Disney, die Enkelin von Walt Disneys Bruder Roy und Mit-Erbin seines Vermögens. Als Kind, erzählte sie dem *New Yorker*, habe sie mit ihrem Opa natürlich auch Ausflüge ins Disneyland gemacht, wo er der Kleinen stolz zeigte, welche Sonderrechte ein Disney dort genießt. »Er liebte es, uns an die Spitze der Warteschlange mitzunehmen«, vorbei an all den Kindern, die mit ihren Familien schon seit Ewigkeiten anstanden. Sie habe beschämt den Kopf gesenkt, erinnert sich Disney. Ihr Großvater aber habe entgegnet: »Ich habe all die Jahr so hart gearbeitet, damit du dich an die Spitze der Schlange stellen kannst.«

Was er wohl sagen würde, wenn er hören könnte, was seine Enkelin heute über Menschen wie ihn und sich selbst sagt: *»Extreme wealth is eating our world alive«*, beklagt sie zum Beispiel, was man vielleicht so übersetzen könnte: »Extremer Reichtum verschlingt die Welt bei lebendigem Leibe.«

Da ist taxmenow, die Runde einiger Dutzend reicher Menschen aus Deutschland, Österreich und der Schweiz, die sich ebenfalls dafür einsetzen, ihr Vermögen, ihre Erbschaften stärker zu besteuern. Auch Marlene Engelhorn gehörte im Jahr 2021 zu den Gründerinnen.

Und da ist Resource Generation, RG, eine Organisation, in der sich junge reiche Menschen zusammenschließen, die sich, wie es in der Selbstdarstellung heißt, für eine »gerechtere Verteilung von Grundbesitz, Vermögen und Macht« engagieren. »Wir leben mit der größten Vermögensungleichheit in der modernen Geschichte«, schreibt Resource Generation. »Als junge Leute stellen wir klar: Diese Entwicklung endet mit uns.« Die Mitglieder verpflichten sich, an der Rückverteilung des eigenen Vermögens zu arbeiten. Geschehen soll die Entwöhnung vom Reichtum nicht wie bei den Anonymen Alkoholikern in zwölf, sondern in fünf Schritten. Es beginnt mit einem sanften Einstieg (*Start the journey*), der jährlichen Trennung von mindestens einem Prozent des Vermögens. In der zweiten Phase wird empfohlen, den Kreislauf der Geldvermehrung zu stoppen, indem man Jahr für Jahr 7 Prozent des Vermögens abgibt, was einer ordentlichen Kapitalrendite entspricht. Es folgt Schritt drei, die langsame Schrumpfung, der Einstieg in die Rückverteilung mit einer jährlichen Spende von 10 Prozent des Vermögens. Bevor ein endgültiger Plan entworfen wird, nach dem 50 bis 90 Prozent des Geldes an die Gesellschaft zurückgegeben werden (*Escalate your redistribution*).

Marlene Engelhorn eskaliert an diesem Tag auf die extremstmögliche Art und Weise. Sie kündigt nicht nur an, sich vom Großteil ihres Vermögens zu trennen. Nein, sie will auch, dass die Entscheidung, wie das Geld am besten verwendet wird, nicht von ihr als Geldadlige getroffen wird, sondern eben von 50 ganz normalen Bürgern.

Verteilen

An einem warmen Märztag um 13 Uhr wird das Projekt Millionenverteilung mit einem Schlag auf den Gong im Konferenztrakt eines gediegenen Salzburger Hotels eröffnet. Es ist der Auftakt zu einem Sozialexperiment, wie es so noch nie stattgefunden hat. Nach Engelhorns Rede im Januar hatte das Forschungsinstitut Foresight eine Einladung an insgesamt 10000 zufällig aus dem Melderegister ausgewählte Menschen verschickt. Aus den knapp 1500, die zurückschrieben, wurden sie ausgewählt: 50 Personen, repräsentativ für das ganze Land, ein Mini-Österreich.

Es sei »gelungen, die österreichische Wohnbevölkerung adäquat abzubilden«, schreibt das Institut. Und zwar in einer erstaunlichen Bandbreite an Kriterien: Geschlecht, Alter, Bildungsabschluss, Erwerbsstatus, Verdienst, Geburtsland, Stadt und Dorf, Einstellung zu Vermögensungleichheit.

Da ist Kyrillos, der sportliche, schwarz gelockte Wiener, mit 16 Jahren der Jüngste, der kurz mit seinen Eltern verhandeln musste, ob er allein mit der Bahn nach Salzburg reisen dürfe.

Fritz, ein freundlicher Herr in eleganter Wollweste, pensionierter Finanzbuchhalter aus einer Kleinstadt in Oberösterreich, fast 70 Jahre älter.

Hildegund, die gehörlos ist und für die genauso gedolmetscht werden wird wie für Fatima, die aus Afghanistan stammt und Dari spricht.

Karin, die blonde Mittfünfzigerin, die einen 350 Jahre alten Bilderbuch-Gasthof in Tirol führt, mit hölzerner Stube und roten Blumen auf dem Balkon, die im Rat gern auch über den Arbeitskräftemangel und die Lebensmittelverschwendung sprechen würde.

Margit, die zum letzten Mal vor zehn Jahren in einem Hotel war, weil sie sechs Tage die Woche eine kleine Dorfkneipe in Kärnten am Leben hält, mit nur zwei Tischen und einem Veranstaltungssaal, den sie nur noch selten aufschließt, weil auch ihr das Personal fehlt.

Josef, der Staplerfahrer aus der Steiermark, der nach festem Handschlag bittet, ihn doch Sepp zu nennen, der mit seinen 1900 Euro netto im Monat immer »grad so an der Kante ist«, wie er sagt, und der sich wünscht, dass der Rat vielleicht Nothilfen zahlen könnte an Familien, die ein Unglück erleben, so wie seine Familie vor einem Jahr, als sein Sohn, sein Bub, bei einem furchtbaren Arbeitsunfall im Steinbruch starb.

Und die Frau, deren Name an dieser Stelle nicht genannt werden soll, weil sie mir zuflüsterte, dass sie eigentlich nur wegen des Geldes dabei sei.

1200 Euro Aufwandsentschädigung zahlt Marlene Engelhorn den 50 Menschen für jedes der sechs Wochenenden. Den Teenagern wird das Geld den Führerschein bezahlen. Der jungen Mutter den Saugroboter, den sie ihrer Schwiegermutter schenken will – als Dank dafür, dass diese all die Wochenenden, die noch folgen werden, auf die Kinder aufpasst; Sepp will damit für einen Teil der Kosten aufkommen, die nach dem Tod seines Sohnes entstanden, etwa die Anwalts- und Notargebühren.

Bei ihnen und vielen anderen, mit denen ich spreche, erfüllt das Geld unmittelbar einen Zweck. Dieser Teil der Umverteilung ist einer, der direkt als erfolgreich abgehakt werden kann.

Aber zurück in den Saal, in dem der Gong nachklingt: Noch eint die Menschen nicht mehr als der Brief, den sie Anfang des Jahres erhalten haben. Dieser Brief, von dem sie an diesem ersten Tag fast alle voller Ehrfurcht erzählen. »Unser Jackpot«, »unser Lottogewinn«, hört man beim Kaffee in der Pause.

Sie dachte erst, es sei Fake, ein Betrug, sagt Elke, die bei einem Logistikunternehmen in Oberösterreich arbeitet.

Ihr Brief habe eine Woche im Postkasten gesteckt, sagt Anna-Lena, die Lehrerin. Gerade noch rechtzeitig habe sie ihn rausgezogen.

Sepp hatte den Brief schon ins Altpapier geworfen, weil er nichts von dem Bürgerrat mitbekommen hatte. Er pendelt jeden Tag über 70 Kilometer zur Arbeit, da bleibt nicht so viel Zeit zum Nachrichten-Schauen. Ausgerechnet an dem Abend hat er doch noch mal den Fernseher angemacht und Marlene Engelhorn im Interview gesehen. Da hat er den Brief wieder rausgewühlt. Er habe, sagt er, fast das Gefühl, dass es Schicksal war, dass ihm nach all dem Schlimmen auch etwas Gutes widerfahren sollte.

Bevor Marlene Engelhorn vor den Rat tritt, um den Bürgern zu erklären, warum sie sich entschieden hat, ihr Geld in deren Hände zu geben, ist sie nervös. Sie kippt schnell noch die letzten Kekskrümel aus einer Tüte in den Mund. Der Zuckerboost vor dem großen Auftritt. Für die meisten im Raum ist sie die erste Millionärin, der sie begegnen.

Hildegund ist gerührt, weil Engelhorn sie ganz zu Beginn mit Gebärden begrüßt.

Margit wird später sagen: »Sie ist total herzig, überhaupt nicht arrogant, überheblich.«

Und Sepp findet sie »extrem sympathisch. Bodenständig« und »ganz anders als erwartet«.

Wieder hält Engelhorn eine Grundsatzrede, hängt die Ziele, die sie mit dem Rat erreichen will, hoch: Sie wolle ihr Geld »redemokratisieren«. Sie empöre, dass jemand, der so vermögend ist wie sie, automatisch mehr Macht habe als andere; Macht zu entscheiden, Macht zu beeinflussen, Macht, gehört zu werden. Ein Prinzip, das, so findet Engelhorn, dem der Demokratie widerspricht. »Niemand ist mehr wert als eine andere Person.« Schließlich hieße es:

»Eine Stimme pro Person, nicht eine Stimme pro Euro.« Deshalb wolle sie nun ihr Geld und damit ihre Macht »radikal teilen«. Sie sagt: »Ich gebe Ihnen meine Macht zurück, die in der Demokratie bei Ihnen hätte sein sollen. Dieses Projekt gehört jetzt Ihnen. Nur Mut, viel Spaß und vielen, vielen Dank.«

Bis zum Abschlusstag wird dies Engelhorns einziges Zusammentreffen mit den Bürgern sein. Von nun an will sie sich aus allem, was im Rat passiert, heraushalten, denn nur so könne sie die Kontrolle über ihre Millionen wirklich abgeben.

Damit beginnt eines der ungewöhnlichsten Experimente in der Welt der Superreichen. Im Vordergrund steht die Frage, wie genau die Menschen 25 Millionen Euro an die Gesellschaft zurückverteilen; dahinter aber eine viel größere, wesentlichere: Kann das gelingen, was Marlene Engelhorn sich wünscht: die Macht über ihr Geld an ein demokratisches Gremium zu übergeben, das sie selbst geschaffen hat? Lässt sich Demokratie im Auftrag einer Privatperson nachbauen?

Am Ende ihrer Rede, bevor sie nach ein paar Selfies mit den Ratsmitgliedern endgültig das Hotel verließ, hatte Engelhorn noch einen Satz gesagt, der unter den Ratsmitgliedern in vielen Kaffeepausen und in Arbeitsgruppen nachklingen würde: »Die gesamte Welt guckt zu. Wenn euch ein paar tolle Sachen einfallen, inspiriert das andere.«

Mit großer Ernsthaftigkeit, ja fast Ehrfurcht, werden sich die Bürger nun und in den folgenden Wochen ans Werk machen. Die Frau, die mir erzählt hatte, sie sei nur wegen des Geldes gekommen, wird mir 24 Stunden später erstaunt berichten, kein einziges Mal bei Instagram versackt zu sein, so spannend sei alles. Nur einmal habe sie das Handy rausgeholt, um zu googeln, als ein Wort fiel, das ihr gänzlich fremd war: »Lobbyismus«. »Wer spricht denn so?«, fragte sie und schrieb sich trotzdem die Definition auf.

Es ist der Zauber des Anfangs, der über dem Saal liegt; mehr noch, man meint tatsächlich die Kraft der Demokratie zu spüren, die Engelhorn angekündigt hatte. Denn so eine vielfältige Gruppe sieht man selten in einem Raum. Und anders als es in all den Kommentaren über eine gespaltene Gesellschaft beklagt wird, dass sich die sozialen Milieus in ihre Bubbles zurückziehen, unfähig sich noch auszutauschen, gelingt hier das Gespräch von Anfang an. Die Räte versprechen sich, einander nicht nur mit den Ohren, sondern auch mit dem Herzen zuzuhören; den anderen mit Wohlwollen zu begegnen, daran zu denken, dass das Gemeinsame größer ist als die Summe der einzelnen Teile.

»Wir verstehen uns perfekt«, sagt Sepp. »Es ist keiner überheblich. Das hat mich gewundert. Ich habe mit Leuten geredet, mit denen ich sonst niemals reden würde, Studierte.«

Exkurs: Gutes tun

Das Geld Vermögender kann gute Dinge in Bewegung setzen. Es kann Menschen wie Sepp mit den Studierten in Engelhorns Bürgerrat zusammenbringen. Es kann Sportvereinen den Platz renovieren, Museen gründen, in Katastrophenfällen Leben retten.

Im April 2024 füllte Harald Christ, der ehemalige Schatzmeister der FDP, das Berliner Konzerthaus mit 1500 Gästen, um mit dieser privaten Spendengala Geld für den Wiederaufbau der Ukraine zu sammeln. Capri-Sonne-Inhaber

Hans-Peter Wild ist der größte Mäzen der Salzburger Festspiele. Er gibt Millionen für ein neues, gläsernes Festspielzentrum. Bauunternehmer Christoph Gröner engagiert sich mit großem Einsatz für Heimkinder. Um nur drei Wohltaten der in diesem Buch Porträtierten zu nennen. Spenden Vermögender helfen im Kleinen, wenn sie den Tierheimen die Futterbox füllen; oder nehmen gewaltige Ausmaße an, wie die Schenkung, die im Februar 2024 eine Medizinhochschule in der New Yorker Bronx erhielt. Ruth Gottesman, eine ehemalige Professorin, überwies der Uni eine Milliarde Dollar aus dem Nachlass ihres Mannes, eines Wall-Street-Investors, damit das Studium in Zukunft gebührenfrei ist.

Spenden reicher Menschen kommen ganz klassisch daher und landen beim Sommerfest in der Sammeldose des Lions Clubs. Oder sie fließen an Start-ups, die versprechen, zu berechnen und zu überprüfen, wo und wie die gespendeten Euro am meisten Leid verringern. *Effective altruism*, »Effektiver Altruismus« heißt dieser Trend, der besonders im Silicon Valley boomt. Eine kühle, zahlengesteuerte, fast automatisierte Art des Spendens, die das Geld dorthin lenken will, wo es Menschen und Tieren am meisten »gesunde Lebensjahre« verschafft.

Es gibt stille Spender wie den anonymen Wohltäter, der Anfang der 2010er-Jahre per Post und ohne Absender Hunderttausende Euro an Bedürftige in Braunschweig verschickte, und solche, die sich mit einer Stiftung ein persönliches Denkmal errichten. Offensichtlich gibt es also viele unter den Vermögenden, die großzügig geben. Ihnen allen gebührt Dank. Dank, den der Staat auch ausdrückt, indem er Spenden großzügig mit Steuernachlässen belohnt. Das Problem ist: Genauer wird es auch an dieser Stelle wieder mal nicht. Weder weiß man, wie viele Superreiche spenden und stiften, noch ist klar, welchen Anteil ihres Vermögens sie im Schnitt abgeben. Es fehlen, mal wieder, die Daten.

2022 haben das Deutsche Institut für Wirtschaftsforschung und das Deutsche Zentralinstitut für soziale Fragen immerhin mithilfe der vorliegenden Statistiken errechnet, wie sich die rund 13 Milliarden Euro, die die Deutschen zuletzt gespendet haben, verteilen. Dabei kam raus: Fast jeder zweite Deutsche gibt ab. Auf den ersten Blick sieht es so aus, als wären die einkommensreichsten 10 Prozent auch die spendabelsten. 37 Prozent der Gesamtspenden entfallen auf sie. Schaut man sich die Daten allerdings genauer an, ändert sich das Bild. Im Schnitt spendeten ärmere Menschen 1,9 Prozent ihres Einkommens, die reichsten gerade einmal die Hälfte: 0,9 Prozent. »Reiche Spenderinnen und Spender in Deutschland geben gemessen an ihrem verfügbaren Einkommen deutlich weniger Geld als Menschen mit geringen Einkünften«, kommentiert Marcel Fratzscher, Präsident des Deutschen Instituts für Wirtschaftsforschung. Die Studie aber beschränkt sich, wie so viele, auf Einkommen, Vermögen spart sie aus. Was bleibt, ist die Annäherung über Einzelfälle.

2016 startete Susanne Klatten ein philanthropisches Großprojekt. »SKala« nannte sie ihre Spendeninitiative und verteilte über eine NGO in fünf Jahren insgesamt 100 Millionen Euro an 93 Organisationen und Projekte. Eine enorm großzügige Summe, die aber nach Angaben des *Business Insider* nicht mehr als 0,41 Prozent von Klattens Vermögen ist. 0,41 Prozent, gestreckt auf fünf Jahre. Für jemanden mit einem durchschnittlichen Vermögen von, sagen wir 150000 Euro, entspräche das 615 Euro an Spenden, verteilt auf fünf Jahre.

Ähnlich fiel die Bilanz aus, als das österreichische Momentum-Institut Anfang 2018 errechnete, wie viele Prozent ihres Vermögens einige US-Superreiche pro Jahr abtraten: Jeff Bezos spendete demnach damals 131 Millionen Dollar, 0,1 Prozent seines damaligen Vermögens. Mark Zuckerberg kam auf 0,7 Prozent. Selbst die bekennenden Philanthropen Bill Gates und Warren Buffett spendeten nicht mehr als 4 Prozent ihres Vermögens. Was komplett okay ist. Wohltätigkeit ist eine Privatangelegenheit. Man kann (und sollte) sich dafür bedanken. Man kann (und sollte) Menschen ermuntern, mehr zu geben. Aber einen Anspruch formulieren, gar verlassen kann man sich auf diese Gaben nicht. Und deshalb sind Spenden sicher kein Instrument, das die Frage der Verteilung oder die der Finanzierung der Gemeinschaftsaufgaben lösen kann.

Und da geht es noch gar nicht um die Punkte, die sonst so erregt diskutiert werden, wenn man über große Geldgeschenke Vermögender spricht. Nehmen reiche Philanthropen zu viel Einfluss? Oder missbrauchen sie ihre Großzügigkeit, um das eigene Image aufzupolieren oder gar von allzu vielen Flecken reinzuwaschen?

Die klassischen Beispielfälle zu diesen Fragen kennt vermutlich jeder: Da sind Bill und Melinda Gates, die mit ihrer Stiftung (aus der Melinda inzwischen ausgeschieden ist) zu den größten Geldgebern der Weltgesundheitsorganisation gehören. Da sie das Geld an Zwecke geknüpft haben, haben sie natürlich etwas zu sagen. Ein Problem, das sehr viel kleiner wäre, hätten nicht viele Staaten gleichzeitig ihre Überweisungen an die WHO zurückgefahren oder ganz gekappt.

Da sind die Sacklers, über Jahrzehnte großzügige Spender einiger der führenden Museen der Welt. Eine Familie, die ihr Vermögen (auch) mit dem aggressiven Vertrieb von Opioiden gemacht hat, die bis heute Hunderttausende Menschen getötet haben. (Exzellent nacherzählt in dem Buch *Imperium der Schmerzen* von Patrick Radden Keefe.)

Aber das, wie gesagt, nur am Rande. Mir geht es um den Kern der guten Gabe: ihre Freiwilligkeit. Oder, wie Jan Philipp Reemtsma, einer der bekanntesten Mäzene Deutschlands, es formulierte: ihre Willkür. Reemtsma sagte: »Wer Geld spendet, der gibt es eben weg, aber sucht sich aus, wo es landet. Die Geste des Weggebens ist so besehen auch eine Geste der Willkür.«[1] Das Geld bleibe – insbesondere bei Stiftungen – in der Verfügungsmacht des Stifters, denn die Stiftung sei sein Instrument. Diesen Gedanken formulierte Reemtsma bereits im Jahr 2012.

Im Jahr 2024 füllte er ihn mit Leben, als er ankündigte, das von ihm finanzierte renommierte Hamburger Institut für Sozialforschung nach über 40 Jahren dichtzumachen. Die Willkür des Gebens. »Ist das nicht – irgendwie – ungerecht?«, fragte Reemtsma. Und gab sich selbst folgende Antwort: »Ja, ist es. Ebenso ungerecht wie die Tatsache, dass einige Milliarden – oder Millionen – oder Hunderttausende – oder Tausende zur Verfügung haben und andere eben nicht. Die eine Ungerechtigkeit ergibt sich aus der anderen.«

Wenn dem so ist und dem Spenden und Stiften neben dem festen Wunsch, Gutes zu tun, auch immer dieser Geist der Willkür innewohnt, würden wir uns als Gesellschaft abhängig von den Vorlieben, Launen und Lebensphasen von extrem reichen Einzelpersonen machen, wenn wir es ihnen überlassen würden, wesentliche Dinge in der Gesellschaft zu finanzieren.

Marlene Engelhorn wird ständig gefragt, warum sie denn ihr Geld nicht spende, wenn sie es loswerden wolle. Auch sie bezieht sich in ihren Antworten auf die Willkür der Philanthropie, die Reemtsma benennt. Nur ihre Konsequenzen sind andere. Sie sagt: Genau deshalb dürfe die Frage, wie mit einem großen Vermögen umzugehen sei, keine Privatangelegenheit sein. Nicht »irgendwelche Superreichen« sollten ihr Geld nach Gutdünken verteilen. »Das sollte eine demokratische Frage sein, die im öffentlichen, transparenten Diskurs beantwortet wird.«

Keine kleine Attacke. Auf die auch bald der Konter aus der Philanthropie folgt, die »Widerworte unter Wohltätern«, wie die *F.A.Z.* es nennt.

Ende März 2024, da läuft Engelhorns Experiment gerade zwei Wochen, meldet sich zum Beispiel Felix Oldenburg, der das Spenden-Start-up Bcause leitet, der Vorstand der Muttergesellschaft von Deutschlands größter Online-Spendenplattform ist und mehrere Jahre Geschäftsführer des Bundesverbandes Deutscher Stiftungen war, zu Wort. Ihm sei zwar wichtig, zu betonen, dass Marlene Engelhorn eine Pioniertat vollbringe. »Wir reden viel zu wenig darüber, wie schwierig es ist, zu geben«, sagt er, als ich ihn anrufe. Engelhorn durchbreche eine Art »Schweigespirale«, indem sie über ihr Vermögen rede. Dann folgen die Trotzdems. Oldenburg beklagt, dass Marlene Engelhorn mit ihrer Kritik am Spenden anderen Vermögenden deren Gaben madig machen könnte. Ähnlich wie Debatten über Vermögenssteuern könnte das, so meine Übersetzung seiner Worte, die sensiblen superreichen Stifter verschrecken. »Ich möchte darüber reden, wie man Vermögende einladen kann, tolle Sachen zu finanzieren, anstatt diese unnötige Schleife über den Staat zu machen.«

Nun könnte man einwenden, dass das aus dem Munde von jemandem, der seit Jahren Lobbyismus für die Philanthropie betreibt, nicht ganz uneigennützig ist. Spätestens Oldenburgs zweiter Einwand aber ist keiner, der sich so einfach ausblenden lässt: Er sagt, wenn Engelhorn von »Redemokratisierung« spreche, sei der »Begriff daneben. Sie kann sich nicht ihre eigene Demokratie bauen.« Keine politische Instanz habe diesem Bürgerrat ein Mandat gegeben. Ihr Geld werde zwar unter Beteiligung von Bürgern verteilt. Aber demokratisch sei dieser Weg nicht.

Hat er recht?

Marlene Engelhorns Stimme bekommt einen recht bissig ironischen Unterton, als sie mir diese Frage beantwortet. Sie sagt: »Ja, da bin ich sehr einverstanden mit dem Felix Oldenburg, weil ich auch finde, dass Vermögende nicht an der bestehenden Demokratie vorbei ihre Entscheidungen treffen sollten.« Dann wird sie ernst: »Ich habe keine demokratische Legitimierung. Das ist ja genau mein Punkt.« Deshalb habe sie ja zunächst die österreichische Regierung gebeten, sie zu besteuern. »Ich kann dann auf meinem Vermögen hocken bleiben. Oder ich mache es so, wie es Menschen normalerweise in meiner Machtposition machen: Ich gründe eine Stiftung mit einem Stiftungsstock und rede nicht darüber, wie das Geld angelegt ist. Nein, es ist falsch, dass ich überhaupt in dieser Position bin. Deshalb setze ich meine Entscheidung dem öffentlichen Auge aus, weil es die einzige Art für mich ist, Rechenschaft abzulegen.«

Wird das gelingen?

Demokratie ist keine Murmelgruppe

Der erste Knacks kommt früh. Am ersten Tagungstag hat es ein kleines Scharmützel gegeben zwischen den drei Reporterinnen, die den Rat exklusiv begleiten, und dem Presseteam.

Es ging darum, ob die Journalisten auch in den Momenten zuhören dürfen, in denen die Räte in Kleingruppen an Tischen im großen Saal darüber reden, was sie für gerecht halten, welche Ideen sie zur Verteilung des Geldes haben, welche Rolle Geld in ihrem Leben spielt. Dass man mit Pressesprechern teilweise hart darüber verhandelt, in welchen Momenten Reporter anwesend sein dürfen, ist journalistischer Alltag. Was folgt, eher nicht: Zwei Wochen später erhalten die Reporter einen mehrseitigen Brief des Rats, unterschrieben von der Projektleiterin und einer der Moderatorinnen. In dem Brief ist niedergeschrieben, unter welchen Bedingungen überhaupt weiter berichtet werden darf. »Klar und ausnahmslos« werde das Team verfügen, wann und wo die Reporter zuhören dürften. Wenn die Bürger ohne Moderatoren in Kleingruppen reden, müssen die Reporter von nun an Abstand halten.

Wir fragen nach: Hätten sich Bürgerinnen beschwert? Nein.

Würde es helfen, wenn man den Ratsmitgliedern sagte, dass sie jederzeit das Recht hätten, die Journalisten hinauszubitten? Nein.

Dann reicht es der Projektleiterin. Sie sagt noch einmal, was schon im Brief stand: Die Regeln seien »nicht verhandelbar«.

Ich rufe bei Marlene Engelhorn an. Sie bedauert, was passiert, sagt aber, sie könne nichts mehr tun. Die Verantwortung für den Rat trage nun das Team.

Marlene Engelhorn hat ihrem Rat einen Rahmen gegeben. Die Regeln, die sie geschrieben hat, nennt sie die »Verfassung«. Die Bürger formen, wie gesagt, eine Art Miniatur-Parlament. Spätestens mit dem Brief wird klar, dass es noch eine dritte Partei gibt, die ich bei aller Konzentration auf die offensichtlichen anderen beiden, die vermögende Initiatorin und die Bürgerinnen, zunächst übersehen habe; eine Partei, die aber, so lese ich, für ein so sensibles Konstrukt wie einen Bürgerinnenrat wesentlich ist: das Organisations- und Moderationsteam. Sie lenken die Sitzungen, sie entscheiden über die Tagungsordnung. »Das Team ist die ganze Magie«, hatte Marlene Engelhorn gesagt – und sich gewünscht, dass sich die Aufmerksamkeit der Öffentlichkeit weniger auf sie als auf den Stab des Rates konzentriert.

Also los: Die Projektleiterin des Guten Rates ist Alexandra Wang. Wang hat nach ihrem Studium im Fach Human Resource Management ein paar Monate als Diversity-Managerin bei einer Bank und dann für ein Jahr bei dem österreichischen Thinktank Momentum Institut gearbeitet, für den Marlene Engelhorn Hunderttausende Euro spendete. Wang selbst beschreibt ihren Job so: »Ich bin die Lokführerin eines Hochgeschwindigkeitszugs, der gerade neu gebaut wurde.«

Da man das Projekt des Bürgerrats zunächst geheim halten wollte, wurden die Posten nicht ausgeschrieben, sondern von Wang eher informell via Netzwerk besetzt. Jetzt, in der Hochphase, arbeiten über 20 Leute beim Rat, einige von ihnen Berufseinsteiger, andere schon lange in der NGO-Szene tätig, Bürgerrat-Veteranen. Zusätzlich zu den 25 Millionen, die verteilt werden, zahlt Marlene Engelhorn noch drei Millionen für die Organisation. Sie habe eben Arbeitsplätze geschaffen, scherzt Engelhorn in einem Interview. Es gibt Menschen, die die Social-Media-Kanäle füttern, Pressesprecher, Organisatoren, Dolmetscher, sogar eine Zeichnerin, die aus dem, was im Saal vorgetragen wird, Graphic Novels zaubert, und eben acht Moderatorinnen, darunter die Frau, die die meiste Zeit durchs Programm führt: Hanna Posch, eine groß gewachsene Frau mit halblangen rötlichen Haaren. Sie hat den bislang größten österreichischen Bürgerrat zum Thema Klima moderiert.

Vor dem ersten Wochenende hatte das Team ein großes Plakat aufgehängt: darauf ein Weg, der über sechs Stationen vom ersten Kennenlernen der Ratsmitglieder bis zur Entscheidung führt. Ein Bild, an das ich immer wieder denken werde. Das Team strukturiert die Zeit im Rat klar. Man könnte auch sagen: Es sorgt dafür, dass die Bürger diesen vorgesehenen Pfad nicht verlassen.

Die ersten Wochenenden verlaufen nach demselben Muster: Es gibt Expertenvorträge, Gespräche im kleinen Kreis, dann gehen die Moderatoren durch die Reihen, fragen die Meinungen einiger Bürger ab, »Blitzlichter« nennen sie das. Ungern geben sie dabei das Mikrofon aus der Hand. Es gibt »Murmelgruppen«, ein anderes Moderatorenwort, in denen Räte über das Gehörte plaudern, Worldcafés, in denen die Bürgerinnen Meinungen und Eindrücke sammeln und auf bunte Zettel schreiben, die dann an Flipcharts geklebt werden. Eine sehr konzentrierte Gruppenarbeit ist das. Aber die Stimmen von Sepp, Karin oder Kyrillos höre ich im Plenum kaum. Denn selbst wenn den Bürgerinnen eine Frage durch den Kopf schießt, eine Bemerkung, sollen sie diese, so die Rat-Regel, nicht direkt stellen, nicht einmal, wie in der Schule, nach Handzeichen, sondern in eine App namens »slido« eintippen, aus der die Moderatoren dann vorlesen. Das verhindert sicher, dass nur die Schlagfertigen und Lauten zu Wort kommen, macht die Moderatorinnen aber auch zu Filtern, die von den Wortmeldungen aus dem Saal passiert werden müssen. Das gelingt nicht immer.

Als es zum Beispiel um die Frage geht, was gerecht sei,

schreiben Ratsmitglieder via *slido*: »Ungerecht finde ich die Gehälter unserer (versagenden) Politiker.«

»Ungerecht finde ich, dass wir ORF-Gebühren zahlen MÜSSEN!«

Beides bleibt unerwähnt.

Außerdem ist ein Gespräch, bei dem eine Seite via App kommuniziert, alles andere als lebendig. Ich hatte mir im Vorfeld einen Bürgerrat – sicher naiv – vollkommen anders vorgestellt: als ein Gremium, in dem auch mal ungesteuert geplaudert, diskutiert und gestritten wird, in dem aber vor allem wild herumgesponnen wird, was mit dem Geld so alles passieren könnte.

Das Leben pulsiert vor allem in den Pausen. Da hält Sara, Mutter von vier Kindern, ihren Jüngsten, gerade ein halbes Jahr alt, auf dem Arm. Sie stammt aus Tansania. Neben ihrem Job beim Lebensmitteldiscounter Billa hat sie eine Firma gegründet, die online Haaröl anbietet. Das Headquarter ist noch die 75-Quadratmeter-Wohnung, in der die sechsköpfige Familie lebt. Viel Arbeit und (noch) wenig Ertrag, sagt sie. Auch weil Konzerne wie Amazon Gründerinnen wie ihr das Leben so schwer machen. Aber Sara ist ehrgeizig. Einen Moment träumt sie: Was könnte sie alles bewegen, hätte sie Startkapital, nur eine kleine Tranche von Engelhorns Geld! Wie schön wäre es, einen kleinen Laden zu haben, in dem sie ihre Produkte verkauft.

Margit zeigt Fotos von ihrer Kneipe in Kärnten. Jeden Abend hat sie da einen guten Teil des Orts am Stammtisch sitzen. Wie schön wäre es, wenn sie höhere Löhne zahlen könnte und so eine feste Hilfe fände. Denn wer weiß, wie lange sie es noch schafft, den Laden sechs Tage die Woche am Laufen zu halten?

Hildegund würde so gern das Haus des Gehörlosenvereins in Klagenfurt renovieren lassen. Beim letzten Hochwasser ist es abgesoffen. Jetzt können sie nicht mehr kegeln, nicht mehr in den Gemeinschaftsraum.

Und Sepp hofft weiter auf seinen Fonds für Familien in Notlagen.

Erna sagt ganz pragmatisch: »Was übrig bleibt, ich nehme es gern.«

Eine Expertin für Bürgerräte wird später sagen, es wundere sie, dass der wahre Schatz, der in diesem Gremium schlummere, die Vielfalt der Erfahrungen, das viele Wissen aus dem Alltag der Teilnehmerinnen, bisher kaum gehoben würde.

Umso schöner, wenn dieses Gold der vielen unterschiedlichen Erfahrungen doch noch glänzt, nachdem der Gong die Pause beendet hat.

Am zweiten Wochenende sollen sich die Bürgerinnen ausmalen, wie eine Welt in zehn Jahren aussehen könnte, wenn man heute einige Dinge zum Guten wendete. Die Visionen auf den Plakaten, die sie vorstellen, sind konkret: In ihrer Zukunft gibt es Schulen mit kleinen Klassen, in denen alle alles lernen und erleben können. Denn: »Wir haben erkannt, dass die Zukunft in den Kindern liegt, und fördern sie perfekt.« Die Löhne sind ähnlich, egal ob einer ein Büroarbeiter ist oder ein Handwerker. »Und wenn du dich um deine Kinder kümmerst oder pflegst, bekommst du auch einen Lohn.« Die Menschen leben in Gemeinden, die sich selbst mit Energie versorgen. Alte und Junge wohnen gemeinsam. Wer sich ein Haus kaufen will, bekommt ein zinsloses Darlehen. Aus Hochhäusern werden vertikale Farmen. Es wird nicht geshoppt und weggeworfen, sondern mit Bedacht eingekauft, der »Hausverstand«, das Wissen, wie man kocht und Vorräte hält, ist zurück. Maschinen zahlen Steuern und Erben auch. Eine überraschende, andere Welt, die sie da malen; über die dann aber, in der Nacht, der Vampir der Abstraktion herfällt: »Wir haben eure Vision zusammengefasst«, kündigt das Team am nächsten Morgen an. »Passt das so?«

Nun steht da: »Mehr Partizipation«, »gleiche Chancen im Bildungssystem«, »Wohnen ist leistbar«, »Daseinsvorsorge in öffentlicher Hand«. Vermutlich muss es so sein, um die losen Fäden der einzelnen Ideen zu einem Strang zu bündeln. Manchmal aber scheint es, als würde das, was als weltweit beobachtetes Demokratie-Experiment begann, unterwegs zu einer gut kontrollierten Murmelgruppe schrumpfen.

Ob es die Frühpensionistin Erna auch nach etwas mehr Leben im Saal dürstet? An einem Sonntagnachmittag bricht sie jedenfalls aus dem Programmraster aus und kündigt an, mit der Gruppe ein bisschen Sport machen zu wollen. Kurzerhand nimmt sie den Moderatorinnen die Bühne und turnt vor: beugen, kreisen, Ausfallschritt. Erna zählt den Takt der Wiederholungen. Alle machen mit.

Wer entscheidet über die Millionen

Was das Team auch übernimmt, ist die Auswahl der Expertinnen.

»Ich finde das großartig, was die Marlene Engelhorn hier auf die Beine gestellt hat«, sagt Karin Heitzmann, Professorin an der Wirtschaftsuniversität Wien. Sie leitet das Forschungsinstitut Economics of Inequality. In klaren, einfachen Worten erklärt sie den Unterschied zwischen Einkommen und Vermögen, sie erklärt, was Vermögen ist und dass das Einkommen in Österreich, ähnlich wie in Deutschland, eher breit verteilt ist, das Vermögen aber ungleicher als in den meisten vergleichbaren Ländern. Der Vortrag endet mit dem Bild, das sich alle eingeprägt haben, auf das die Bürger immer wieder zurückkommen werden.

Der Rat baut die Statistik nach – mithilfe von Klopapier. 25 Bürgerinnen gehen in eine Ecke. Sie sind die ärmere Hälfte. Jeder von ihnen bekommt einen Zipfel Klopapier in die Hand, ein mal zwei Zentimeter, die 21 000 Euro entsprechen, ihr durchschnittlicher Anteil am Vermögen. Es folgt die gut situierte Mittelschicht, die nächsten 20 Leute, ihr Klopapier-Fetzen ist ordentlich, aber überschaubar. Vier Wohlhabende, die immerhin schon fast ein ganzes Blatt in der Hand halten. Und dann ist noch eine Person übrig: Erna, die bald achtzig wird, mal in Wien in der Gastronomie gearbeitet hat, seit einem Hirnschlag aber vor 30 Jahren frühverrentet wurde. »Ich bin die Millionärin«, sagt sie und hält einen ganzen Haufen Klopapier in der Hand. Die Räte erfahren auch, dass Engelhorns Erbe einer halben Klopapierrolle entspricht. Der reichste Österreicher aber besitzt 32 000 Millionen Euro, also 32 Milliarden. Drei Taschen voller Klopapier. Das Team rollt sie im Saal aus. Meter um Meter, Blatt für Blatt, jedes eine Million Euro.

»Das ist schockierend«, sagt die Expertin Karin Heitzmann.

»Wie groß der Unterschied zwischen den ganz, ganz Reichen und dem Rest ist: Das Ausmaß war mir nicht klar«, sagt Karin, die Hotelwirtin.

Erna ruft froh in die Runde: »Gute Nacht! Die Reiche geht zu Bett!«

Kritiker von Bürgerinnenräten bemängeln vor allem, dass die Teilnehmer durch einseitige Expertenauswahl manipuliert werden könnten. Ein wesentlicher Punkt, denn je weniger man selbst über ein Thema weiß, desto mehr ist man auf das Wissen anderer angewiesen. Gerade hat die deutsche Nichtregierungsorganisation »Mehr Demokratie« einen Leitfaden mit Qualitätsstandards für Bürgerräte veröffentlicht. Auch darin wird an mehreren Stellen darauf hingewiesen, wie wichtig eine ausgewogene, nicht verzerrende Auswahl der Experten ist. Empfehlenswert sei es, dass »ein unabhängiges Begleitgremium die Expertinnen und Experten« auswählt, heißt es da, dass eventuell sogar ein wissenschaftlicher Beirat über »Neutralität, Qualität und Integrität« wache, und vor allem, dass die Bürgerinnen immer wieder ermuntert würden, Sichtweisen oder Expertinnen, die ihnen fehlen, einzufordern und nachzunominieren. Oft sitzt auch der Initiator des Bürgerrats mit im Raum, um mitzuhören. All das geschieht in Salzburg nicht.

Von Beginn an durchzieht die Notizen der Reporterin eine Frage: Werden auch Gegenpositionen zu hören sein? Die Frage steht neben den Aufzeichnungen zum Vortrag von Christian Neuhäuser. Der Gerechtigkeitsphilosoph, Professor an der Universität Dortmund, forderte zum Beispiel im Interview mit der *Zeit*, Reichtum aus moralischen Gründen zu begrenzen. Die Frage findet sich neben der Vita von Alexander Behr, der ebenfalls spricht. Behr ist Journalist, Wissenschaftler und Aktivist und kritisiert, dass in unserem System »wenige profitieren« und »viele leer ausgehen«. Vor allem zu Beginn hatten auch einige Bürger sie gestellt, auf den bunten Zetteln, die sie auf die Flipcharts klebten, und im persönlichen Gespräch:

»Was denken (Super-)Reiche über die Vermögensverteilung?«

»Es wäre schön, die Sicht einer reichen Person zu hören, nicht Marlene.«

Auch Sepp hatte nach den ersten beiden Wochenenden darauf gehofft: »Ich denke immer noch, dass so einer kommt. Ein normaler Reicher, der sich das erarbeitet hat und der noch immer weiterkämpft, um mehr zu haben.«

Es wird keiner kommen.

Auf Nachfrage antwortet das Team, es sei eine »bewusste Entscheidung« bei der Auswahl der Experten gewesen, kein breites Spektrum der Positionen zum Thema Vermögen abzudecken. Man habe mit Absicht keine Leute eingeladen, die Ungleichheit relativ unproblematisch fänden. »Das wäre nicht im Sinne von Marlene gewesen«, sagt eine der Moderatorinnen. Aber wie ausgewogen können die Räte so entscheiden?

Am dritten Wochenende teilt das Team den Großen Rat in mehrere kleine auf. Es formieren sich die Gruppen »Bildung«, »Klima«, »Wohnen«, »Teilhabe und Rechte«, »Gesundheit und Soziales« sowie »Wirtschaftspolitik und Überreichtum«. Die Bürgerinnen sollen für jedes »Handlungsfeld«, wie es das Team nennt, Botschaften formulieren, überlegen, wie Engelhorns Geld dort die Lage konkret verbessern und welche Organisation dafür welches Budget erhalten könnte. Eine Riesenaufgabe. Eine der Expertinnen hat ihnen vorgerechnet, dass es allein in Österreich über 126000 Vereine und jeweils 800 Stiftungen und gemeinnützige GmbHs gebe, dazu zahllose Netzwerke, Initiativen und Selbsthilfegruppen. Alles potenzielle Geldempfänger.

»Ich habe Steine auf meinen Schultern; die Verantwortung ist mir bewusst«, sagt Karin, die Wirtin. Susanne, eine Mittfünfzigerin, die in einem Geschäft für Trachten arbeitet, erzählt, dass ihr gar die Tränen kamen, als sie zum ersten Mal ahnte, wie vielen sie kein Geld zukommen lassen könne. Gutes zu tun, da sind sie sich einig, sei schwieriger als gedacht.

Eine der Rednerinnen hatte sie ermuntert: »Geht Risiken ein! Wenn man immer nur auf die sichere Sache setzt, passiert nichts Neues.« Und vor allem: »Vertraut auf euer Alltagswissen!«

Eine machbare Aufgabe für die Gruppe »Gesundheit und Soziales«. Sie wissen aus eigener Erfahrung, wo Geld fehlt. Sepp, der Staplerfahrer aus der Steiermark, der zunächst Sorge hatte, »unter Studierten« im Rat nicht bestehen zu können, steht souverän und recht zufrieden vor den Stellwänden, auf denen sie Namen der Organisationen sammeln, die Geld bekommen sollen. Sepp hat ein Projekt vorgestellt, geprüft und auf die Beschlusstafel gebracht: ein Notfallfonds für die Hinterbliebenen freiwilliger Feuerwehrleute, die im Einsatz sterben. Sein Sohn war stellvertretender Hauptmann des Löschtrupps im Ort. Das wäre in seinem Sinne gewesen.

Überhaupt hat es viel Schlaues in ihre Auswahl geschafft: 24-Stunde-Pflege, Bergretter, ein Hotel für schwer kranke Kinder und ihre Familien. Sie haben hart gearbeitet, alles auf Herz und Nieren geprüft, Jahresbudgets verglichen, über ideale Spendenhöhen beraten. Und das in einer Gruppe, die zu den vielfältigsten hier gehört: Sepp ist dabei, Margit, Karin und Hildegund, eine Frau, deren Kroatisch gedolmetscht wird, ferner eine Transperson sowie ein Junge mit geistiger Einschränkung. Man fragt sich, was üblicherweise verloren geht, weil die Gremien, die sonst in unserer Demokratie entscheiden, so viel eintöniger, so viel gleichförmiger sind.

Ein paar Räume weiter fällt den sechs Mitgliedern der

Gruppe »Wirtschaftspolitik und Überreichtum« ihr Job dagegen gerade sichtlich schwer. Sie sitzen in ihrem kleinen Stuhlkreis etwas ratlos vor ihrem Flipchart. Darauf steht immerhin schon die Botschaft, die sie senden wollen: »Wir wünschen uns eine weniger ungleiche Vermögensverteilung.« Aber was bedeutet »weniger ungleich« konkret? Und vor allem: Wie erreicht man dieses Ziel?

»Das Thema Steuern ist zu schwierig für mich. Es kommt keine Idee«, sagt eine der Bürgerinnen. Eine andere: »Wir zerspalten uns in Details, ohne Experten zu sein.«

Deshalb haben sie die Expertin vom Anfang, Karin Heitzmann, und eine ihrer Kolleginnen, die auch vorgetragen hatte, angeschrieben. Der Moderator liest gerade aus ihren Antworten vor. Darin steht, dass eine hohe Vermögenssteuer nötig sein wird, um das Ziel zu erreichen. Eine Steuer, die höher sein müsse als der Prozentsatz, um den das Vermögen im Schnitt wächst. Bei den Superreichen wären das über 10 Prozent. Es ist eine weitreichende Forderung. Zum Vergleich: Die österreichischen Sozialdemokraten, die als links gelten, kündigen an, große Vermögen mit 2 Prozent besteuern zu wollen.

»Fühlen sich die Reichen dann nicht angegriffen?«, fragt Sara.

»Sollen sie ja«, kontert eine andere Rätin. »Tun dir die Reichen leid?«

»Ich kämpfe, um weiterzukommen«, sagt Sara. »Jede Person, die oben ist, hat auch gekämpft.«

Es könnte der Beginn einer Auseinandersetzung über eine der Kernfragen sein: Wie denkt die Gruppe über großen Reichtum? Macht es einen Unterschied, ob er auf Erbschaft beruht oder auf Unternehmertum?

Der Moderator dankt Sara für ihren Einwand. Gleichzeitig weiß er um den engen Zeitplan. Noch haben sie mit der Verteilung des Geldes nicht einmal begonnen. Er empfiehlt der Gruppe, der Instanz zu vertrauen, die gerade nicht im Raum ist: »Wir können das, was die Experten sagen, nutzen.« Alle einverstanden?

Auch Sara reckt nun den Daumen nach oben. Fünf Ja-Stimmen, eine Enthaltung. »Das ist der Kern von dem, was Marlene wichtig war: Da bin ich euch dankbar«, lobt der Moderator.

Eines wird Wochenende um Wochenende immer klarer: Engelhorns Wunsch, die Macht über ihr Vermögen ganz und gar abzugeben, erfüllt sich nicht, ihr Schatten ist groß. Immer wieder begründet das Team Entscheidungen damit, dass Engelhorn dieses besonders gern oder jenes gar nicht gewollt hätte. »Ich sitze hier als Sprachrohr von Marlene«, wirft Projektleiterin Wang zum Beispiel in einer Runde ein, um ihre eigene Position zu stärken.

Marlene Engelhorn und ich treffen uns kurz vor dem Ende des Rates in einem Café in Berlin-Mitte wieder. Welch große Wirkung ihr Umgang mit dem Geld hat, merkt man auch hier sofort. Ein Paar aus Wien, das sie erkennt, kommt im Gehen an unserem Tisch vorbei. »Danke«, sagen sie. Sie fänden so gut, was Engelhorn tut.

Engelhorn sagt, sie habe natürlich niemanden aufgefordert, ihr Sprachrohr zu sein. Sie sagt aber auch, dass darin ihr Dilemma deutlich würde: Als vermögende Auftraggeberin habe sie so wenig wie möglich festschreiben wollen. »Ich wollte mich so früh wie möglich aus der Umsetzung rausziehen, damit ich mir nicht den Bürgerrat so einkaufe, wie ich ihn gern hätte. Das Ergebnis ist, dass ich bezahlt habe für einen Bürgerrat, an dem definitiv etwas verbessert gehört.« Es wäre sinnvoll gewesen, eine Instanz zu installieren, die das Team begleitet und, ja, auch in demokratischem Sinne kontrolliert hätte, einen Ombudsmenschen oder einen wissenschaftlichen Beirat. Sie hätte sich gewünscht, dass es mehr Raum für vielfältigere Positionen gegeben hätte, als es meinen Schilderungen zufolge der Fall gewesen zu sein scheint. »Das hätte ich anfangs klarer vorgeben können. Diese Verantwortung liegt bei allem Vertrauen definitiv auch bei mir.«

Nachdem wir uns verabschiedet haben, bleibe ich mit einer Frage zurück: Macht es sich Engelhorn damit zu bequem? Auf der anderen Seite: Was hätte sie denn machen sollen? Als reiche Frau, die bezahlt, mit im Raum sitzen und allen sagen, wie es zu laufen hat?

Raus mit dem Geld!

Das fünfte und vorletzte Wochenende beginnt mit einer Art Erklärung zur Geschäftsordnung. Die Antwort auf eine Frage, die sich den Bürgerinnen immer dringlicher gestellt hatte: Wie genau würden sie denn nun entscheiden, wie das Geld auf die Vorschläge, die sie sammeln, verteilt wird? Ganz zu Anfang hatten sie schon erfahren, dass sie nicht per Mehrheitsentscheid abstimmen würden, sondern nach dem sogenannten Konsent-Prinzip. Das bedeutet: Jeder kann auf Vorschläge mit Bedenken reagieren, die dann besprochen und bestenfalls ausgeräumt werden. Wer weiterhin skeptisch ist, hebt in der Schlussabstimmung eine Hand, eine Art Ja mit Bauchgrummeln. Wer aber beide Hände nach oben reckt, macht damit klar, dass er schwerwiegende, nicht auflösbare Einwände hat. Ein Veto. Fans loben das Konsent-

Verfahren dafür, dass es Gruppen hilft, zügig tragfähige Entscheidungen zu treffen.

»Wir hätten gern von euch Konsent-Entscheidungen in den Handlungsfeldern!«, verkündet die Bühnenmoderatorin. Bis zu vier Millionen sollen die sechs Teilgruppen auf ihre gesammelten Projekte verteilen. Was übrig ist, wird in Form von Münzaufklebern unter den Bürgerinnen aufgeteilt. Diesen Rest könne dann jeder noch an seine Lieblingsideen ausschütten.

»Das haben wir uns so überlegt«, sagt die Moderatorin, »das möchte ich jetzt so stehen lassen.« Und: »Wir machen jetzt keine Fragerunde dazu.«

In den Pausen spürt man, dass es durchaus Redebedarf gegeben hätte: Wird wirklich gar nichts in der großen Runde debattiert und beschlossen? Was macht man, wenn einem Ideen einer der Gruppen gegen den Strich gehen? Wird man am Ende mit seinem Namen für Projekte stehen, die man kaum kennt? Und, eine Frage der Reporterin: Warum entscheiden die Ratsmitglieder nicht zumindest, ob mit oder ohne Konsent, ob sie mit dem Verfahren einverstanden sind?

Aus jahrelanger Erfahrung als Moderatorinnen von Bürgerräten wüssten sie, dass solche Entscheidungen die Gruppe überfordern würden, sagt das Team. »Wir müssen den Rahmen bauen, damit die Bürgerinnen sich mit den Inhalten beschäftigen können.«

»Ich frage mich schon, wie demokratisch das ist«, sagt einer der Räte beim Kaffee. Aber das Team werde schon seine Gründe haben. »Sie haben sich für die sichere Variante entschieden«, vermutet er, für den Weg, der sicher Ergebnisse liefert.

Am letzten Wochenende hat auch die Gruppe »Reichtum« eine beachtliche Liste von Projekten beisammen, an die sie das Budget ihrer Gruppe verteilen wollen. Ein Bündnis gegen Armut ist dabei. Eine NGO, die sich für Steuergerechtigkeit einsetzt. Auch das Momentum-Institut, für das Engelhorn spendet und bei dem Alexandra Wang gearbeitet hat. Die Moderatoren hatten die Bürger darüber informiert. Sie betonen, sich aus freien Stücken entschieden zu haben. Obwohl die Uhr tickt, beschließt die Gruppe kurz vor Schluss, noch etwas Ungewöhnliches anzustoßen. In den Vorträgen hatten sie erfahren, wie wenig verlässliche Daten es zu großen Vermögen gibt. Nicht nur in Österreich ist das ein Problem. Deshalb beschließen sie, ein Forschungsprojekt zu beauftragen. Es ist beeindruckend, wie kenntnisreich die Gruppe inzwischen ausrechnet, wie viel Geld dafür nötig wäre. Eine Vollzeitstelle für einen Forscher? Macht 100 000 Euro pro Jahr, dazu ein Assistent, vielleicht 60 000? Wäre doch gut, wenn die Wissenschaftler fünf Jahre an dem Projekt arbeiten könnten. Am Ende werden sie 600 000 Euro in die Forschungsidee stecken. Damit sollte doch einiges möglich sein.

Fünf Daumen gehen hoch. Applaus. Die Gruppe »Reichtum« hat ihr Budget von vier Millionen fast ganz verteilt.

Kurz vor dem Abendessen des letzten Tages fahren die Moderatoren die Pinnwände der sechs »Handlungsfelder« mit ihren gesammelten Projekten in den Saal. Eine vielfältige Parade der Wohltaten. Naturschutzverbände sind dabei, die Obdachlosenhilfe, Frauenhäuser, inklusive Fußballvereine und die Philharmoniker. Über 70 Vereine und Verbände sind es geworden. Im Schnelldurchlauf kann nun jede Gruppe vorstellen, an wen sie ihre Millionen gegeben hat.

»Wir sind so begeistert von unseren Projekten, dass wir stundenlang darüber reden könnten«, sagt eine Rätin. Nicht mehr als fünf Minuten pro Handlungsfeld, mahnt die Moderatorin. Nachfragen und Anmerkungen sind nicht zugelassen, schließlich müssen die restlichen Millionen noch mit den kleinen Aufklebern verteilt werden. Es ist der Moment, in dem die gewaltige Summe endgültig zu handlichen, ach was, daumennagelgroßen Portionen zusammenschrumpft: Insgesamt 1825 grüne Aufkleber, »Pickerl«, wie die Österreicher sagen, werden an die Bürger verteilt. Jeder ist 2000 Euro wert, insgesamt 3,6 Millionen Euro. Fast eine Stunde lang klebt der Rat diesen Rest des Geldes auf die Plakate der Projekte. Sepp ist am Ende selig. Seine Feuerwehr ist so etwas wie der Sieger der Herzen. Über 100 Pickerl pappen dort, mehr als 200000 Euro extra. »Wir haben ein Ergebnis zur Verteilung der 25 Millionen!!«, steht kurz darauf auf einer Folie an der Stirnwand des Saals.

Die letzten Meter des vorgeplanten Pfades nimmt der Bürgerrat im Sprint: Als es endlich zur ersten Abstimmung im Plenum kommt, wirkt die gehetzt. Dabei geht es um nicht weniger als um die Botschaften, die der Rat der Gesellschaft übergeben wird.

Die Botschaften zur Vermögenssteuer aus der Reichtumsgruppe sind dabei: »Wir wünschen uns eine weniger extrem ungleiche Vermögensverteilung«, schreiben sie. Dazu fordern sie eine »sinnvolle Kombination aus Erbschafts-, Schenkungs- und Vermögenssteuern. Der Gesamteffekt der Steuern sollte insgesamt so sein, dass die extreme Ungleichheit abnimmt.« Aber auch die anderen Gruppen haben weitreichende Forderungen aufgestellt: Deckelung von Mietpreisen, Kampf dem Leerstand, denn: »Wohnen ist ein Grundrecht & darf kein Geschäft sein.«

Die Bildungsgruppe will Gratis-Kindergärten und -Ganztagsschulen. »Gute Bildung darf in Österreich nicht vererbt werden.«

Die Mehr-Klassen-Medizin soll abgeschafft, und Bürgerräte sollen eingeführt werden.

Die Botschaften, teils seitenlang, werden vorgelesen. Dann soll jeder eine Minute darüber nachdenken, eine weitere mit dem Nachbarn reden und dann – ohne Nachfrage, ohne Debatte – zur Entscheidung kommen. Demokratie im Schleudergang. Wer eine grüne Karte hebt, stimmt zu, Gelb enthält sich, Rot bedeutet Ablehnung.

Die grünen Karten sind jedes Mal in der Mehrheit. Aber bei den meisten Botschaften gibt es auch rote Karten. Und jetzt? Dürfen die Einwände vorgetragen werden? Kann gar diskutiert werden?

Dafür fehlt die Zeit. Zudem wisse man »aus vielen Jahrzehnten Moderationserfahrung«, dass man solche Texte nicht in der großen Gruppe diskutieren könne, sagt das Team.

Habt ihr alle Details der Botschaften verstanden?

»Sicher nicht«, sagt Karin, die Hotelwirtin. Überstürzt hätte sie das Ende empfunden. Die meisten Bürger aber akzeptieren das Verfahren. Sie fühlen sich wohl in der Gruppe, bedanken sich euphorisch beim Team für die tolle Organisation. »Ein einmaliges Erlebnis«, sagt Sepp. Er werde den Rat und die Gruppe nie vergessen. Er ist stolz auf ihren gemeinsamen Erfolg und darauf, dass sie sich bestens vertragen hätten. Aus 50 unterschiedlichen Personen eine Gruppe zu formen ist dem Team hervorragend gelungen. In den Einzelnen das Zutrauen zu wecken, dass ihre Meinung zählt, auch. Man merkt aber gleichzeitig, wo das Verfahren an seine Grenze kommt. Um Botschaften zu umfassenden Themen wie Klima, Wohnen, Steuern oder Bildung zu erarbeiten, bräuchte ein Bürgerrat wohl Jahre. Vermutlich müssten sich die Teilnehmer auch länger und intensiver mit den einzelnen Fragen befassen als nur am Wochenende – Vollzeit, womöglich, wie ein Parlament eben.

Die letzten Meter des gemeinsamen Weges führen am Sonntagnachmittag in den feierlich geschmückten Tagungssaal. Auf einem Tisch hat das Team kleine Geschenke vorbereitet: Mozartkugeln, die in Klopapierrollen stecken, dem Symbol des Rates für großen Reichtum. Das schönste Geschenk aber, das ist offensichtlich, ist, dass Marlene Engelhorn per Zoom zugeschaltet ist und ihnen von der meterhohen Leinwand am Saalende entgegenschaut. Noch größer scheint sie nur in den Dankesworten von Projektleiterin Wang. Sie dankt »der Frau, die das alles ermöglicht hat, weil sie anders handelt als die meisten Überreichen der Welt. Du bist ein Vorbild für alle, die Demokratie leben möchten.«

Tosender Applaus. Und dann ein Moment echter Rührung: Die gehörlose Hildegund tritt vor die Leinwand und bittet Marlene Engelhorn, sie mit einer eigenen Gebärde taufen zu dürfen: Hildegund reibt die Finger aneinander, die Geste für Geld, und hält sie vor ihr Herz. »Geld, ganz nah beim Herzen«, übersetzt die Dolmetscherin. Das solle von nun an Engelhorns ureigener Name sein.

Am letzten Tag hatten sie alle gemeinsam für einen riesigen Blumenstrauß gesammelt als Dank dafür, dass Marlene Engelhorn ihnen die 25 Millionen Euro überließ. Es ist der ehrliche Respekt der 50 Räte davor, dass jemand etwas Neues, etwas anderes ausprobiert.

»Vor dem Mut von Marlene kann man nur den Hut ziehen«, sagt Fritz, der Älteste in der Runde.

Engelhorns Augen sind ganz feucht, da oben auf ihrer

Leinwand. Sie ahnt, dass ihnen allen gemeinsam etwas gelungen ist. Nicht das, was Projektleiterin Wang in ihren überdimensionierten Worten bemüht, als sie sagt: »Dieser Prozess wird in die Geschichte eingehen. Wo die Demokratie startet, ist hier.« Das Experiment hat gerade im Gegenteil gezeigt, wo die Grenzen des Formats liegen. Es ist deutlich geworden, dass Demokratie dringend die gegenseitige Kontrolle verschiedener Instanzen braucht, das intensive Ringen um gute Lösungen und, ja, auch die Möglichkeit, dass Dinge quälend lange dauern und nicht in sechs Wochenenden erledigt werden müssen.

Was aber bleiben wird, ist, dass Engelhorn mit dem Bürgerrat scheinbar Selbstverständliches infrage gestellt hat: dass man über Geld nicht redet oder dass Vermögende für sich beanspruchen, »allein im Hinterzimmer«, wie Engelhorn es formuliert, über ihr Geld zu entscheiden. Was bleibt, ist der Gedanke, den eine der Rätinnen, Friederike, Rentnerin aus Salzburg, so formuliert: Wie schön, dass mal eine Reiche »den unkonventionellen Weg« gegangen ist.

19. Überfluss: Die Reichen und das Klima

Ich weiß noch, wie es war, als ich sie dann zum ersten Mal aus der Nähe sah, die Superjachten, über die ich so superviel gelesen hatte. Das Auto parkte unten in der Tiefgarage am Hafenbecken von Monaco zwischen all den Sportwagen. Auf der sich in einiger Höhe dahinwindenden Anfahrt hatte ich sie schon im Wasser liegen sehen, all die Boote, die bei der Superjacht-Messe präsentiert wurden. Aber der Blick aus der Ferne verschleiert, wie riesig sie tatsächlich sind. Die ganze Größe tat sich erst auf, als ich, die Tiefgaragentreppe rauf und raus, direkt vor ihnen stand. Fahrende Berge, Giganten, grotesk groß. Die nächsten Stunden waren wie ein Rausch. Ich konnte mich nicht sattsehen, nicht müde staunen, verblüfft und gleichermaßen verzweifelt über das, was meine Spezies hier hervorgebracht hatte. Ich lief an den Jachten vorbei wie durch einen Freizeitpark.

Ich sah die *Savannah*, fast so lang wie ein Fußballfeld und hoch wie mehrere Tore, ein Kantersieg des Designs, vier Stockwerke aus Stahl, blaugräulich lackiert. Schimmernd lag sie da, und ich konnte den Blick nicht von ihrer Flanke wenden, denn dort sah ich, über und unter dem Meeresspiegel, die großen Fenster der Nemo-Lounge, über die ich doch so viel gelesen hatte und vor denen, so zumindest das Gerücht, auf Wunsch die Crew im Meerjungfrauenkostüm entlangschwamm, um die Gäste zu unterhalten.

Über die Gangway betrat ich die *Phoenix 2* aus dem Hause Lürssen. Die Bremer Werft gilt als begehrter Bootsbauer der größten Gigajachten. Das Geschäft hat die Inhaber selbst reich gemacht und mit geschätzten 1,2 Milliarden Euro auf die Liste der Superreichen gebracht. Aber zuletzt konnte Lürssen nicht mehr verdrängen, welche, nennen wir es Verstrickungen, ultrareiche Kunden, die 150, 160 Meter lange Schiffe bestellen, im Schlepptau haben können. Nach der russischen Invasion in der Ukraine sanktionierte die EU etliche Superjachten der Oligarchen. Viele davon waren von Lürssen gebaut worden.

Besonders eindrücklich war der Fall der *Dilbar*, einer Riesenjacht, 156 Meter lang, voluminöser als alle anderen auf der Welt, heißt es. Sie lag zum Check-up in der Werft Blohm+Voss, die auch zur Lürssen-Gruppe gehört, als Putin angriff. Und weil Ermittler das 500-Millionen-Euro-Schiff dem russischen Oligarchen Usmanow zuordneten, durfte die *Dilbar* über Monate nicht mehr bewegt werden. Eingefroren. Die Kosten fürs Dauerparken – laut Medienberichten 50000 Euro am Tag – hatte Lürssen zu zahlen. Schließlich erlaubten die Behörden immerhin, die *Dilbar* in einer nächtlichen Spezialoperation umzusetzen. Auf Fernsehbildern kann man sehen, wie der Koloss gegen Mitternacht von zwei Schleppern aus dem Hamburger Hafen Richtung Lürssen-Werft gezogen wird. Die Bedingungen der Behörden: Der Motor der *Dilbar* blieb aus, und an Bord war keine Crew, sondern Mitarbeiter des Zolls.

Aber zurück nach Monaco. Die *Phoenix 2* lag frei im Hafenbecken. Als sich die Schiebetür Richtung Salon öffnete, war ich erschlagen von Samt und Marmor und Kristall. Als schwimmender Art-déco-Palast wurde die *Phoenix 2* angepriesen. Uff. Da sich über Geschmack streiten lässt, bleiben wir bei den unstrittig imposanten Fakten: 90 Meter lang ist die Jacht inklusive silbernem Fabel-Vogel als Galionsfigur. Vier Etagen, die ein Aufzug verbindet. Im Unterdeck: ein ganzer Kinosaal, davor, klar, eine Popcorn-

Maschine. Im Salon: ein selbstspielender Steinway-Flügel, der an diesem Tag »Clocks« der Band Coldplay im Ewig-Loop aufführte. Bei wem sich da nicht der Magen meldet, wird garantiert auch nicht seekrank.

Ich ließ mich von dem charmanten Schweizer Jacht-Makler Peter Hürzeler über die *Milele* führen, erleichtert darüber, dass es die großen Boote auch in schlicht und schön gibt. Helle, lichtdurchflutete Räume, eingepasste, geschwungene Möbel, Materialien wie die europäische Ulme oder der Marmor aus Montenegro. In der »Skylounge«, dem Wohnzimmer im ersten Stock, ein Spieltisch für die Familie, am Schlafzimmer ein ausklappbarer Balkon, auf dem man sitzen und knapp über der Wasseroberfläche einen Kaffee trinken konnte. »Sieht man auf relativ vielen Jachten«, bremste Hürzeler mein Staunen. Jedes Detail sei nach den Wünschen des Eigners gefertigt. »Die Produktion hat begonnen mit einem weißen Stück Papier«, sagte Hürzeler. »Der Eigner hat seinen Traum bauen lassen.« Allein über die Frage, wie die WC-Rolle so in der Wand verschwinden könne, dass nur die ausgerollten Zentimeter sichtbar seien, hätten der Besitzer und sein Stylist lange beraten.

Auf dem Oberdeck sei noch ein kleiner Whirlpool eingebaut worden, als die Eigner Großeltern wurden, ein Baby-Jacuzzi für die Enkel, in dem nun ein paar Spielzeug-Jachten schwammen. Und an den Wänden der Jacht, mein persönlicher Höhepunkt der Führung, hingen sorgsam ausgeleuchtete Gemälde, gemalt von Wolfgang Beltracchi, dem Mann, der mit seinen nahezu perfekt nachgeahmten Fälschungen die Kunstwelt genarrt, betrogen hatte. Hürzeler lachte. »Es sind keine Fälschungen, sondern echte Beltracchis.« Mehr als vier Jahre habe der Bau der Jacht gedauert. »Und im Durchschnitt haben in diesen vier Jahren hundert

Leute an dem Boot gearbeitet.« Rund 50 Millionen Euro habe das Ganze gekostet. Und während man diese Zahlen noch verarbeitete, überraschte Hürzeler mit einer Information, die ich kaum glauben konnte: Im Schnitt würden die Eigner ihre Jachten fünf bis sieben Jahre behalten, sagte er. »Dann will man oft etwas Neues, etwas anderes, etwas Größeres.«

Ich lauschte Till von Krause, dem Manager der zweiten großen deutschen Superjacht-Werft Abeking, andächtig, als auch er erzählte, wie die Boote in den letzten Jahrzehnten immer länger wurden. Wir saßen auf einem Tender, mit dem wir eine Runde außerhalb des Hafenbeckens drehten. Die Gischt spritzte, und es war schwer, sich zu entscheiden zwischen den spektakulären Blicken auf das blaue Mittelmeer, in dem einer Kolonie seltener Tiere gleich noch mehr Gigajachten ankerten, und dem, was von Krause über den großen Längenboom in seiner Branche erzählte. »Das größte Schiff, das wir vor 20 Jahren gebaut haben, war 50 Meter lang«, sagt er. »Wir haben sehr viele Wiederholungskunden. Das heißt, wenn man 50 Meter gebaut hat, dann muss das nächste Schiff vielleicht 70 Meter haben. Dann mussten wir die Halle vergrößern. Ein paar Jahre später will der Kunde dann das nächste Schiff: 100 Meter. Da muss man wieder erweitern, und so ist der Trend immer, immer größer geworden.«

Gerade hatte Abeking eine 118-Meter-Jacht ausgeliefert. Zugelassen für maximal zwölf Passagiere, aber im Kern gedacht für eine Familie – die dann an Bord von einer 30- bis 35-köpfigen Crew versorgt wird. Nichts für Fans von Privatsphäre. (Und übrigens auch nichts für manche attraktiven Häfen, die anzufahren, so dachte ich vorher, doch der Reiz der ganzen Boots-Sache ist. Im Sommer 2023 trieben zum Beispiel einige italienische Häfen wie Neapel oder Capri so manchen Milliardär zur Weißglut, indem sie eine Metergrenze für ihre Häfen ausriefen. Auch deshalb haben die ganz großen Jachten riesige Garagen im Rumpf, aus denen man dann die Beiboote holt, die so lang sind, wie es früher eine ordentliche Hauptjacht war.) »Man hat das Gefühl, dass die Leute immer wohlhabender werden«, sagte von Krause. Auch aus Deutschland zum Beispiel kämen immer mehr Anfragen. Manche Jacht sei vor allem ein Aushängeschild. »Die Leute wollen zeigen, was sie erreicht haben im Leben.«

Dann erzählte er noch von einem ganz besonderen Kundenwunsch. »Ein Kunde, der wollte auf seinem Schiff einen Tennisplatz haben, einen Paddel-Tennis-Platz, der ist zwanzig mal zehn Meter groß. Und da haben wir ein Schiff erarbeitet, das auf dem riesengroßen Achterdeck diesen Tennisplatz hatte. Und dann, so nach einem halben Jahr, sagte der Kunde: ›Ach, das ist doof draußen, das ist ja warm, ich möchte das innen haben‹, und dann haben wir ein Schiff entworfen, das um diesen Tennisplatz herumgebaut wurde.«

Wie gesagt: Es ist ein Rausch. Ein Rausch aus Schiffen und Storys und all dem anderen Unglaublichen, was es in Monaco zu sehen gibt. Die Kundin mit den plüschigen Gucci-Pantoffeln, die freudig posiert. Die Geigenspielerin, die im weißen Kleid wie ein Deko-Element auf dem Achterdeck eines Boots platziert wurde, neben sich eine Teekanne, und die unermüdlich den Bogen über die Saiten zieht. Der Pool im Bauch einer metallicroten Megajacht, der umrahmt von Statuen Anleihen bei einer römischen Therme nimmt. Die Helikopter, die auf manchen Decks parken und das Versprechen grenzenloser Mobilität auf dem Wasser um das in der Luft ergänzen.

Aber vor allem faszinierte mich der neueste Trend der Saison: Auf der *Milele* ließ die Crew, nachdem sie sorgfältig die Hängematte eingerollt hatte, den Holzboden des Sonnendecks emporfahren und legte so die geheime Garage frei, in der, tatsächlich, ein privates Mini-U-Boot parkte. Goldig schaute es aus mit seiner runden Acryl-Glasscheibe, darin zwei Ledersitze, und man hatte natürlich sofort die größte Lust, hineinzuklettern und sich mit dem Bordkran ins Wasser heben zu lassen, um hinabzutauchen in bis zu 100 Meter Tiefe. Eine Million Euro muss man ausgeben für das, was hier *toy* genannt wird, ein »Spielzeug«.

Später würde ich an einem Stand die Augen kaum mehr von dem in Leinen gebundenen Spielzeugkatalog der Firma U-Boat Worx mit dem Titel *The World beneath the Waves* lassen können. Denn dort war der ganz große Bruder des Mini-U-Boots abgebildet, der gerade entwickelt wurde: eine komplett verrückte Kreuzung aus Superjacht und U-Boot, die *Nautilus*, ein tauchendes Luxusquartier für bis zu zehn Gäste. Im Katalog werden Zimmer mit riesigen Bullaugen gezeigt, ein Esstisch, umgeben von einem Real-Life-Aquarium, ein Lounge-Sofa, von dem man in die Tiefsee blickt. (Ein bisschen zerstört wird der Zauber dadurch, dass die Mustergäste trotzdem auf den Bildschirm ihrer Konsole starren. Aber was soll's, man müsste das ja nicht so machen, man könnte, man würde ja nach draußen, ins Meer, sehen.) Wie schön wäre es, ein Wochenende in diesem wahnwitzigen Unterwassergefährt zu verbringen? Wie faszinierend ist es zu sehen, was der Mensch alles erdenkt, wenn das Budget grenzenlos ist.

Wann der Kater in Monaco einsetzte, kann ich nicht genau sagen. Irgendwann am Nachmittag des zweiten Tages, als der Reiz des Neuen endgültig verflogen war? Als die kleinen Hündchen in den Kinderwagen, die aufgespritzten Lippen, die am Sektchen nippten, die beringten und beuhrten Hände, die zu allem Überfluss noch Zigarren hielten, der Stand mit den bunt gefärbten Krokodillederproben nicht mehr zu ignorieren waren? Als auch das Licht und das glitzernde Wasser nicht mehr darüber hinwegtäuschen konnten, dass Geld nicht zwingend mit Geschmack einhergeht?

Spätestens, als am Ende der Jacht-Messe alle Boote zu einem ohrenbetäubenden Hupen ansetzten, nicht melodisch, nicht fantasievoll, sondern einfach nur quälend lang und laut, war die Faszination verflogen, und ich wollte weg von diesem Ort, an dem alles viel zu groß, viel zu protzig, viel zu viel war. Es war, als wäre man in einem der Superjacht-Werbevideos gefangen, in denen in Dauerschleife ein Lifestyle verkauft wird, der beim ersten Anschauen noch beeindruckt, nach dem zehnten Mal aber hohl wirkt wie aus der Retorte, weil immer dasselbe Motiv zu sehen ist: lächelnde, schöne, reiche Menschen, die auf ihrer Superjacht bedient und umsorgt werden. Die Masseurin knetet im Wellness-Raum ihre Rücken, der Personal Trainer arbeitet auf dem Sonnendeck an ihren Muskelpartien, die Stewardess überreicht ihnen strahlend einen Drink, der Koch drapiert die letzte Garnele, während der andere den Fisch oder den Lobster life am Tisch zerlegt.

Manche Jachten, das wusste ich inzwischen aus Gesprächen mit den Crews, kreisten in wochenlangen Warteschleifen *stand by* vor den Häfen, ein Dutzend Leute an Bord, die Kühlschränke gefüllt, um die oben beschriebene Show sofort aufführen zu können, falls der Besitzer den Wunsch verspürte, ein, zwei Tage dort zu verbringen. Manche Schiffe, wie oben erwähnt, waren so riesig, dass sie die vielen Häfen an all den wunderschönen Orten, an die sie die Besitzer hätten bringen sollen, um so viele Dimensionen überragten, dass es nun Zufahrtsverbote für Gigajachten gab. So soll der *Symphony*, dem 101 Meter langen und sechs Etagen hohen Schiff von Frankreichs Luxus-Milliardär Bernard Arnault, im Sommer 2023 der Stopp im Hafen von Neapel verweigert worden sein, weil man hier entschieden hatte, dass alles über 75 Meter einfach zu groß sei. Auf Capri soll die Grenze mittlerweile bei 60 Meter liegen. Eine Art Notwehr gegen die großen Boote, die im Sommer so gern alle dieselbe Strecke fahren, den *Mediterranean Milk Run*, die eingeübte Milchmann-Route im Mittelmeer, die in Cannes oder Antibes beginnt, über St. Tropez oder Portofino nach Sardinien oder auf eine der griechischen oder kroatischen Inseln führt, bevor man in Monaco die Saison ausklingen lässt.

An den Kosten, die in den Ländern hinter den Häfen anfallen, wollen sich viele Eigner lieber nicht beteiligen. Ganz offen steht man in der Branche zu einem gemeinsamen Hobby: der »Steueroptimierung«. Nicht ganz zufällig waren sehr viele Jachten in Monaco auf dem Papier in einem Hafen registriert, der über 8000 Kilometer entfernt war: »George Town«, las ich, Heck um Heck, die Hauptstadt der Kaimaninseln, wo Schätzungen zufolge die Hälfte aller Jachten weltweit gemeldet ist. Während einer Recherche habe ich mal ein paar Tage auf der Hauptinsel Grand Cayman verbracht, diesem winzigen Landkrümel, der damals zwar nur 50 000 Einwohner beherbergte, aber auch fast 100 000 steuerbefreite Firmen und einen großen Teil der weltweit gemeldeten Hedgefonds. Einer der bizarrsten Orte, die ich je gesehen habe.

Ich stand, wie so viele schon, im Foyer des Ugland House,

diesem etwas piefigen verspiegelten fünfstöckigen Bürobau, und suchte die knapp 20000 Firmen, die in diesem einzigen Haus aus Steuergründen gemeldet waren – und sah nicht mal Briefkästen. Ich lief an unzähligen Shops vorbei, in denen es Juwelen, Uhren und Parfüm zu kaufen gab, aber fand lange keinen einzigen Laden, der etwas Lebensnahes wie eine Tube Zahnpasta im Angebot hatte. Ich ließ mir Camana Bay zeigen, eine neue, komplett künstliche Stadt, eine »perfekte Stadt«, wie mir die Marketing-Mitarbeiter weismachen wollten, errichtet mit dem Geld eines gewissen Mr. Dart, Erfinder dieser weißen Schaumstoffbecher, die den Kaffee lange warm halten, ein US-Classic. Mr. Dart, einmal vermögend, trieb dann die Steuerflucht auf die Insel, ein Kaiman-Classic. Und ich saß mit Wirtschaftsprüfern, Versicherungsrechtlern und Hedgefonds-Managern in lauschigen Karibik-Nächten beisammen, um mir bei Bier, Wein oder Gin Tonic erklären zu lassen, wie falsch und naiv meine Fragen nach Moral und Verantwortung seien.

Eigentlich absolut folgerichtig, dass dieser Ort auch der Heimathafen so vieler Superjachten ist; denn denen wird dort das Beste aus zwei Welten angeboten: Da die Kaimaninseln zwar unabhängig sind, aber zum britischen Überseegebiet zählen, genießen die Jachten alle »Privilegien derer, die unter britischer Flagge fahren«, zum Beispiel den Schutz der Royal Navy, nutzen aber gleichzeitig die Vorteile, mit denen die Cayman Islands ganz offen werben: »Steuerfreiheit und Vertraulichkeit«. Ein Deal, bei dem offensichtlich viele Jachteigner freudig einschlagen. Das merkte auch der französische Präsident Emmanuel Macron. Als er die Vermögenssteuer aufhob und als symbolischen Ersatz eine Art Luxussteuer auf Jachten ansetzte, ging das schief: Im ersten Jahr, 2017, wurde tatsächlich nur ein einziges französisches Boot besteuert. Die anderen fuhren offenbar ebenfalls mit französischen Eignern auf dem französischen Mittelmeer herum, waren aber woanders registriert.

(Und wer weiß, wozu die Flagge noch gut sein kann? Auch beim Versteckspiel um die 140-Meter-Jacht *Scheherazade* half George Town mit. Die Jacht, geschätzte 700 Millionen Dollar wert, ist ebenfalls dort gemeldet. Als Eigentümer ist eine Gesellschaft auf den Marshallinseln eingetragen. Alles Camouflage. Auch die *Scheherazade* wurde in der deutschen Werft Lürssen erschaffen und ist angeblich mit einer Art Tarnumhang ausgestattet, einer Abdeckung, unter der sie inkognito bleibt. Vermutlich mit Grund. Seit Jahren versuchen Journalistinnen und Ermittler zu ergründen, wem die Jacht tatsächlich gehört. Recherchen des Teams um den getöteten Oppositionellen Alexej Nawalny legen nahe, dass das Boot direkt oder indirekt dem russischen Präsidenten Putin gehören könnte.)

Und selbst wenn man sich die Ohren und Augen zuhält und all das Gehupe und Geprotze ausblendet, bleibt am Ende etwas, das sich nicht verdrängen lässt: nämlich dass Superjachten für das Klima so etwas sind wie Orcas für die Fische da draußen in den Ozeanen: der ultimative Killer. Vor Südafrika soll ein Orca-Paar zuletzt 17 Haie auf einmal erlegt haben, angeblich weil es ihnen nach deren Leber gelüstete.

Eine Superjacht verbraucht im Schnitt 300 bis 400 Liter Treibstoff pro Betriebsstunde, Tausende Tonnen im Jahr. Das mache sie zum »aus ökologischer Sicht mit Abstand schlechtesten Gut, das man besitzen kann«, urteilt Richard Wilk, emeritierter Professor für Anthropologie an der Indiana University, der gemeinsam mit seiner Kollegin Beatriz Barros in einer Studie ausrechnete, wie groß der CO_2-Abdruck von Milliardärsfüßen ist.[1] Im Schnitt schätzte das Forscherteam die Bilanz der 20 Reichsten in ihrer Probe auf mindestens 8000 Tonnen pro Milliardär und Jahr. Erstaunliche zwei Drittel dieser viel zu vielen Tonnen würden durch ihre Superjachten verursacht, rund 7000 Tonnen pro Boot.

Zum Vergleich: In Deutschland liegt der Schnitt pro Kopf und Jahr bei rund zehn Tonnen CO_2, selbst in den USA sind es »nur« 17 pro Person. Um die Erderwärmung bei zwei Grad zu begrenzen, sollte, Rechnungen von Klimaforschern zufolge, ein Wert von drei Tonnen pro Person nicht überschritten werden. Eine Jacht würde demnach das Budget eines ganzen Dorfes verballern.

Die Frage, die ich aus Monaco mitbringe und die auch nicht verschwindet, als die Erinnerungen an die Boote langsam verblassen, ist diese: Wann kippt der nachvollziehbare Wunsch nach Luxus und wird zu unerträglicher Dekadenz? Und, wo wir schon bei Kipppunkten sind: Ist das in Zeiten, in denen doch dem Letzten klar geworden sein sollte, dass Ressourcen begrenzt sind, noch eine Privatangelegenheit?

Diese Frage ist eine, die lange Zeit gar nicht gestellt wurde. In einem unrühmlichen Pakt schienen sich das Bürgertum und die Verantwortlichen darauf geeinigt zu haben, dass man die Umweltsünder eher am unteren Ende der Einkommensverteilung zu suchen habe. Man echauffierte sich über die, die Billigfleisch kauften, die von ihren Pauschalreisen nach Mallorca nicht lassen wollten, die im alten Diesel durch die Lande tuckerten und mit Öl heizten, die ihr Bier vielleicht sogar aus der Dose tranken und nicht aus der Mehrwegflasche der kleinen Craftbeer-Manufaktur um die Ecke. Inzwischen aber gibt es sehr robuste Datenreihen, die belegen, dass der Lebensstil reicherer Menschen für wesentlich mehr Emissionen verantwortlich ist als der ärmerer, und zwar in allen Dimensionen: Reiche Länder emittieren mehr als arme. Und innerhalb der einzelnen Staaten gilt ebenfalls, dass der CO_2-Ausstoß und der Energieverbrauch mit Einkommen und Vermögen wachsen.

Das reichste Prozent der Weltbevölkerung verursacht 8,5 Milliarden Tonnen des Klimagases CO_2, mehr als die ganze ärmere Hälfte. In Deutschland liegt der Durchschnittswert bei 10 Tonnen pro Kopf und Jahr. Millionäre aber verantworten nach Zahlen des World Inequality Lab im Schnitt über 100 Tonnen. Und Superreiche mehr als 2300 Tonnen Treibhausgase pro Jahr.

Ein ähnliches Bild ergibt sich beim Energieverbrauch: Der Ökonom Yannick Oswald hat in einer Studie den durchschnittlichen Wert ins Verhältnis zum Einkommen (leider nicht Vermögen) gesetzt. Schaut man sich seine Grafik an, sieht man: Die Kurve steigt kontinuierlich an. Je mehr jemand verdient, desto mehr Energie frisst sein Lebensstil, aber fast über die gesamte Verteilung gerechnet verläuft der Anstieg stetig und langsam. Erst ganz rechts, wo die Kurve den Verbrauch der reichsten zehn Prozent beschreibt, schießt sie steil nach oben.[2]

Hans Joachim Schellnhuber ist einer der renommiertesten Klimaforscher der Welt. Er sagt: »In den letzten Jahren hat man gesehen, dass eine wichtige Dimension des Reichtums die Klimaschädlichkeit ist.«[3] Jason Hickel, der an der London School of Economics lehrt, formuliert es in der britischen Zeitung *Guardian* so: Man müsse über Reichtum neu nachdenken, und zwar indem man beschreibt, wie sehr dieser die verbleibenden Klimabudgets erschöpfe. »Im Moment sind allein die Millionäre dabei, 72 Prozent des verbleibenden Kohlenstoff-Budgets für das 1,5-Grad-Ziel zu verbrennen. Wir opfern gewaltige Mengen an Energie, um den exzessiven Konsum einer herrschenden Klasse zu ermöglichen – inmitten eines Klimanotstands. Das ist komplett irrational.«[4]

Das trieb 2023 auch Klimaaktivisten an die Plätze, wo sie die Reichen vermuteten: Auf Sylt besetzten sie einen Golfplatz, demolierten einen Privatjet und besprühten einen Dior-Store. In Berlin ließen sie vom Balkon eines Zimmers im *Hotel Adlon* ein Transparent herab: *We can't afford the superrich*, stand darauf, »Wir können uns die Superreichen nicht leisten«.

So ließe sich auch die Diagnose des Club of Rome zusammenfassen. Die Expertinnen und Experten, deren Club einst nach »Grenzen des Wachstums« verlangte, schreiben in ihrem neuesten Bericht, dass die Ungleichheit eines der zentralen Risiken für das Klima sei. Während die Reichsten den Bärenanteil der Ressourcen verkonsumierten, fehlten den Ärmeren die Mittel, um sich für die Klimakrise zu rüsten. Das Fazit der Forscher: Das Klimaproblem ließe sich (nur) lösen, wenn wir auch die Ungleichheit reduzierten. Ihre Forderung: Die einzelnen Staaten sollten darauf achten, dass die Ungleichheit ein gewisses Maß nicht überschreite. Die reichsten zehn Prozent eines Landes sollten nicht mehr als 40 Prozent des Volkseinkommens besitzen.

Und deshalb schleppe ich diese Frage während der Recherchen überall mit hin. Zu den Jachten, den überdimensionierten Hotels, zu den Privatjet-Terminals und auch an einen besonderen Ort wie eine Werkhalle in Oberpfaffenhofen, ganz in der Nähe des Starnberger Sees. Von dem kleinen Flugplatz starten gerade ein paar Jets, die Gäste waren, das kenne ich schon, im Wagen ans Tor gefahren worden. Drinnen aber bauen ein paar Arbeiter gerade am Prototyp eines ganz besonderen Gefährts: eines Flugboots, einer Kreuzung aus Jet und Motorboot, einem Amphibien-Flieger, der, wie Videos von Testflügen zeigen, auf dem Wasser starten und landen kann. Noch liegt der Rumpf dieses Exemplars nackt da, die Plastikverschalung fehlt. Es wird verkabelt, gelötet, getestet. Spätestens 2025 soll die *Seastar*, so heißt das Prachtstück, in den Verkauf gehen.

Das Straßenschild draußen vor der Halle zeigt an, dass dies ein Ort mit Geschichte ist: Claude-Dornier-Straße 1 lautet die Adresse. Früher arbeiteten hier Tausende Menschen in den Dornier-Werken. Claude Dornier war ein Pionier in der Welt des Flugs. Er lernte unter Graf Zeppelin, konstruierte dann den Urahn des Flugboots, das gerade mit offenem Herzen in der Halle liegt: die *Do X*. Es gibt ikonische Bilder aus den 1930er-Jahren, auf denen zu sehen ist, wie sie vor der Skyline Manhattans im Hudson River landet.

Dornier diente auch den Nationalsozialisten, baute Bomber, war Mitglied der NSDAP, Wehrwirtschaftsführer. Nach dem Krieg gab es Streit darum, ob er als »entlastet« oder als »Mitläufer« einzustufen sei. Je weiter die Geschichte eines deutschen Vermögens zurückreicht, desto seltener ist es »unbefleckt«. Die Dorniers bauten nach dem Krieg einen großen Konzern auf. Anfang der 1980er-Jahre beschäftigten sie 9000 Menschen, machten Milliarden Mark Umsatz, bis sich die Erben überwarfen und die Familie verkaufte – mit einem Geschäft, das bis heute als Coup gilt. Denn die Familie verkaufte ihre Anteile im Prinzip zweimal an Daimler-Benz. Einmal erhielten die Erben 440 Millionen Mark für ihre Anteile. Daimler-Benz hatte aber übersehen, dass sie sich im Vertrag umfangreiche Mitspracherechte hatten zusichern lassen. Es begann eine Verhandlungsschlacht, an deren Ende die Familie Dornier noch einmal 570 Millionen Mark bekam, steuerfrei, wie der *Spiegel* berichtete. Denn die Dornier-Familie hatte »unter anderem festschreiben lassen, dass ›für die Erben der Gesamtbetrag ohne jedwede Steuerbelastung bleibt‹«.[5] Etwaige Forderungen des Fiskus würden zu Lasten von Daimler-Benz gehen.

Aber zurück in die Gegenwart. In der führt Claude Doriniers Enkel Conrado meinen Kollegen Jochen Breyer und mich gemeinsam mit unserer Kamera durch die Hallen. Vor elf Jahren hat er gemeinsam mit chinesischen Unternehmen ein Joint Venture gegründet, um das Flugboot in Serie zu bauen. Die Liste der Menschen, die darauf warten, dass die *Seastar* zu kaufen sein wird, sei lang, sagt er und zählt zunächst viele einleuchtende Einsatzzwecke auf: Das Flugboot könne bei medizinischen Einsätzen in Inselstaaten dienen, als Polizeipatrouille oder als Lieferdienst in Ecken der Welt, die nur übers Wasser zu erreichen sind. Dann aber erzählt er von den anderen möglichen Käufern, den Superreichen, die auf das Flugboot warten, weil es ihr Leben noch einen Tick komfortabler machen wird.

Bislang muss, wer auf die Jacht will, vom Jet mit dem Wagen zum Hafen gefahren werden und dort in ein Zubringerboot steigen. Die *Seastar* aber, sagt Dornier, könne direkt neben der Privatinsel oder der Jacht landen. Es sei sogar möglich, sie dann mit dem Kran aufs Schiff zu heben. *»Unlimited luxurious travelling«*, bewirbt Dornier die *Seastar* in einem der Prospekte. Auf der Vorderseite sieht man das Flugboot, das in rosafarbenem Licht der gerade untergegangenen Sonne neben einer mit Palmdach gekrönten Terrasse inmitten des Meeres parkt. *Rich man's dream*. Auf Dorniers Homepage sieht man eine Fotomontage der *Seastar*, die über die mit Villen bestückten Wedel von Dubais »The Palm« hinwegschwebt. Im arabischen Raum entstünden gerade viele solcher künstlichen Inseln, sagt Dornier. Darauf: potenzielle Kunden.

Rund sieben Millionen Euro soll die Basisversion des Flugboots kosten. Je nach Ausstattungswünschen kämen dann noch Aufschläge dazu. Oder, wie es Conrado Dornier wesentlich eleganter ausdrückt: »Nach oben kann man sich immer spielen. Da kann man noch mal eine Million drauflegen. Aber das ist Geschmackssache.«

Dornier ist ein ausgesprochen sympathischer Mensch, seine *Seastar* faszinierend. Dass er das Ingenieurs-Erbe seiner Vorfahren vollenden will, ist beeindruckend. Aber, wie gesagt, auch hierher, in diese Produktionshalle, folgt die Frage danach, ob man dem Luxuskonsum der extrem Vermögenden Grenzen setzen muss. Darf man, um es konkret zu machen, Menschen erlauben, bei einer Reise mit ihrem Flugboot zu ihrer Superjacht einen so gewaltigen Schluck aus der schon ordentlich geleerten Ressourcen-Flasche zu nehmen?

»Wir haben da in Deutschland eine sehr unglückliche Diskussion«, sagt Dornier. »Sie kennen es ja selber aus der Presse. Das Klima ist nur international zu denken. Und Sie sehen, wie zum Beispiel auf der Arabischen Halbinsel mit Energie umgegangen wird, wie in Asien in großem Stil aufgerüstet wird.« Deutschland sei überhaupt nur für zwei Prozent der weltweiten Emissionen verantwortlich, sagt Dornier. Und davon sollte man nun um jeden Preis zehn oder 20 Prozent einsparen?

Ja, schon, weil jeder Staat natürlich seinen Anteil leisten müsse.

Aber genau das täten ja die Wachstumsregionen nicht,

entgegnet Dornier. »Und wir sollen vorangehen? Und wir sollen zahlen? Und wir sollen es auf uns nehmen? Wir erodieren unsere wirtschaftliche Basis. Das kann nicht gut gehen.«

Fliegen Sie auch privat?

»Ab und zu«, sagt Dornier.

Und haben Sie da manchmal ein schlechtes Gewissen?

»Nein.« Da ist er entschieden. Er zahle hier und da an Projekte, die einen CO_2-Ausgleich anböten, sagt er, das schon. »Aber wie gesagt: Wir sind nicht das Zentrum der Welt, und wenn wir so weitermachen, rücken wir immer mehr an die Peripherie. Woanders wird an der Zukunft gearbeitet, und hier wird die Gegenwart verwaltet.«

Was können wir schon bewirken? Und lässt sich unser Verhalten überhaupt ändern? Das war der Tenor in etlichen Gesprächen mit sehr Reichen, die das Klima touchierten. Ein Milliardär zum Beispiel zeigte sich durchaus nachdenklich. Seine Kinder würden ihn ermahnen, dass er zu viel fliege. »Ich respektiere es«, sagte er. »Und hier und da überlegt man natürlich, ob man zum Beispiel mit der Bahn reisen kann.«

Aber?

»Wenn ich in Lateinamerika bin und mache sechs Länder in sechs Tagen – das kann ich mit einem Linienflug nicht machen.«

Und das stimmt natürlich auch. Das trifft ebenso auf Politiker zu. Und das ließe sich wohl nur ändern, wenn wir uns fragen, ob die engen Zeitpläne wichtiger sind als der CO_2-Ausstoß – wenn man denn etwas infrage stellen will.

Als sich mein Kollege Jochen Breyer nach dem Wochenende in Paris von Hans-Peter Wild verabschiedete, erzählte Wild, er fliege nun auf sein Boot, auf die Jacht.

Haben Sie auch manchmal ein schlechtes Gewissen, auch des Privatjets wegen?, wollte Breyer wissen.

Wild lächelte. Offenkundig fand er diesen Einwand absurd. »Ja, hätten wir das zu Fuß gehen sollen?«, entgegnete er. »Was ist denn die Alternative? Wir hätten mit der Bahn fahren können. Fahrrad? Was hätten wir denn machen sollen?«

Und mit dieser Haltung ist er nun wirklich nicht allein. Der NDR meldete Anfang des Jahres 2023, dass die Zahl der Privatjets, die von deutschen Flughäfen gestartet seien, ein Rekordniveau erreicht habe. Im Schnitt waren es 260 Starts am Tag, zwölf Prozent des gesamten Flugverkehrs. Die meisten Privatjets flogen Kurzstrecke, weniger als 300 Kilometer. Allein hundert Mal im Jahr hüpfte ein Flieger übrigens vom Flugplatz Oberpfaffenhofen, wo Dorniers *Seastar* lagert, ins 50 Kilometer entfernte München, wie die *Frankfurter Allgemeine Sonntagszeitung* berichtete.

An den kleinen Luxus-Jets lassen sich aber auch die inzwischen relativ eingeübten Reaktionen auf den offensichtlich klimaschädlichen Konsum von Prominenten, Politikern und Superreichen studieren. Reaktionen, die allzu häufig nicht die Ebene von Moral und Symbolik verlassen.

Da ist die Social-Media-getriebene Empörung, die ausbricht, wenn jemand im Jet erwischt wird, auf die dann oft auch die Empörung der öffentlich Kritisierten über diese Empörung folgt. (Unvergessen: Die Reaktion des französischen Superstars Kylian Mbappé und seines damaligen Trainers Christophe Galtier, die auf einer Pressekonferenz gefragt wurden, warum ihr Team Paris Saint-Germain statt mit dem Flieger nicht mit Bus und Bahn ins knapp drei Stunden entfernte Nantes gereist sei. Mbappé lachte sich auf der Bühne schlapp. Galtier grinste und machte deutlich, wie absurd er diese Idee fand: »Wir haben überlegt, ob wir nicht mit einem Strandsegler reisen könnten …«)

Da ist der Schrei nach symbolischen Verboten, der vereinzelt laut wird und den zumindest der Amsterdamer Flughafen Schiphol, der ab 2026 keine Starts und Landungen von Privatjets mehr zulassen will, offenbar erhört hat.

Da ist der Wunsch nach höheren Steuern auf die Luxusflüge, der zuletzt auch in einem Brief von Frankreich, den Niederlanden und Österreich an die EU-Kommission formuliert wurde. »Privatjetflüge sind ein Hobby von Superreichen. Es kann aber nicht sein, dass wir alle dafür bezahlen«, hatte Österreichs Klimaschutzministerin Leonore Gewessler dazu gesagt. »Wer unser Klima schädigt, muss auch einen gerechten Beitrag leisten. Denn die Folgen dieser Luxusreisen tragen wir alle.«[6]

Vielleicht wäre ein kleiner Fairness-Boost schon erreicht, wenn die EU Privatjets, genau wie Superjachten, zumindest nicht mehr bevorzugen würde. Denn anders als Anbieter von Linienflügen müssen diese keine Verschmutzungszertifikate im Rahmen des EU-Emissionshandels kaufen.

Und da sind kreative, aber gleichzeitig komplett illusorisch wirkende Konzepte wie das des Klimaforschers Hans-Joachim Schellnhuber. Er schlug vor, dass jedem Menschen das Recht zugewiesen werden sollte, drei Tonnen CO_2 pro Jahr auszustoßen. Rechnet man nämlich die Menge an Klimagasen um, die die Erde noch erträgt, käme man bis Mitte des Jahrhunderts auf drei Tonnen pro Jahr und Person. So viel wird schon durch einen einzigen innerdeutschen Privatjet-Flug verursacht. Wer also mit seinem Budget nicht hinkomme, weil er zum Beispiel privat fliegen wolle, müsse sich Kapazitäten dazukaufen, schlägt Schellnhuber vor. Zum Beispiel von ärmeren Menschen, die sich, indem sie Mbappé oder einem Milliardär den gewünschten Flug ermöglichen, etwas dazuverdienen könnten.

Die Idee hat einen gewissen marktwirtschaftlichen Charme. Bleibt aber die Frage, wie man Budget und Verbrauch ohne eine komplette Überwachung des Einzelnen messen will. Und es bleibt vor allem die Frage, warum es uns nicht gelingt, zumindest die harmlose kleine Schwester des Schellnhuber-Konzepts umzusetzen: »Klimadividende« oder »Klimageld« genannt.

Schon lange verfolgen Ökonomen und Politiker den durchaus smarten Plan, die Mechanismen des Marktes für den Schutz des Klimas einzuspannen. Seit jeher nutzen Staaten Steuern und Gebühren, um das Verhalten der Bürger zu lenken. Ein Klassiker ist die Tabaksteuer. Um Menschen vom Rauchen abzuhalten, ohne es gleich ganz zu verbieten, wird es verteuert. Genau wie Alkohol oder Zucker, der in vielen Staaten ebenfalls besteuert wird. (Der russische Zar Peter der Große führte einst gar eine Bartsteuer ein, weil er wollte, dass seine Landsleute im Gesicht glatter, europäischer aussahen. Absurde Idee. Obwohl? Mit einer Schnauzbart-Steuer könnte sich mancher Hipster-Bezirk des Landes sanieren – wäre bedenkenswert.)

Aber zurück zum Klima. Ganz ähnlich läuft es schon jetzt mit der CO_2-Abgabe, die das klimaschädliche Gas in den nächsten Jahren immer teurer machen wird. Ähnlich funktioniert der europäische Emissionshandel: Unternehmen müssen Verschmutzungszertifikate kaufen, die Jahr für Jahr knapper und somit teurer werden. Der Mechanismus ist clever, als Einzelmaßnahme aber auch verdammt unfair. »Pauschal erhobene Steuern gehen erst einmal besonders zulasten der Armen. Für wohlhabende Menschen spielt es keine große Rolle, ob der Liter Sprit von 1,50 auf 2,00 Euro verteuert wird«, schreiben Jørgen Randers und Till Kellerhoff vom Club of Rome.[7] Zudem müsste der CO_2-Preis schon demnächst dramatisch steigen, um den Ausstoß wirklich im notwendigen Maß runterzubekommen. Kaum vorstellbar, dass das ohne soziale Unruhen abliefe. Die französischen Gelbwesten trieb schon weit weniger auf die Barrikaden. Kaum möglich, dass dann nicht doch eine Partei im Wahlkampf dem populistischen Versprechen verfiele, den Preis wieder runterzudrücken.

Expertinnen und Experten fordern deshalb eindringlich, die CO_2-Abgabe dringend und sofort durch eine »sozialen Komponente« zu ergänzen, durch das Klimageld oder die Klimadividende. Das Ganze sähe dann so aus: Wer CO_2 ausstößt, zahlt seine Gebühr auf, vereinfacht gesagt, eine Art Klimakonto. Am Ende werden die Milliarden, die dort auflaufen, durch alle Bürger geteilt und pro Kopf wieder ausgezahlt. Da Reiche im Schnitt viel mehr CO_2 verantworten, müssten sie auch mehr zahlen. Ärmere, die meist sehr viel klimafreundlicher leben, oder Familien, denen das Geld ja auch pro Kopf gezahlt würde, würden ein Plus machen. Würde dann also beispielsweise ein deutscher Milliardär zu einem Weltraumflug aufbrechen, wie ihn sich Jeff Bezos und Richard Branson gönnten und dadurch 300 Tonnen CO_2 verballerten – so viel wie 30 Deutsche im Schnitt pro Jahr verursachen –, müsste er ordentlich in die Kasse zahlen, aus der am Ende verteilt würde.

Bitter, dass dieses elegante Konzept in Deutschland bislang am mangelnden politischen Ehrgeiz scheitert, obwohl es eigentlich zum Jahr 2025 versprochen worden war und sogar im Koalitionsvertrag der Ampel-Koalition stand. Es wäre ein Weg, die beiden drängenden Krisen, die ökologische und die soziale, die nun mal »miteinander verwoben« seien, wie Randers und Kellerhoff vom Club of Rome es formulierten,[8] auch verwoben anzugehen. Es wäre ein Anfang, Klima und Ungleichheit zusammenzudenken.

Inzwischen kenne ich Sebastian gut genug, um vorauszuahnen, dass all das an ihm nicht scheitern würde. Er selbst versucht seit Längerem, sein Leben trotz seines Vermögens klimaverträglicher zu gestalten. Er wohnt auf relativ wenig Fläche. Er fliegt seltener. »Einfach mal so nach Südspanien, das mache ich eher nicht mehr«, sagt er. Wann immer es geht, sind Zug und Fahrrad die Verkehrsmittel seiner Wahl. Andere Familienmitglieder aber hätten einen eher vermögenstypisch großen CO_2-Fußabdruck. Sie fliegen zum Teil Business- oder First Class, auch auf kurzen Flügen, was Sebastian nicht versteht. (Schätzungen zufolge erhöht das den CO_2-Ausstoß um den Faktor zwei bis drei) Sie machen lange Kreuzfahrten, haben große Häuser mit Pools. Er wählt für seine Verhältnisse harte Worte, als er sagt: »Diese Sorglosigkeit, mit der ein zerstörerischer Lebenswandel einhergeht, die ist schon schwer auszuhalten, wenn man selber versucht, sich die Folgen des eigenen Verhaltens bewusst zu machen.«

Streitet ihr darüber?, frage ich.

»Nicht mehr. Ich hatte so eine passive, aggressive Art, das immer mal wieder anzumerken.« Er ätzte zum Beispiel: »Da gönnt ihr euch aber eine aufwendige Reise mit dem Kreuzfahrtschiff« oder »Das ist aber ein sehr großes Haus«. Damit habe er inzwischen aufgehört, sagt er. Er merkte, dass er damit kein innerfamiliäres Klima schafft, in dem gute Diskussionen über das Klima gelingen können. Irgendwo sei das auch verständlich, sagt er. Ihm sei schließlich auch klar, dass er sich nicht immer so verhalte, dass er klimatechnisch über alle Zweifel erhaben sei. Er versuche jetzt eher mit seiner Familie darüber zu reden, was man im Unternehmen oder bei der Vermögensanlage ändern könne. »Da liegt sicher der größere CO_2-Fußabdruck«, sagt er, nicht beim privaten Lebensstil.

Ob er die Debatten, die sich ums Private drehen, um Privatjets, um Privatjachten, um die Klimafolgen dieses privaten Konsums der Superreichen unwichtig fände, frage ich.

»Nee, superwichtig«, sagt Sebastian. »Ich führe sie nur nicht mehr.«

Dann erzählt er von dem, was ihn erstaunt: Er kenne keine Vermögenden, die die Klimakrise noch komplett leugnen würden, sagt er. Da habe sich in den letzten zehn Jahren viel verändert. »Aber aus der Erkenntnis folgt nicht, dass man sich aktiv gegen den Luxuskonsum entscheidet.«

Er nennt ein Beispiel: Nehmen wir einen Flug von vier Stunden Dauer. Ob Businessclass oder First Class würde doch da für den Komfort keinen Unterschied machen. Für das Klima schon. Warum fliegt man dann nicht Economy? »Ich verstehe es nicht«, sagt Sebastian. »Ich könnte den Luxuskonsum dann gar nicht so genießen.« Man müsse doch »einen gewaltigen inneren Aufwand betreiben, um die Folgen des eigenen Handels auszublenden«.

Ich verstehe es schon. Letztendlich ist es doch das, was die allermeisten von uns tun, nur nicht im First-Class-Modus, sondern in der Standard-Version: doch noch mal nach Ibiza fliegen, doch noch mal Steak auf den Grill, doch noch mal mit dem Auto zum Bäcker, doch noch mal eine Gasheizung einbauen, die Einfahrt zupflastern oder plastikverpacktes Essen to go kaufen. Die Folgen des eigenen Handelns ausblenden, das vermögen Masse und Milliardäre ähnlich gut. Nur verursacht die Verdrängungstaktik der Reichen im Schnitt eben mehr Tonnen CO_2 als die des Durchschnitts.

Und noch einen Unterschied gebe es, sagt Sebastian. Preiserhöhungen, die, wie beschrieben, ja oft als Steuerungsinstrument diskutiert werden, bewirkten in seiner Vermögensliga wenig. Unter Hochvermögenden sei fast »keine Preissensitivität mehr da«, sagt er. Will heißen: Ihnen wäre es wohl egal, wenn Flug oder Kreuzfahrt das Doppelte oder Dreifache kosteten. Vielleicht wäre es sogar ganz angenehm, dann würde man sich die Normal-Konsumenten vom Leibe halten.

»Ich finde Verbote und Regulierungen deshalb sinnvoller«, sagt Sebastian. Freiwillig verzichteten eben die wenigsten. Wenn es aber nicht anders ginge, würde sicher vielen klar, dass »am Ende ein Verzicht auf diesen Luxuskonsum auch gar nicht so schlimm wäre«.

Ein paar Mal sei es zuletzt ja vorgekommen, dass es so etwas wie »Verbote« gab: Der Urlaub auf den Malediven musste abgesagt werden – wegen Covid. Eine Kreuzfahrt fiel aus, wegen der Suez-Kanal-Sperrung. Das Schwimmbad im Keller durfte während der Gaskrise nicht beheizt werden. Seine Verwandten hätten das recht gelassen hingenommen. Es habe nicht so gewirkt, als seien das »krasse Einschnitte« gewesen, sagt Sebastian. »Das hängt für mich damit zusammen, dass der Großteil eben sauunnötiger Luxuskonsum ist«, meint: nichts, was man wirklich für ein gutes Leben braucht. »Für mich war das interessant zu beobachten und wirklich ein Argument dafür, dass man manche Sachen einfach verbieten könnte.«

So einfach wird es wohl nicht gehen. Wie so oft lauern hinter einem »einfach« Dutzende Vielleicht-doch-Nicht. Wer definiert, welcher Konsum unnötiger Luxus ist? Bleiben wir mal beim recht profanen Privatjet. Wenn jemand damit zum Shoppen nach Mailand fliegt, dürfte die Sache klar sein. Aber was ist, wenn Taylor Swift von Konzert zu Konzert jettet? Oder Spitzenpolitiker zu Gipfeln? Notwendig, oder auch per Linie zu machen? Und ab wie vielen regulären Flügen fällt man ins Luxussegment?

Selbst wenn das aber alles zu klären wäre – wäre der Widerstand gegen solche Einzelverbote nicht jedes einzelne Mal riesig?

Ich denke an die Klima-Dokumentation, in der auch der Vorschlag von Professor Schellnhuber auftauchte, der ja von festen Kontingenten träumte. Dort begleiteten die Reporter einen Maserati-Fan auf eine Ausfahrt mit seinem Oldtimer-Club. Auch er sah die Gefahren der Klimakrise. Seine Vergnügungsfahrten waren offenkundig Liebhaberei, Luxus also. Aber darauf verzichten? Da war er wenig kompromissbereit und sagte: Verbote würden sich Menschen, die sich ihren Konsum erarbeitet hätten, nicht gefallen lassen. Sie würden sich wehren. Der Mann setzt stattdessen darauf, dass neue Technologien nicht nur das Klima retten, sondern auch ihn und andere vor lästigen Verbots- und Verzichtsdebatten bewahren werden. Wer weiß schon, welche Erfindungen die Zukunft bereithält?

Die Wette auf Technologie – das ist der goldene Exit, den sich auch viele Superreiche für ihr Klima-Konsum-Dilemma erhoffen. So wie Facebook-Mitgründer Dustin Moskovitz, George Soros oder Bill Gates. Sie alle investieren in eine Technik, die SRM heißt, Solar Radiation Management. Ein monumentaler Eingriff, Geoengineering, mit dem die Atmosphäre, so die Hoffnung, wieder abgekühlt werden könnte. Dazu müssten Aerosole von einer extrem hoch fliegenden Flugzeugflotte in die Luft gesprüht werden, die die

Sonne etwas abdunkeln und ihr so einen Teil ihrer Kraft nehmen würden. George Soros schwärmte auf der Münchner Sicherheitskonferenz davon, auf diese Art und Weise die Arktis wieder »einzufrieren«. Er sagte: »Menschliche Beeinflussung hat ein zuvor stabiles System zerstört, und es bedarf des menschlichen Erfindergeistes, um es wieder in Ordnung zu bringen.«[9]

Vielleicht besteht eine kleine Chance, dass das gelingen könnte. Vielleicht hätte so ein Eingriff aber auch unvorhersehbare Folgen. Vielleicht würde er zum Kollaps ganzer Ökosysteme führen, wie Klimaforscher warnen. Ob wir diese Wette eingehen sollten, nur weil einige bereit sind, von ihren Milliarden ein paar Millionen auf die Verdunklung der Sonne zu setzen?

20. Genug ist genug – Braucht es eine Diskussion über eine Reichtumsgrenze?

Stellt man das Präfix »über« vor ein Wort, wandelt sich die Bedeutung oft vom Neutralen ins Negative. Die »Überdosis« macht aus einer schlichten Mengenangabe den Todesschuss, »Übergewicht« die Kilos zur Krankheit, »Überbevölkerung« Babys zu Problemen. Seit Kurzem gibt es Stimmen, die versuchen, neben diesen kritischen »über« ein neues in die Debatte zu drücken, eines, das dem strahlenden Onkel-Dagobertesken Wort »Reichtum« seinen Glanz nehmen soll: »Überreichtum«. Ein neuer Begriff für das »zu viel«, das viel, viel zu viel an Geld. Solche Mengen an Geld, so die Kernthese derer, die von »Überreichtum« reden, dass sie nicht nur den Einzelnen kaputtmachen, sondern auch die Demokratie und den Planeten. Überreichtum, lese ich, sei übergefährlich, überzerstörerisch, überhaupt nicht akzeptabel. »Die Überreichen sind die gefährlichste Parallelgesellschaft«, sagt Marlene Engelhorn.[1]

Der österreichische Ökonom Martin Schürz hat 2019 ein Buch mit dem Titel *Überreichtum* geschrieben, meines Wissens das erste, das diesen Begriff geprägt hat. Am Anfang seines Textes merkt er an: »Überreichtum ist ein ungewöhnliches Wort.«[2] Es stammt wohl aus dem Kopf des Philosophen Platon, der mit dem Begriff »Überreiche« Menschen bezeichnete, die aus seiner Sicht lasterhaft waren. Schürz versucht nun den »schillernden Begriff neu zu deuten, um die dramatische Vermögenskonzentration im 21. Jahrhundert besser zu verstehen«. Das Wort »überreich« beinhalte aus seiner Sicht das Urteil, dass jemand zu viel hat, dass es eine Grenze geben könnte, ab der es nicht mehr moralisch vertretbar sei, weiteres Privatvermögen anzuhäufen.[3]

Schürz' Buch über den vermeintlichen »Überreichtum« hat in Österreich Preise gewonnen und wurde rege diskutiert. Ich habe es vor fast zwei Jahren gelesen, als ich diese Recherche während eines Stipendiums am Exzellenzcluster »Politics of Inequality« der Universität Konstanz begonnen habe – und dann bald wieder zugeschlagen. Denn »überreich«, das merkte ich, war ein Begriff, mit dem ich mich schwer anfreunden konnte. Er klingt nach vielem, was mir zuwider ist: nach Standardisierung, einem Hang dazu, alles, was aus der Reihe ragt, weil es zu laut, zu ungewöhnlich, zu ehrgeizig, zu erfolgreich ist, schief anzusehen. Zudem – ich glaube, das ist deutlich geworden – erschließt sich mir der Reiz des Reichtums durchaus. Geld ebnet den Weg zu vielem Schönen. Geld kann Ermöglicher sein. Geld kann Sorgen nehmen. Viel Geld, so schien mir die logische Gleichung, potenziert all diese Verheißungen. Nun sollte es eine Grenze geben, ab der aus dem Bonus ein Malus wird? Nun sollte sehr, sehr viel Vermögen an sich ein Problem sein – nicht nur als Kehrseite des Mangels, der Armut?

Wie gesagt, ich schob diese Frage nach einer kurzen gedanklichen Stippvisite beiseite, duckte mich weg vor ihr. Während meiner Recherche aber drängte sich immer wieder die Ahnung in den Vordergrund, dass es tatsächlich einen Punkt geben könnte, ab dem die Masse des Geldes, die sich bei einer Person ballt, zum Problem werden könnte.

Da ist das Offensichtliche: die Frage nach dem Klimawandel und das Wissen darüber, dass die Konsummöglichkeiten endlich sind, dass immer mehr Flüge, immer größere Häuser mit gigantischen Pools, Jachten groß wie Fußballplätze selbstzerstörerisch sind. Schon jetzt bräuchten wir drei Planeten, wenn alle Menschen leben wollten wie wir in Deutschland. Neun wären es, wenn alle den Lebenswandel der Einwohner Katars kopieren würden. Wie viele wir bräuchten, wenn der Millionärs-Lifestyle Standard wäre, lässt sich nur grob schätzen: 25? 30?

Es ist logisch, dass sich die Idee der Demokratie mit einer allzu großen Ungleichheit der Vermögen beißt, beruht sie doch im Kern auf dem Ideal der politischen Gleichheit. »Geburt und Vermögen sind offenbar die beiden Umstände, welche einen Menschen über den anderen am meisten erheben«, schrieb schon Adam Smith in seinem Buch *Der Wohlstand der Nationen*, einem Klassiker.[4] »Sie sind die beiden Hauptquellen des Unterschieds zwischen den Personen und folglich die Hauptursachen, wodurch Oberherrschaft und Unterordnung unter die Menschen kommen.«

Man muss gar nicht in die USA schauen, wo die Mehrheit der Kongressmitglieder Millionäre sind und wo der ehemalige US-Präsident Trump verkündete, dass er in seinem Kabinett lieber reiche als arme Menschen habe, um zu verstehen, dass Geld auch in einer Demokratie Macht bedeutet. Dem Soziologen und Ökonomen Max Weber bedeutet Macht die Chance, seine eigenen Interessen auch gegen Widerstände durchzusetzen.

Sehr viel Geld verschafft zahllose dieser Chancen. Seien es direkte Kontakte in die Politik, sei es ein Budget für Lobbyisten, sei es die Gelegenheit, sich Medienunternehmer oder Plattformen zu kaufen. Oder der zarte Hinweis, welch große Hebel man bewegen könnte als Reaktion darauf, dass einem politische Entscheidungen nicht gefallen. Entsprechend folgerichtig scheint es mir, dass Politikerinnen denen, die im Zweifel Hunderte Millionen Investitionen in die eine oder andere Richtung lenken könnten, intensiver zuhören als den vielen anderen. »Interessensdemokratie« nennt der Philosoph Christian Neuhäuser diese Staatsform, die da zu entstehen droht.

Auch das Ideal einer Leistungsgesellschaft, an das sehr viele glauben, verträgt Ungleichheit wohl nur in Maßen. Ich finde es richtig, dass diejenigen, die ein Risiko eingehen und mit ihren Ideen erfolgreich sind, vom Markt belohnt werden. Mich überzeugt, dass Menschen, die sich anstrengen, die bereit sind, sich einzusetzen, die auch unangenehme Aufgaben erledigen, auch monetär profitieren sollen. Ich halte die Marktwirtschaft für ein extrem cleveres System. Wenn es darum geht, Wohlstand zu schaffen, Probleme zu lösen, Neues zu erdenken, den Menschen die Dinge zu liefern, die sie wollen, ist sie allen anderen Systemen überlegen. Sie vereint das mit der größtmöglichen persönlichen Freiheit. Und ich bin der Meinung, wer auf diesem Markt Erfolg hat, sollte ihn in der Währung erhalten, in der wir Anerkennung verteilen: in Geld. Und er oder sie hat auch das Recht, mit diesem Lohn abzüglich der Gemeinschaftskosten zu tun, was er oder sie mag. Der Schutz des Privateigentums ist ein wesentliches Versprechen, das der Staat seinen Bürgern macht.

Aber auch diese Logik kann nicht jeden Abstand erklären. Eine Milliarde sind tausend Millionen Euro. Die reichsten Deutschen haben also, in Millionen gerechnet, ein geschätztes Vermögen von sagenhaften 50000 Millionen Euro. Angenommen, jemand würde sein ganzes Leben arbeiten – vom 20. bis zum 65. Lebensjahr, und zwar, seien wir großzügig, 50 Stunden die Woche. Wie hoch müsste der Stundenlohn sein, um am Ende auf 50 Milliarden Euro zu kommen? Die Antwort: mehr als 400000 Euro die Stunde,

45 Jahre lang, ohne Urlaub. Das kann man nicht mit größerer Anstrengung, mit mehr Leistung begründen. Hinzu kommt, dass ja eine wesentliche Leistung, die einem die ganz großen Vermögen verschafft, die Geburt ist.

Und selbst auf der banalsten Ebene, im Zwischenmenschlichen, bleibt die Frage: Wie viele Millionen Euro Abstand vertragen zwei Menschen, die sich auf Augenhöhe begegnen wollen?

Sebastian und ich haben uns rege bemüht. Er war offen, ich neugierig. Und es bleibt ein Trotzdem. Sebastian sagt, dass es Dinge im Leben Nicht-Reicher (oder Nicht-ganz-so-Reicher) gibt, die er einfach nicht nachempfinden kann. Er kenne zum Beispiel »kein Gefühl von Knappheit«, sagte er bei einem unserer letzten Treffen. »Da kann ich mich nicht in andere hineinversetzen.« Sogar wenn er mit Menschen spreche, die ebenfalls vermögend seien, Millionäre vielleicht, aber eben nicht so reich wie er, würde er heraushören, dass die immer die Endlichkeit ihrer Mittel mitdächten, dass sie über »Sicherheitspuffer« und »Reserven« redeten.

Sebastians finanzielles »Sicherheitshintergrundgefühl« sei immer unendlich gewesen, sagt er. Er habe mal einen Vergleich gelesen, den er überzeugend fand: Einkommen sei wie Wasser, das in eine Badewanne fließt. Das Vermögen aber sei das, was schon drin ist. Seine Wanne ist so gut gefüllt, dass es jenseits aller Vorstellungskraft ist, dass er da einmal auf dem Trockenen sitzen könnte.

Und ich kann mir allen Bemühungen zum Trotz nicht vorstellen, wie es ist, in eine so volle Wanne hineingeboren zu werden. Ich schaffe es weder, die Dimensionen seines Reichtums wirklich zu erfassen, noch – und das ärgert mich viel mehr –, sein Geld in unseren Gesprächen auch einfach mal auszublenden und ganz und gar und ausschließlich den Menschen zu erkennen, nicht den Milliardärssohn. Vielleicht liegt das an mir. Vielleicht gibt es aber auch Abstände, die zu groß sind, um sie zu überbrücken.

Vermögen macht Menschen überlebensgroß. Schon Adam Smith beobachtete die Neigung vieler, »die Reichen und Mächtigen zu bewundern und beinahe göttlich zu verehren«.[5] Abigail Disney, die Großnichte von Walt, sagt, dass das dazu führen könne, dass man sich als reicher Mensch für »die Sonne hält, die auf- und untergeht. Du nimmst etwas Gottähnliches an, das nur schwer abzuwehren ist.«[6]

Auch Sebastian bemerkt, dass ihm andauernd Fähigkeiten zugeschrieben werden, nur weil er reich sei. Er würde gefragt, wie denn ein Steuersystem aussehen solle, welche Visionen er für die Zukunft der Gesellschaft habe. »Wieso?«, fragt er. Er sei in eine reiche Familie hineingeboren. Mehr nicht. Einer seiner Vorfahren hatte einmal besondere Fähigkeiten. Er spüre bei vielen die Erwartung, dass nicht nur das Geld, sondern auch dieses Herausragende mit dem Blut seiner Vorfahren an ihn weitergegeben worden sei. »Das hat etwas Royalistisches. Das finde ich seltsam und extrem verstörend. Das passt nicht in eine Demokratie.«

Vielleicht müssen wir uns also doch herantasten an die Frage, vor der ich mich zu drücken versuche, seit ich begonnen habe, mich mit Millionen und Milliardären zu befassen. Brauchen wir eine Debatte darüber, ab wann aus Reichtum Exzess wird?

Wie unbefriedigend unpräzise der Begriff »reich« ist, wurde schon zu Beginn dieses Buches thematisiert. Wissen Sie noch? Als hätte man für alle Temperaturen zwischen lauwarm und kochend heiß nur ein Wort zur Verfügung.

Dehnen wir diese Metapher aus: Wir haben, wenn es um Geld geht, zwar einen gesellschaftlichen Gefrierpunkt definiert, die Armutsgrenze, aber keinen Siedepunkt. Gibt es nicht nur ein Zuwenig, sondern auch ein Zuviel? Und wie in aller Welt sollte sich das bemessen lassen?

Liest man sich durch die Jahrhunderte, findet man immer wieder Einzelne, die sich mit dieser Frage befasst haben. Man könnte den Zeitstrahl schon vor weit über 2000 Jahren beginnen lassen, als Platon, der den Überreichtum zum ersten Mal ins Spiel brachte, auch über mögliche Obergrenzen des Besitzes philosophierte. Er war besonders rigoros und schrieb, in einem idealen Staat gebe es sowohl einen Mindest-Landbesitz für Arme als auch eine Obergrenze. Er schlug vor, dass der Gesetzgeber Reichen »den Erwerb des Doppelten und Dreifachen, ja Vierfachen freigeben« solle, mehr aber auch nicht.[7]

Näher an unserer Gegenwart und weitaus konkreter waren die Überlegungen von Huey Long, der ab den späten 1920er-Jahren Gouverneur von Louisiana und US-Senator war. Von seinen Zeitgenossen wurde er (zu Recht) als autoritärer Demagoge beschimpft, aber auch als Retter der Armen bewundert. (In der preisgekrönten Biografie über Long heißt es, er sei weder Heiliger noch Teufel gewesen, sondern eine komplexe und heterogene Mischung aus Gut und Böse.) Long stellte in einer Radiosendung im Jahr 1934 seinen radikalen Gegenentwurf zu Franklin Roosevelts Reformen nach der Weltwirtschaftskrise, dem *New Deal*, vor: den *Share Our Wealth*-Plan.

Long argumentierte, wenn Menschen mehr besäßen, als sie, ihre Kinder und Kindeskinder jemals würden ausgeben können, dann hätten sie mehr als genug. Er zog diese Grenze bei 100 Millionen US-Dollar. Außerdem forderte er, Einkommen auf eine Million im Jahr und Erbschaften auf fünf Millionen Dollar zu begrenzen. Aus den Einnahmen wollte er zahllose soziale Wohltaten finanzieren – von einem Jahreszuschuss für jede Familie über Bildungsprogramme bis zu einem Krieg gegen heilbare Krankheiten. Da er für seine Ideen im Senat keine Mehrheit fand, gründete er die Share Our Wealth Society, ein Netz aus Vereinen, die für seine Idee kämpften. Schon ein Jahr später gab es 27000 solcher Clubs mit mehr als sieben Millionen Mitgliedern. Long träumte sehr laut von einer Präsidentschaftskandidatur. Im September 1935 wurde er von einem Attentäter angeschossen und starb kurz darauf.

Vor wenigen Wochen veröffentlichte die Ökonomin und Philosophin Ingrid Robeyns ein Buch, in dem sie die Frage der Vermögensobergrenze gleich zum Kern einer neuen Denkschule kürte. *Limitarismus* heißt der Band. Seit zehn Jahren, so ist darin zu lesen, erforsche sie die Frage, ob Menschen zu reich sein können. Robeyns schreibt: »Als allgemeines Konzept markiert die ›Wohlstandsobergrenze‹ das Maß an persönlichem Reichtum, das uns, wenn es erst einmal erreicht ist, volle Entfaltung ermöglicht. Jenseits dieser Grenze hat ein weiterer Vermögenszuwachs keine signifikante Auswirkung auf die Lebensqualität eines Menschen mehr.«[8]

Ein Teil ihrer Arbeit bestand darin, herauszufinden, wo diese Grenze liegen könnte. Gemeinsam mit einem Team führte sie an der Universität Utrecht eine Studie durch, die der anfangs erwähnten Befragung zu Wohlstandsniveaus aus London gleicht. Auch Robeyns und ihr Team wollten wissen: Ab welchem Lebensstandard ist man superreich? Ab welcher Summe wird aus Wohlstand Exzess?

Über 80 Prozent der Befragten trauten sich ein klares

Urteil zu. Könne sich eine Familie ein eigenes Haus leisten, dazu ein Feriendomizil, Urlaube, Autos, und hätte diese Familie dann noch Ersparnisse von einer oder mehr Millionen Euro, sei sie sicher »superreich«, habe mehr, als man für ein Leben in großem Wohlstand brauche. Die Forschenden rechneten die beschriebenen Güter in Euro um und kamen zu folgendem Fazit: »Aufgrund dieser Studie konnten wir erschließen, dass die Einwohner der Niederlande mehrheitlich der Ansicht sind, dass man nicht mehr als 1 Million Euro pro Person (oder 4 Millionen Euro für eine vierköpfige Familie) braucht, um ein sehr gutes Leben zu führen.«[9] Übrigens sind das auch die Dimensionen, die mir die Bürgerinnen und Bürger aus Engelhorns »Gutem Rat« nannten, als ich auch unter ihnen eine Mini-Befragung startete zum Thema: Wie viel Geld wäre wirklich genug?

Mehr als eine Million kann man nicht wollen, sagte Sepp aus der Steiermark sofort. »Dann spielt Geld doch wirklich keine Rolle mehr.«

Im Höchstfall fünf Millionen, waren sich die Tiroler Wirtin Marion und Susanne, die in einem Trachtengeschäft arbeitet, einig. Mit dem Betrag wäre man alle Sorgen los und könnte noch einiges in der Familie weitergeben. »Ich könnte mir ein Eigenheim kaufen«, sagte Susanne. »Einen Bungalow hätte ich gerne, aber Vierkant und in der Mitte einen Swimmingpool.« Doch selbst mit diesem Wunsch wäre das Geld ja noch nicht verbraucht.

»Es muss ein Trieb sein, dass manche trotzdem mehr wollen«, sagte Sepp. »Immer mehr, weiter, weiter. Für wen und für was?«

Aber zurück zu Ingrid Robeyns und ihrem Limitarismus. Sie schreibt: Offensichtlich habe Geld jenseits der Million wenig zusätzlichen Nutzen. Überschüssiges Geld aber sei etwas, das man ohne Weiteres entbehren könne. Warum, fragt sie, sollten Menschen »auf diesem Geld hocken, wenn es anderswo so viel Gutes bewirken kann«?[10]

Um sich aber nicht in kleinteilige Debatten zu verstricken, rundet sie die Million großzügig auf und definiert ihren Siedepunkt schließlich so: »In einem Land mit einem ähnlichen sozioökonomischen Profil wie den Niederlanden, wo ich wohne, sollten wir eine Gesellschaft anstreben, in der niemand mehr als 10 Millionen Euro besitzt. Es sollte keine Dekamillionäre geben. Diese Grenze in Euro, Dollar oder Pfund gilt in etwa für die meisten entwickelten Volkswirtschaften.«[11] Vermögen oberhalb dieser Schwelle zu horten beschreibt sie als unmoralisch, als ethisch nicht begründbar.

Der österreichische *Überreichtum*-Autor Martin Schürz hat gemeinsam mit dem Ökonomen Markus Marterbauer noch ein zweites Buch geschrieben, in dem auch die beiden eine Zahl für eine Vermögensobergrenze nennen: eine Milliarde Euro.

Warum?, frage ich Marterbauer im Interview.

Sie seien immer wieder aufgefordert worden, eine Zahl zu nennen, sagt er. »So ist es dann zu der Milliarde gekommen. Als Symbol.« Um eine Größenordnung zu haben, um die sich die gesellschaftliche Debatte dann ranken könne.

Zwischen Platons Vierfachem und der Milliarde Euro der österreichischen Ökonomen liegt offenkundig ein weites Feld. Offensichtlich habe ich keinen Siedepunkt gefunden, den man eindeutig wie mit dem Thermometer messen könnte. Das, was ich eingesammelt habe, sind eher Gedankensplitter, an die sich sofort Dutzende Fragen anknüpfen: Wie beschränkt man Vermögen praktisch? Besteuert man radikal? Bittet man Menschen, die mehr haben, zu spenden oder zu stiften? Wie passt Unternehmensvermögen in dieses Raster? Und will man das wirklich: einen Staat, gar ein Finanzamt, das zu Hause vorbeischneit, um festzustellen: Meine Liebe, du hast mehr als genug?

Die Debatte über eine Vermögensobergrenze befindet sich offenbar in einem absoluten Frühstadium, sie ist ein intellektueller Embryo. Logisch, dass der noch keine ausgefeilten Antworten im Repertoire hat. Aber ich glaube, es wäre eine gute Idee, ihn gedanklich heranwachsen zu lassen.

Eine Übung, an der sich Sebastian übrigens schon lange versucht. Die Antwort auf die Frage, ob er zu reich sei, gibt er schnell und sofort:

»Ja.«

Er versucht sich finanziell herunterzukühlen, indem er einen großen Teil seiner Jahreseinnahmen spendet, anonym, ohne Aufheben zu verursachen. Aber von dem großen Berg komme er auf diesem Pfad nicht runter, sagt er. Außerdem gibt er sich seit einiger Zeit alle Mühe, sich von dem Leben, das er als zu luxuriös, als dekadent empfindet, zu entwöhnen. In einer Art Ein-Personen-Feldstudie versucht er herauszufinden, wie man allem Überfluss zum Trotz den Punkt erkennt, an dem man genug hat. »Künstliche Verknappung«, so könnte man seine Methode nennen.

Sebastian gesteht sich selbst ja eine Art imaginäres Gehalt zu. Er orientiert sich am Tarifvertrag für den öffentlichen Dienst – und stuft sich da in die Gehaltsgruppe ein, die typischerweise für alle gilt, die einen Hochschulabschluss haben, vergleichbar mit dem höheren Dienst bei Beamten. E 13 – rund 5000 Euro brutto. Das ist die Summe, mit der er versucht, zu haushalten, weil er glaubt, dass es ihm guttut, wenn sein Budget eine Grenze hat. Nur so müsse er nicht bei jeder Ausgabe für sich die schwierige Entscheidung treffen, ob sie noch akzeptabel ist oder völlig übertrieben. »Ich dachte, öffentlicher Dienst, das ist so ein Rahmen, den ich voll vertreten kann. Ich habe auch einen Freund um Feedback gebeten, wie er die Summe sieht. Er versteht meine Gedanken, aber findet es trotzdem ein bisschen absurd.«

Mir geht es ähnlich, mehr noch. Als ich die Tonaufnahmen unserer Treffen abhöre, merke ich, wie ich immer und immer wieder ungläubig zu diesem Thema zurückkehre. Mal für Mal führen wir während unserer Gespräche eine Art Theaterstück auf, das manchmal wirkt wie eine Groteske.

Ich frage: Wenn du umziehst und eine Wohnung suchst, hast du dann eine Mietobergrenze, die du bei den Portalen eingibst?

»Ja«, sagt er. 1000 Euro seien es bei seinem letzten Umzug nach Hamburg gewesen.

Warum?, frage ich. Warum mietest du nicht für, sagen wir, zweieinhalbtausend? Direkt am Park, vielleicht mit Dachterrasse? Es würde doch keinen stören, wenn du mehr bezahlst?

Weil es sein selbstgesetztes monatliches Budget übersteige, sagt er. Und wo würde das enden? Klar könnte er eine Wohnung mit Dachterrasse mieten. Aber warum dann nicht zwei? Oder drei?

Ein anderes Mal frage ich ihn: Wenn du fliegst, welche Kategorie buchst du dann?

»Economy«, sagt Sebastian.

Wirklich? Und wenn wir das Klimathema mal beiseiteließen, würdest du dann auch Economy fliegen?

»Ja.«

Warum?

Geduldig erklärt er mir jedes Mal aufs Neue seine Beweggründe: »Besonders wichtig ist mir der Aspekt, dass ich das Gefühl habe, das alles würde mich noch weiter von den gesellschaftlichen Realitäten trennen.« Er kennt Vermögende, die nur noch ein Leben unter ihresgleichen führen und Nicht-Reiche nur als Angestellte kennen. »Das verändert so krass deren Wahrnehmung. Ich will wissen, wie andere Lebensrealitäten sind. Ich bilde mir nicht ein, mich da komplett reinfühlen zu können, aber ich weiß zumindest, wie andere Menschen leben.«

Außerdem hat er, wie beschrieben, die Sorge, sich von einem bestimmten Luxus-Lifestyle abhängig zu machen. Auf die Dachterrasse zu verzichten, doch wieder Economy zu fliegen, statt fünf nur drei Sterne zu buchen – das sei viel schwieriger, als sich gar nicht erst daran zu gewöhnen.

Das klingt plausibel, ist aber offenbar so ungewöhnlich, dass ich im Konkreten immer nachfrage, was diese »künstliche« Grenze denn soll. Flieg doch First Class! Gönn dir doch mehr! Kauf dir doch, was du magst!

Sebastian zieht das Gespräch geduldig jedes Mal dahin, wo es für ihn offensichtlich hingehört, ins Grundsätzliche. Er sagt: »Ich wünsche mir die Gesellschaft einfach nicht so ungleich, wie sie jetzt ist.« Ginge es nach ihm, müsste es gar keine Businessclass geben. Viel schöner wäre es doch, wenn alle einen gewissen Luxus genießen und angenehm reisen könnten. Und da ihm vollkommen klar sei, dass nicht alle auf dem Niveau seiner Familie leben können, komme er den anderen quasi schon einmal entgegen. »Ich diskutiere da auch mit meinen Familienmitgliedern drüber: Es kann nicht jeder mehrere Leute im Privathaushalt anstellen. Das geht nur, wenn man eine extrem ungleiche Gesellschaft hat.«

Die wichtigste Frage sei doch: »Was braucht es für ein gutes Leben, und was ist unnötig? Ich finde eine solche

Diskussion sehr wichtig, allgemein für den gesellschaftlichen Zusammenhalt, aber auch weil Ressourcen begrenzt sind. Was ist denn eigentlich möglich? Was für ein Lebensstandard ist möglich, sodass alle acht oder neun Milliarden Menschen gut leben können? Ich glaube, das geht. Man könnte da in der eigenen Gesellschaft anfangen. Der Standard ist dann sicher nicht der Lebensstandard, den meine Familienmitglieder oder ich aktuell haben. Ich sehe das aber nicht als Verzichtsdiskussion, sondern es ist eh sehr viel unnötiger Luxus, Materialismus, der ablenkt und die Leute voneinander trennt.«

Auch wenn Sebastian den Begriff »überreich« nicht nutzt, weil er glaubt, dass bisher kaum jemand versteht, was damit gemeint ist, findet er die Debatte darüber, ob es ein »zu reich« gibt, »superwichtig und total hilfreich«.

Aber wenn man von »Überreichtum« redet, heißt das doch, dass es Vermögende wie dich nicht geben soll.

»Das denke ich auch«, sagt Sebastian. Er lacht. »Also, nicht mich als Mensch, aber mich in dieser gesellschaftlichen Machtposition sollte es so nicht geben, in diesem Ausmaß auf jeden Fall nicht.«

Das klingt grundsätzlich.

Sebastian nickt und sagt, er denke viel darüber nach, wie man es schaffen könnte, sein großes Vermögen zu schrumpfen. Allerdings sei sein Besitz fast unauflösbar mit dem seiner Familie verknüpft, und er wisse genau, dass einige aus seinem erweiterten Familienkreis seine Haltung nicht teilen. »Die versuchen einfach, nichts falsch zu machen und dieser Rolle, die man aufgedrückt bekommen hat, gerecht zu werden. Dafür habe ich Verständnis. Auch ich finde diese Rolle und die Verantwortung häufig überfordernd. Gleichzeitig denke ich: Wir sollten gar nicht in dieser Machtrolle sein.«

Sebastians Zweifel, wie all das, was ihm wichtig ist, zusammenpassen soll, sind nicht nur an diesem Tag offensichtlich.

Die Nähe zu seiner Familie. Die Verantwortung für das Unternehmen. Seine Sehnsucht danach, so normal wie möglich zu leben. Seine Überzeugung, dass es ungerecht ist, dass er so unfassbar viel mehr hat als alle anderen.

Er setzt neu an. »Die Frage, die ich mir hauptsächlich stelle, ist natürlich, wie kriege ich meine Überzeugungen mit meinem Handeln überein? Was bedeutet es für das, was ich jetzt machen muss? Das ist das, was mich am meisten beschäftigt.«

Da wird es immer Widersprüche geben, oder?

»So lange, bis ich nicht mehr vermögend bin, ja.«

21. Und nun?

Es ist ja nicht so, als ahnten nicht auch einige Vermögende, dass das alles nicht gut enden könnte. Mehr noch, viele scheinen geradezu besessen davon, sich auf ein Zerbrechen unserer Welt vorzubereiten; auf die Phase, die Reid Hoffman, Milliardär und Gründer von LinkedIn, in zwei Fragen umschreibt: »Wird sich das Land gegen die Reichen wenden?« Und hin zu »sozialen Unruhen?«

In seinem Buch *Survival of the Richest* erzählt Douglas Rushkoff, Autor und Tech-Experte, wie er einmal zu einer Veranstaltung in einer abgelegenen Gegend mitten in der Wüste flog und fuhr. Er rechnete damit, vor Hunderten Gästen einen Vortrag zu halten über »Zukunft« und »Technologie«, wie immer. Was ihn erwartete, waren fünf Superreiche, zwei von ihnen Milliardäre, die ihn eingeflogen hatten, um ihm, dem Silicon-Valley-Vordenker, ungewöhnliche Fragen zu stellen: Wo sei man aus seiner Sicht sicherer, in Neuseeland oder Alaska? Wie lange könne man ohne Hilfe von außen überleben? Wie schaffe man es, die Kontrolle über die eigenen Sicherheitskräfte auch nach dem »Event« zu behalten?

Das »Event«. Rushkoff schreibt dazu: »Das war ihr Euphemismus für den Zusammenbruch der Umwelt, soziale Unruhen, Atomexplosionen, einen Sonnensturm, ein nicht zu stoppendes Virus oder einen bösartigen Computer-Hack, der alles zusammenbrechen lässt.«[1] Rushkoff hielt dagegen: Am besten würden sie sich schützen, wenn sie von nun an nicht in Munition oder elektrische Zäune investierten, sondern in Menschen und stabile Beziehungen. »Um sicherzustellen, dass euer Sicherheitschef euch morgen nicht den Hals aufschlitzt, zahlt am besten heute für die Bat Mizwa seiner Tochter.«[2] Sie lachten.

Seine Gesprächspartner seien von der Obsession getrieben gewesen, ihren extremen Reichtum zu nutzen, um sich vor allen realen und potenziellen Gefahren in Sicherheit zu bringen. Sie wollten ihr Geld für *eines* einsetzen, schreibt Rushkoff: dafür, »vor dem Rest von uns zu fliehen«.[3]

Das klingt nach einer bizarren Anekdote, aber deren gibt es viele. Der *New Yorker* führt in einem Text durch Luxus-Bunkeranlagen, in denen Vermögende, so das Versprechen, fünf Jahre unter der Erde überleben würden. Der Autor scrollt durch geschlossene Online-Gruppen, in denen Superreiche sich versichern: *»I keep a helicopter gassed up all the time, and I have an underground bunker with an air-filtration system.* «[4] Und er trifft einen Finanz-Millionär, der sagt: »25 Hedgefonds-Manager verdienen mehr Geld als alle Kindergarten-Erzieher in Amerika zusammen.« Wenn einem das bewusst sei, fühle es sich weder entspannt noch sicher an, einer dieser 25 zu sein.[5]

Auch mir berichtet ein deutscher Family-Officer, dass zu seinen Aufgaben gehöre, Fluchtoptionen vorzubereiten. Er erzählt von Bauernhöfen oder Häusern, die in Mittelamerika, Kanada oder Neuseeland allzeit bereit darauf warten, dass die Luft hier zu dünn – oder besser: zu heiß – wird. Für manche Familie habe er gar Evakuierungspläne schreiben müssen. Wer fliegt im Ernstfall auf welchem Weg raus? Wie schnell lässt sich die Farm in den Selbstversorgungmodus schalten? Wie viel Vermögen wäre wie schnell flüssig zu machen?

Das klingt genauso erstaunlich wie das, was Sam Altman, Mitgründer und CEO von OpenAI, dem *Business Insi-*

der erzählt. Auch ihm ist wichtig, sich für alle eventuellen Ernstfälle vorzubereiten: »Ich habe Waffen, Gold, Kaliumjodid, Antibiotika, Batterien, Wasser, Gasmasken der Israel Defense Forces (IDF) und ein großes Stück Land in Big Sur«, in Kalifornien also, »zu dem ich fliegen kann«.[6]

Während ich all das lese und höre, denke ich: Und dann? Was macht ihr dann mit den Waffen, dem Gold, den Gasmasken, wenn um euch herum die Welt einstürzt? Was bringt das eigene Überleben, wenn rundherum alles stirbt?

Sebastian sagt, wer gewohnt sei, mit Geld alles zu lösen, für den sei es die logische Konsequenz, auch in Optionen für den Ernstfall zu investieren. »Ich finde es faszinierend, dass bei Vermögenden dieser Eskapismus im wahrsten Sinne so verbreitet ist.«

Die Beschäftigung mit der Flucht vor der Welt, die man selbst mitzuverantworten hat. Und für den Fall, dass die Erde untergeht, das hat uns spätestens Elon Musk gelehrt, träumen sich die Reichen eben auf den Mars.

»Das finde ich ein saudummes, aber auch faszinierendes Konzept«, sagt Sebastian. Als wäre, wenn das eine Land, die eine Welt vor die Hunde gegangen ist, eine zweite käuflich, dank all der Milliarden, die man rumliegen hat. »Das ist«, wiederholt Sebastian, »wenn man drei Sekunden darüber nachdenkt, einfach saudumm.«

Ich glaube, es ist schnell Einigkeit darüber herzustellen, dass er damit natürlich recht hat. Eine Zukunft, in der das Eis der Zivilisation bricht, sodass sie nur noch in Bunkern überlebbar ist, ist keine erstrebenswerte. Es ist ein großer Wert, dass wir, zumindest in Europa, meilenweit davon entfernt sind. Hier kann man auch als sehr reicher Mensch gut und sicher gemeinsam mit allen anderen leben, auch oberhalb der Erde. Man braucht keinen betankten Heli, nicht einmal einen privaten Wachdienst. Und deshalb finde ich es ebenfalls »saudumm«, wenn, während manche Vermögende über Sicherheitsdienste nachdenken, die sie im Falle sozialer Unruhen beschützen, auch die andere Seite aufrüstet, zumindest verbal.

Nehmen wir, um nur ein Beispiel zu nennen, Juso-Chef Philipp Türmer. Der nennt vermögende Erben in Interviews und Statements seit einiger Zeit »reiche Schmarotzer«, die »nicht selbst arbeiten, aber trotzdem immer reicher werden«.[7] Wer Menschen »Schmarotzer« nennt, irrt immer. Aussagen wie diese dienen einer Debatte genauso wenig wie die erwartbaren Reaktionen, die auf einen einprasseln, wenn man die hohe Ungleichheit von Vermögen beschreibt: die Neidvorwürfe, die Bezichtigungen, vollkommen ahnungslos zu sein, die Beleidigungen. Ich glaube, die Lage ist zu ernst, um die Zeit mit Marsfantasien und den immer gleichen Diskursschleifen zu verschwenden.

Auch wenn es nach Kirchentag klingt: Wir hängen hier alle, Bunker hin, Polit-Krawall her, gemeinsam drin. Ich bin sicher, wir kommen keinen Zentimeter weiter, wenn wir uns auf diese Art auseinanderbewegen. Viel zu oft drehen sich Gespräche über Reichtum in den immer gleichen Kreisen. Was es bräuchte, wäre eine Art »New Deal« zwischen den Superreichen und dem Rest, ein Handschlag, um den Weg, der kommt, gemeinsam zu gehen.

Am Ende seiner Reise zu Deutschlands Millionären schrieb der Autor Christian Rickens: »Nur dort, wo Reiche und die restliche Gesellschaft eine solche symbiotische Beziehung eingehen, wächst der Wohlstand für alle und bleiben zugleich die sozialen Gegensätze erträglich. Wenn hingegen die Reichen versuchen, möglichst viel an sich zu raffen, und der übrigen Bevölkerung nur die Wahl lassen zwischen Neid und Hass auf die da oben, dann verkommt die Wirtschaft zum Nullsummenspiel.«[8]

Eine Überzeugung habe ich aus den Gesprächen mitgebracht: So wahnsinnig weit liegen die Verhandlungspositionen gar nicht auseinander. Die meisten Menschen in Deutschland erwarten keine Welt, in der alle gleich reich sind; dass einige (viel) mehr haben, akzeptieren sie. Vor allem, wenn sie das Gefühl haben, dass der Grund dafür eigene Anstrengung, eigene Leistung ist. Aber das wäre dann wohl die Forderung an die Vermögenden: Die Mehrheit wünscht sich auch, dass Ungleichheit Maß hält. Daten aus Österreich zeigen, dass Menschen auf die Frage, welchen Anteil das obere Prozent der Bevölkerung am gesamten Vermögen haben sollte, im Schnitt antworten: etwa 12 Prozent. In Wirklichkeit aber hat diese kleine Gruppe in Österreich einen Vermögensanteil von über 30 Prozent.

Ganz Ähnliches ergab eine Studie aus den USA. Dort ließen Forschende der Harvard Business School Menschen ankreuzen, welche Art der Vermögensverteilung sie gerecht fänden. Auch hier stimmte so gut wie niemand dafür, dass alle denselben Anteil bekommen sollten. Aber die Wunschverteilung war dramatisch weniger gespreizt als die Wirklichkeit.

In den nächsten Jahren wird die Frage, wer wofür wie viel bezahlt, dringlicher werden. Das Land muss so umgebaut werden, dass Wohlstand nicht mehr auf Kosten des Klimas entsteht. Die Bevölkerung altert, was die Kosten für Rente und Pflege erhöht. Infrastruktur und Verwaltung müssen dringend modernisiert, Kinder und Jugendliche besser betreut und gebildet werden. Bislang hat die Politik dafür vor allem zwei Geldströme angezapft: Zum einen hat sie Schulden gemacht, zum anderen die Steuern und Abgaben für die, die arbeiten, erhöht. Unter allen Industrieländern belastet nur Belgien Arbeit stärker, als es Deutschland tut. Obendrauf kommen die Konsumsteuern, auch die sind eher hoch. Es scheint die einfache, die bequeme, vielleicht die feigere Methode zu sein, das Geld in der Mitte abzuschöpfen statt am obersten Ende.

Auch einige Vermögende fragten sich und mich, wie lange das noch gut gehen wird: Er finde, dass mittlere Einkommen dringend entlastet werden müssten, sagte zum Beispiel Conrado Dornier, der Erbe der großen Flugzeugdynastie. Die Mitte rase im »Hamsterrad«, »eingepfercht in ihren Tagesablauf«. Viel zu viele hätten das Gefühl, dass es ihnen trotz all der Anstrengung nicht gelinge, etwas aufzubauen.

Es wäre also Aufgabe der Politik, beides anzugehen. Die Superreichen und den Rest näher aneinanderzurücken – und zu erreichen, dass die Kosten für die Zukunftsaufgaben fair verteilt werden. Das wären die ersten beiden Klauseln des neuen Deals.

Die Ideen, wie diese Gedanken umgesetzt werden könnten, sind zahlreich. Es beginnt beim Naheliegenden: einem einfachen, nachvollziehbaren Steuersystem, das nicht vor allem Arbeit und Konsum belastet, sondern auch Vermögen. Sei es mit einer Milliardärssteuer, wie Joe Biden sie entworfen hat, sei es mit einer Vermögensabgabe, die je nach Ungleichheitslevel schwankt, wie die Patriotic Millionaires sie erdacht haben.

Ob außerdem ein Startkapital für alle ein Modell gegen Ungleichheit wäre? Oder müsste die Art des Firmenbesitzes neu gedacht werden? Bräuchten wir, wie einst von der katholischen Soziallehre gefordert, eine stärkere Mitarbeiterbeteiligung an Unternehmen oder Bürgeraktien? Was ist mit Fonds für Bildung oder Klima, die auch aus Privatvermögen gefüllt werden? Wie gelingt es uns, gut über die Frage zu diskutieren, wie viel genug ist?

Damit auch nur einige der oben genannten Punkte den Hauch einer Chance haben, umgesetzt zu werden, braucht es neben einer Politik, die sich nicht verzwergt, noch eine dritte Klausel des neuen Vertrages. Sie beträfe uns, also die Nicht-Reichen, und wäre wohl überschrieben mit der Kernforderung: Anerkennung und Respekt. Der Wirtschaftsjournalist Felix Rohrbeck sagte bei unserem Gespräch in Hamburg: »In der Welt der Vermögenden entsteht schon der Eindruck, die anderen, die wollen uns quasi auffressen.« *Eat the Rich* sei aber Unfug, vor allem, wenn *Tax the Rich* das Ziel sei. »Wir tun uns alle keinen Gefallen, wenn wir Reiche verteufeln, wenn wir einen Klassenkampf führen, in dem Sinne, dass wir keine Vermögenden wollen. Ich kann verstehen, wenn manche Reiche, die nicht etwas nur geerbt, sondern wirklich etwas aufgebaut haben, beklagen, dass die anderen gar nicht sehen, was sie für ihr Land geleistet haben.«

Niemand wird gern in eine Ecke gerückt, vorurteilsfreudig einer Gruppe zugeschlagen. Ich reagiere äußerst empfindlich, wenn mir jemand vorhält, wie *die* Journalisten, *die* Frauen oder *die* Fußballfans seien. Ich verlange die Mühen der Differenzierung. Warum sollte es bei *den* Reichen anders sein? Warum also reichen wir nicht die eine Hand zum Dank und klopfen mit der anderen zum Beispiel denen auf die Schulter, die besonders gute Löhne zahlen? Die innovative Entwicklungen vorantreiben? Die bereit sind, Daten über ihr Vermögen offenzulegen? Die ohne Zicken und Gestaltung einfach die fälligen Steuern überweisen?

Bleiben wir doch mal beim letzten Punkt: Natürlich besteht erst mal kein Unterschied zwischen der Steuer, die ein Normalverdiener zahlt, und der, die ein Superreicher überweist. Beide tragen ihren Anteil, beide verzichten im Sinne der Allgemeinheit auf privaten Konsum. Natürlich schmerzt jemanden, der nur wenig verdient, die Abgabe im Alltag mehr. Trotzdem kann ich nachvollziehen, dass Superreichen ihre Steuer dramatischer erscheint, weil es um viele Hunderttausende oder Millionen Euro geht.

Wer durch Kunsthallen schlendert oder an Zoo-Gehegen vorbei, wer an Universitäten lernt oder auf Sportplätzen kickt, der weiß, dass etliche Vermögende es offenkundig attraktiv finden, als Dank für ihre Gabe mit Namen verewigt zu werden. Warum also gönnen wir das nicht auch den eifrigsten Steuerzahlern? Mit einem Dank in der Steuererklärung, einem kleinen Sekt beim Bundespräsidenten oder einer Light Show, bei der der Name des Einzelnen kurz auf dem Brandenburger Tor oder der Kölner Domplatte aufflackert. Warum ergänzen wir die »Liste der Reichsten« nicht durch eine mit sinnhafteren Kategorien als der bloßen Geldmenge? Wer hat die besten Ideen? Wer investiert am meisten? Wer stellt sich allen Fragen? Wer teilt?

Ob es klappen könnte, auf diese Art zusammenzufinden? Keine Ahnung, aber einen Versuch wäre es wert.

Danke

Ich danke zuvorderst dem, der in diesem Text Sebastian heißt, für das große Vertrauen. Ich hoffe, dass deine Art, so offen und bedacht über viel Geld zu reden, Vorbild wird.

Ein großer Dank auch allen anderen Hoch- und Höchstvermögenden, die mit mir geredet haben, insbesondere Thomas Bscher, Harald Christ, Conrado Dornier, Marlene Engelhorn und Thomas Strüngmann für die spannenden und inspirierenden Gespräche. Danke auch denen, die nur Päckchen schickten.

Manche Insider aus der Beratung und den Family-Offices haben sehr lange überlegt, ob sie über ihre Branche reden wollen. Danke, dass Sie den Vorhang ein Stück gelüftet haben.

Es ist ein großes Glück, dass wir endlich mehr über Vermögen wissen. Das ist den Forschenden zu verdanken, die mit so viel Akribie und Ausdauer versuchen, die Datenlücken zu schließen.

Ein Teil der Recherche ist während meiner Zeit als »Journalist in Residence« am Cluster »The Politics of Inequality« an der Universität Konstanz entstanden. Ganz herzlichen Dank!

Jedes Buch ist eine Teamarbeit. Ich bin sehr glücklich, den Berlin Verlag, allen voran Kathrin Liedtke, an meiner Seite zu wissen. Es gibt nichts Beruhigenderes, als die betippten Seiten in Deine Hände geben zu können. Danke an Felicitas von Lovenberg für das dauerhafte Vertrauen.

Franziska Günther ist eine großartige Agentin. Danke für die Spaziergänge am See und vieles mehr.

Steffi Unslebers große Sorgfalt hat mich vor vielem bewahrt. Jede Autorin sollte eine Faktencheckerin wie sie haben.

Jochen, Du warst nicht nur während dieser Recherche der bestmögliche Kompagnon. Ich freue mich auf alle Filme, die noch folgen werden. Wie schön, dass wir uns zugelaufen sind.

Christian Wilk und Caroline Reiher haben nicht nur das »Milliardenspiel« beim ZDF großartig begleitet. Gut, bei Euch gelandet zu sein.

Ich danke den ganz feinen Herren Nicolai Mehring und Mateusz Smolka, deren Bilder so schön sind, dass ich sie mir beim Schreiben gern und immer wieder angeschaut habe.

Ich danke Andi dafür, so ein guter Zuhörer und Ratgeber zu sein. Denke immer an die offene Tür!

Meinem Vater für den immerwährenden Support.

Und vor allem und von ganzem Herzen meinen drei Jungs. So cheesy, so banal wie wahr: Eure Liebe zählt mehr als alles Geld der Welt.

Endnoten

1. Auftakt

1 Nicole Aschoff, »Superyachts and the Super Rich«, *Jacobin*, 22.02.2020

2. Wer ist reich?

1 Wolfgang Lauterbach, Thomas Druyen, Matthias Grundmann (Hrsg.), *Vermögen in Deutschland. Heterogenität und Verantwortung*, VS Verlag für Sozialwissenschaften, Wiesbaden 2011
2 Alexandra Knape, »Wann gehöre ich zu den Top 10 Prozent?«, *Manager Magazin*, 13.04.2023
3 Abigail Davis, Katharina Hecht, Tania Burchardt, Ian Gough, Donald Hirsch, Karen Rowlingson, Kate Summers, *Living on Different Incomes in London: Can public consensus identify a ›riches line‹?*, University of Birmingham, Birmingham 2020
4 Monika Schnitzer, zitiert nach Chris Vielhaus, »Wir haben keinen Schimmer, wie reich Superreiche wirklich sind. Das hat System«, *Perspective Daily*, 17.11.2023
5 Zitiert nach Heike Buchter, *Wer wird Milliardär? Vom großen globalen Abkassieren*, Campus Verlag, Frankfurt am Main 2023, S. 182

3. 11 a.m.: Meet-up Mr. Superrich oder Der Vormittag, an dem sich Tausende Millionen Euro auf meinen Küchenstuhl setzten

1 Rachel Sherman, »Against Accumulation: Class Traitors Challenge Wealth and Worth«, *Sociologica*, New York 2021

6. Exkurs: Superreiche im Film

1 Hannah Pilarczyk, »Sehr lustig, diese Milliardäre«, *Der Spiegel*, 16/2023
2 »Klassenkampf auf der Leinwand. Champagner für alle!?«, Deutschlandfunk, 2.02.2023

3 Ann-Kristin Tlusty, Vanessa Lara Ullrich, »Klassenkampf in der Kuschelecke«, *Zeit Online*, 14.01.2024

4 »Klassenkampf auf der Leinwand. Champagner für alle!?«, Deutschlandfunk, 2.02.2023

5 Hannah Pilarczyk, »Sehr lustig, diese Milliardäre«, *Der Spiegel*, 16/2023

6 Niels Penke, »Das prekäre Wissen und das Wissen der Populärkultur. Über Superreiche«, *Soziopolis – Gesellschaft beobachten*, 13.07.2023

7. *Unknown and unseen?* Eine Soziologie der Superreichen

1 Nicole Burzan, Berthold Vogel, »Reichtum. Ein Forschungsessay«, *Soziopolis – Gesellschaft beobachten*, 13.07.2023

2 Christian Rickens, *Ganz oben. Wie Deutschlands Millionäre wirklich leben*, Kiepenheuer & Witsch, Köln 2012, S. 44

3 Andreas Reckwitz, *Die Gesellschaft der Singularitäten*, Suhrkamp Verlag, Berlin 2019

4 Andreas Reckwitz, »Wir Einzigartigen«, *Die Zeit*, 41/2017

5 Christian Rickens, *Ganz oben. Wie Deutschlands Millionäre wirklich leben*, Kiepenheuer & Witsch, Köln 2012, S. 46

6 Alexandra Killewald, Fabian T. Pfeffer, Jared N. Schachner, »Health Inequality and Accumulation«, *Annual Review of Sociology*, Harvard 2017

7 Mike Savage, *Die Rückkehr der Ungleichheit. Sozialer Wandel und die Lasten der Vergangenheit*, Hamburger Edition, Hamburg 2023

8 »Hochvermögende in Deutschland«, Wochenbericht des Deutschen Instituts für Wirtschaftsforschung, 42/2016

9 Christian Rickens, *Ganz oben. Wie Deutschlands Millionäre wirklich leben*, Kiepenheuer & Witsch, Köln 2012, S. 56 und S. 58

10 Ebd.

11 Ebd., S. 121

12 Ebd., S. 144

13 Hanna Kuusela, »Learning to own: Cross-generational meanings of wealth and class-making in wealthy Finnish families«, *The Sociological Review* 2018

14 Ebd.

15 Ebd.

16 Ebd.

17 Rachel Sherman, *Uneasy Street: The Anxieties of Affluence*, Princeton 2019

8. Exkurs: *Chosen* – Warum Geld uns besonders macht

1 Napoleon Hill, *Think and Grow Rich*, deutsche Ausgabe, FinanzBuch Verlag, München 2018, S. 44
2 Ebd., S. 45
3 Ebd., S. 53
4 Ebd., S. 56
5 Ebd., S. 58
6 Ebd., S. 60
7 Joseph Murphy, *Werden Sie reich mit der Kraft Ihres Unterbewusstseins. Anleitungen für ein Leben in Wohlstand und Erfüllung*, Ariston Verlag, München 2023, S. 28 und S. 30
8 Napoleon Hill, *Think and Grow Rich*, deutsche Ausgabe, FinanzBuch Verlag, München 2018, S. 67
9 Joseph Murphy, *Werden Sie reich mit der Kraft Ihres Unterbewusstseins. Anleitungen für ein Leben in Wohlstand und Erfüllung*, Ariston Verlag, München 2023, S. 22

9. Die natürliche Ordnung – Der Glaube an das Millionärs-Mindset

1 Rainer Zitelmann, *Wenn du nicht mehr brennst, starte neu. Mein Leben als Historiker, Journalist und Investor*, FinanzBuch Verlag, München 2023, S. 19
2 Ebd., S. 46 f.
3 Ebd., S. 57
4 Ebd., S. 53
5 Ebd., S. 130
6 Ebd., S. 131
7 Ebd., S. 163
8 Ebd., S. 183
9 Ebd., S. 196
10 Ebd., S. 213
11 Rainer Zitelmann, *Psychologie der Superreichen. Das verborgene Wissen der Vermögenselite. Der einzige authentische Blick in die Welt der Multimillionäre über deren Jugend, Motive, Einstellungen, Erfolgsstrategien und den Umgang mit Rückschlägen*, FinanzBuch Verlag, München 2017, S. 236
12 Markus Dettmer, »Wie wird man Millionär?«, *Der Spiegel*, 7/2017
13 Rainer Zitelmann, *Psychologie der Superreichen. Das verborgene Wissen der Vermögenselite. Der einzige authentische Blick in die Welt der Multimillionäre über deren Jugend, Motive, Einstellungen, Erfolgsstrategien und den Umgang mit Rückschlägen*, FinanzBuch Verlag, München 2017, S. 370
14 Ebd.

15 Rainer Zitelmann, »Neue Studien zeigen, wie sich Reiche von anderen Menschen unterscheiden«, *Focus Online*, 2.06.2019
16 Christian Rickens, *Ganz oben. Wie Deutschlands Millionäre wirklich leben*, Kiepenheuer & Witsch, Köln 2012, S. 130

10. *With a little help from my friends* – Die Berater der Superreichen

1 Nikolaus Braun, »Plötzlich Millionär – was nun?«, *Spiegel Online*, 29.01.2024
2 Heike Buchter, *Wer wird Millionär? Vom großen globalen Abkassieren*, Campus Verlag, Frankfurt am Main 2023, S. 238
3 Mark Böschen, »Das sind Deutschlands Verwalter von großen Familienvermögen«, *Manager Magazin*, 2/2024
4 Ebd.
5 Ebd.
6 Till Baldenius, Sebastian Kohl, Moritz Schularick, *Die neue Wohnungsfrage: Gewinner und Verlierer des deutschen Immobilienbooms*, Leviathan 2020

11. Wir Neider

1 Rainer Zitelmann, »Julia Friedrichs' Neidbuch über die Erben in Deutschland«, *Empfohlene Wirtschaftsbücher*, 7/2016
2 Julia Friedrichs, *Wir Erben. Was Geld mit Menschen macht*, Berlin Verlag, Berlin 2015, S. 30
3 Ebd. S. 40
4 Rainer Zitelmann, »Julia Friedrichs' Neidbuch über die Erben in Deutschland«, *Empfohlene Wirtschaftsbücher*, 7/2016
5 Rainer Zitelmann, *Wenn du nicht mehr brennst, starte neu*, FinanzBuch Verlag, München 2023, S. 273 f.
6 Rainer Zitelmann, *Die Gesellschaft und ihre Reichen. Vorurteile über eine beneidete Minderheit*, FinanzBuch Verlag, München 2019, S. 145
7 So auch der englische Titel von Zitelmanns Studie. Erschienen unter anderem in *Economic Affairs:* »Upward classism: Prejudice and stereotyping against the wealthy«, 29.06.2020
8 Rainer Zitelmann, *Wenn du nicht mehr brennst, starte neu*, FinanzBuch Verlag, München 2023, S. 276
9 Rainer Zitelmann, *Die Gesellschaft und ihre Reichen. Vorurteile über eine beneidete Minderheit*, FinanzBuch Verlag, München 2019, S. 73

10 Katja Corcoran, »Eine Gesellschaft ohne Neid ist für mich kaum vorstellbar«, *Brigitte*, 9.04.2022
11 Ebd.
12 Ebd.
13 Julia Friedrichs, *Wir Erben. Was Geld mit Menschen macht*, Berlin Verlag, Berlin 2015, S. 30
14 Marlene Engelhorn, *Geld. Übermorgen*, Verlag Kremayr & Scheriau, Wien 2022, S. 20
15 Ebd., S. 19

12. Exkurs: Mäuschen, sag mal piep oder Ein Päckchen von Theo Müller

1 Theo Müller, »Ich lebe nicht schlecht im Exil«, *Handelszeitung*, 17.07.2013
2 Ludwig Mises, *Die Gemeinwirtschaft. Untersuchungen über den Sozialismus*, 2., umgearbeitete Ausgabe 1932, S. 50 f.
3 Ebd., S. 82
4 Theo Müller, Harald Freiherr von Seefried, »Geleitwort zum Neudruck« von *Die Gemeinwirtschaft. Untersuchungen über den Sozialismus*, De Gruyter, Oldenbourg, unveränderter Nachdruck der 2., umgearbeiteten Auflage, Jena 1932, Reprint 2016
5 Ludwig von Mises, *Die Gemeinwirtschaft. Untersuchungen über den Sozialismus*, 2. umgearbeitete Ausgabe 1932, S. 479

13. Gut reden über sehr viel Geld

1 Hasso Plattner, »Dann muss ich Deutschland verlassen«, *Frankfurter Allgemeine Sonntagszeitung*, 22.12.2019

14. Business – Was Geld bewegt

1 Rainer Hank, »Wozu Milliardäre gut sind«, *Frankfurter Allgemeine Zeitung*, 19.11.2019
2 »Der Charismatiker«, Interview mit Thomas Strüngmann, in: Nena Brockhaus, Franca Seefeldt, *Alte weise Männer. Hommage an eine bedrohte Spezies*, Gräfe und Unzer, München 2023
3 Ebd.
4 Ebd.
5 »Man sollte alle paar Jahre etwas Neues beginnen«, Interview mit Thomas Strüngmann, *brand eins*, 1/2011

6 Julia Jirmann, Christoph Trautvetter, »Milliardenvermögen in Deutschland«, Netzwerk Steuergerechtigkeit und Hans-Böckler-Stiftung, Dezember 2023

7 Ebd.

8 »Was die Biontech-Finanziers mit ihren Milliarden machen«, *Manager Magazin*, Reichstenheft 1, 8.10.2022

9 Giovanazzi, Carmen, Vincent, Victor, »Unternehmensvermögen in Deutschland – Zur Rolle der börsennotierten Familienunternehmen«, *Forum New Economy Working Papers*, 2024

10 »Das Image deutscher Familienunternehmen«, PriceWaterhouse Coopers Deutschland, Oktober 2021

11 Nora Waitkus, Stefan Wallaschek, »How Wealthy Business Owners are Portrayed in the Press«, *Social Justice Research*, 9.09.2022

12 Heike Buchter, *Wer wird Milliardär? Vom großen globalen Abkassieren*, Campus Verlag, Frankfurt am Main 2023, S. 185

13 Ursula Schwarzer, »Die Fabrikantin – Nicola Leibinger-Kammüller«, *Manager Magazin*, 28.05.2020

14 »Ein Gesetz hätte die Kuka-Übernahme kaum verhindert«, *Süddeutsche Zeitung*, 18.12.2018

15 »Da geht ihnen die Pumpe«, *Süddeutsche Zeitung*, 26.04.2023

16 Heike Buchter, *Wer wird Milliardär? Vom großen globalen Abkassieren*, Campus Verlag, Frankfurt am Main 2023, S. 204

17 Ebd.

18 Ebd.

19 Mai Chi Dao, »Wealth Inequality and Private Savings: The Case of Germany«, IMF Working Paper, 26.06.2020

20 »Ungleichheit in Deutschland: Mittelstand weist Kritik des IWF verärgert zurück«, *Handelsblatt*, 14.07.2019

21 Rede von US-Präsident Joe Biden, 2.11.2022

22 »Investoren Andreas und Thomas Strüngmann: ›Mit Biontech entsteht wieder ein eigenständiger Pharmakonzern in Deutschland‹«, *Manager Magazin*, 16.09.2021

23 Christian Rickens, *Ganz oben. Wie Deutschlands Millionäre wirklich leben*, Kiepenheuer & Witsch, Köln 2012, S. 176

24 Ebd., S. 177

25 Ebd., S. 193

15. Wenn aus Reichtum Macht wird

1 Gesine Enwaldt, Melanie Stucke, »Die Macht der Superreichen. Wie Millionäre Einfluss nehmen«, NDR Story, 24.10.2022

2 Christian Rickens, *Ganz oben. Wie Deutschlands Millionäre wirklich leben*, Kiepenheuer & Witsch, Köln 2012, S. 184 f.
3 Eberhard von Brauchitsch, Thomas Karlauf, *Der Preis des Schweigens. Erfahrungen eines Unternehmers*, Propyläen, Berlin 1999
4 »Milch-Milliardär Theo Müller über Deutschland: ›Der Sozialismus und der Ökologismus haben das Land in Beschlag genommen‹«, *Neue Zürcher Zeitung*, 1.02.2024
5 »Das sind die Millionenspender an Sahra Wagenknechts neue Partei«, Redaktionsnetzwerk Deutschland, 27.01.2024
6 »Der Millionär an Sahra Wagenknechts Seite«, *Die Welt*, 7.11.2023
7 Stephen R. Covey, *First Things First. To Live, to Love, to Learn and to Leave a Legacy*, Simon & Schuster, New York 1994
8 »Wieder Millionen für Wagenknecht«, T-Online, 22.3.2024
9 Armin Schäfer, Svenja Hense, Lea Elsässer, »Systematisch verzerrte Entscheidungen? Die Responsivität der deutschen Politik von 1998 bis 2015«, Universität Osnabrück, Juni 2016
10 »docupy: Ungleichland. Macht«, ARD 2018
11 Quinn Slobodian, *Kapitalismus ohne Demokratie*, Suhrkamp Verlag, Berlin 2023
12 Peter Brimelow, »Why liberalism is now obsolete. An interview with nobel laureate Milton Friedman«, *Forbes*, 12.12.1988
13 Zitiert nach Quinn Slobodian, *Kapitalismus ohne Demokratie*, Suhrkamp Verlag, Berlin 2023, S. 56
14 Murray N. Rothbard, »Free market police, courts and law«, *Reason*, März 1973
15 »Der Feind ist der Sozialismus«, *Die Welt*, 11.08.2022

16. *Let's talk about tax*

1 Gabriel Zucman et al., »Global Tax Evasion Report 2024«, EU Tax Observatory, Paris 2024
2 Gabriel Zucman, Rede beim Treffen der G20-Finanzminister, São Paulo, 29.02.2024

17. *Money changes everything*

1 Katharina Beck, »Nebenjobs in Bundesministerien: Beamte verdienten mehr als zwei Millionen Euro extra«, *Stern*, 15.01. 2024
2 »Milliarden für den Fiskus: Samsung-Erben stottern Steuerschulden ab«, *Capital*, 16.01.2024

3 Stefan Best, »Erbschaftsteuerreform: Auswirkungen steuerlicher Befreiungen«, *Wirtschaftsdienst*, Heft 11, 2019
4 Tim Klüssendorf, Debatte im Deutschen Bundestag, 30.11.2023
5 Katharina Beck, Debatte im Deutschen Bundestag, 30.11.2023
6 Florian Fastenrath, Paul Marx, Achim Truger, Helena Vitt, »Why is it so difficult to tax the rich? Evidences from German policy-makers«, *Journal of European Public Policy*, 29/2022
7 Emmanuel Saez, Gabriel Zucman, *Der Triumph der Ungerechtigkeit. Steuern und Ungleichheit im 21. Jahrhundert*, Suhrkamp Verlag, Berlin 2020
8 Urteil des Bundesverfassungsgerichts vom 17.12.2014, abweichende Meinung der Richter Gaier und Masing sowie der Richterin Baer
9 Florian Fastenrath, Paul Marx, Achim Truger, Helena Vitt, »Why is it so difficult to tax the rich? Evidences from German policy-makers«, *Journal of European Public Policy*, 29/2022
10 Morris Pearl, »Ich habe die Sorge, dass es für uns Reiche nicht gut ausgeht«, *Die Zeit*, 2.04.2023
11 Ebd.

18. Nestbeschmutzer – Eine Millionärin will ihr Vermögen loswerden

1 Jan Philipp Reemtsma, *Legitime Willkür. Über den sozialen Sinn des Stiftens*, Hamburger Institut für Sozialforschung, Hamburg 2012

19. Überfluss: Die Reichen und das Klima

1 Richard Wilk, Beatriz Barros, »Private planes, mansions and superyachts: What gives billionaires like Musk and Abramovich such a massive carbon footprint«, Indiana University, 2021
2 Grafik aus: »Wenn die Reichen sparen würden«, *Süddeutsche Zeitung*, 7.10.2022
3 Joachim Schellnhuber in der ARD-Dokumentation »Das Klima und die Reichen«, 12.01.2023
4 Fiona Harvey, »Who are the polluter elite and how can we tackle carbon inequality?«, *The Guardian*, 22.11.2023
5 »Die reichsten Deutschen. Familie Dornier«, *Der Spiegel*, 24.03.2001
6 »Drei EU-Staaten fordern mehr Klimagerechtigkeit bei Privatjets«, *Die Presse*, 30.05.2023
7 Jørgen Randers, Till Kellerhoff, *Tax The Rich. Warum die Reichen zahlen müssen, wenn wir die Welt retten wollen*, Oekom Verlag, München 2024, S. 87

8 Ebd., S. 22
9 George Soros, Ansprache anlässlich der Münchner Sicherheitskonferenz, 16.02.2023

20. Genug ist genug – Braucht es eine Diskussion über eine Reichtumsgrenze?

1 »Millionenerbin Engelhorn: ›Die Überreichen sind die gefährlichste Parallelgesellschaft‹«, *Der Freitag*, 39/2022
2 Martin Schürz, *Überreichtum*, Campus Verlag, 2019, S. 11
3 Ebd., S. 7
4 Adam Smith, *Der Wohlstand der Nationen. Eine Untersuchung seiner Natur und seiner Ursachen*, dtv 1999, S. 174
5 Adam Smith: *Philosophische Schriften*, Suhrkamp Verlag 2023, S. 61
6 Abigail Disney. In: Ingrid Robeyns, *Limitarismus. Warum Reichtum begrenzt werden muss*, Fischer Verlag, 2024, S. 274
7 Platon. *Gesetze*. Band VII. *Sämtliche Dialoge*, Felix Meiner Verlag, Hamburg 1998, S. 169
8 Ingrid Robeyns, *Limitarismus. Warum Reichtum begrenzt werden muss*, Fischer Verlag, Frankfurt am Main 2024, S. 47
9 Ebd., S. 45
10 Ebd., S. 218
11 Ebd., S. 20

21. Und nun?

1 Douglas Rushkoff, *Survival of the Richest. Escape Fantasies of the Tech Billionaires*, Norton & Company, New York 2023, S. 3 f.
2 Ebd., S. 4
3 Ebd., S. 5
4 Evan Osnos, »Doomsday Prep for the Super-Rich«, *The New Yorker*, 22.01.2017
5 Ebd.
6 »Er spielte Schach mit Peter Thiel, legte sich mit Elon Musk an und verhinderte mal, angeblich, einen Flugzeugabsturz: Das ist die fabelhafte Welt von ChatGPT-Erfinder Sam Altman«, *Business Insider*, 1.05.2023
7 »Juso-Chef Türmer: Wieso fragt keiner nach den reichen Schmarotzern?«, Redaktionsnetzwerk Deutschland, 26.01.2024
8 Christian Rickens, *Ganz oben. Wie Deutschlands Millionäre wirklich leben*, Kiepenheuer & Witsch, Köln 2012, S. 159